Korea's Saemaul Undong
Worthy of the Nobel Prize

새마을운동
왜
노벨상 감인가

저자 좌 승 희
Jwa, Sung-Hee

정신이 살아있는 출판

청미디어
CHEONG MEDIA

발전경제학의 새 길을 연 새마을운동

필자가 경제문제로 새마을운동을 접하게 된 것은 그리 오래지 않다. 1990년대 말 외환위기 와중에, 박정희 대통령을 도와 일하신 고 김정렴 전 청와대 비서실장의 저서인 『한국 경제정책 30년사』의 새마을운동 부분을 읽으면서 부터이다. 한국 경제를 추상화된 정통 경제학의 틀에서만 보아오던 필자는 새마을운동 추진 과정에서 박 대통령이 택한 '성과에 따른 차별적 지원 정책'을 접하고, "아하, 박 대통령이 바로 시장(市場; Market)의 역할을 했었구나! 시장이 바로 그런 경제적 차별을 하는 장치이지 않은가?" 하는 깨달음을 얻게 되었다.

그 후 새마을운동은 물론 박정희 대통령 시대에 대한 연구범위를 넓혀가면서 이런 깨달음에 대한 확신은 점점 더 강해졌다. 박 대통령은 많은 연설문에서 자조정신의 중요성을 강조하기 위해 '하늘은 스스로 돕는 자를 돕는다'는 서양의 오랜 잠언(箴言)을 자주 인용하고 있을 뿐만 아니라 동양의 오래된 법가사상인 신상필벌(信賞必罰·12p 카툰 참조)도 언급하는 등, 매사에 성과주의를 강조하고 있음을 발견하게 되었다.

그리고 새마을운동뿐만 아니라 산림녹화사업, 그리고 기업육성정책, 수출 육성정책이나 중화학공업 육성정책 등 경제정책이나 인사관리 등 국정의 여러 다른 분야에 있어서도 같은 사상이 깊이 녹아 있음을 확인하게 되었다.

박 대통령이 이끈 한강의 기적의 철학적 기초가 바로 성과를 중시하고 이에 따라 인센티브를 차별화하는 "시장의 원리"에 있음을 확인하게 된 것이다. 박정희 대통령은 자조하여 성과를 내는 국민을 우대함으로써 모든 국민이 자조하는 국민으로 자발적인 변신을 하도록 이끈 시장의 역할을, 나아가 스스로 돕는 자를 돕는 하느님의 역할을 했던 셈이다.

저잣거리에서 거래할 좋은 가게를 찾거나, 돈을 예금하거나 빌릴 좋은 은행을 찾거나, 투자할 좋은 기업을 찾거나, 좋은 직장을 찾거나, 그리고 좋은 인재를 찾아서 애를 쓰고 시간과 돈을 쓰면서 국내는 물론 해외까지 헤매는 일을 해본 사람이나 기업이라면, 시장에서 우리 모두가 하는 일이 바로 상대의 성과를 보고 차별하는 일임을 쉽게 깨달으리라 생각한다.

세상의 이치가 그러함에도 현실을 추상화해온 과학으로서의 경제학에서는 이런 과정을 그리 대단한 일이라 생각지 않고, 이 결과로 얻어지는 시장의 균형과 자원의 배분 현상에 더 관심이 많은 것이 현실이다.

경제학에서는 시장을 추상화하여 '주어진 자원의 효율적 배분 장치'라고 가르친다. 그러나 시장이 이런 결과를 실제로 어떻게 만들어 내는가 하는 과정에 대해서는 깊은 논의가 별로 없다. 애덤 스미스의 '보이지 않는 손(invisible hand)'이니 하이에크의 '자생적 질서(spontaneous order)'니 하는 시장의 본질에 대한 해석 또한 시장 기능을 추상화한 것에 지나지 않는다.

더구나 경제학은 "시장의 자원배분기능"을 거의 신격화(神格化)함으로써 정부의 경제발전 역할을 경시하는 폐단을 낳았다. 그래서 국내외 경제학계는 그동안 박정희 시대의 경제운영을 '정부 주도 경제정책체제'라 규정하고 정부의 시장 개입이 과도하였기 때문에 자원 배분의 왜곡이 심했다고 비판적으로 해석해왔다.

정부가 시장의 자원 배분 기능을 무시하는 바람에 자원 이용의 비효율이 초래됐다는 의미이다. 그렇다면, "자원 배분이 비효율적이었는데 한강의 기적이라는 놀라운 성장과 발전은 어떻게 가능했던 것인가?" 하는 것이 그동안 필자의 머리속에 남는 의문이었다.

깨달음의 핵심은, 시장 기능의 본질은 경제주체들의 '시장성과에 따른 차별적 선택과 지원을 통한 경제발전의 동기 부여' 기능에 있으며, 이를 통해 자원 배분의 효율을 증진시키고 경제 성장·발전을 촉진시킨다는 사실이었다. 나아가 시장의 '보이지 않는 손'이나 '자생적질서', 나아가 '효율적 자원 배분' 기능도 바로 이런 '차별적 선택' 기능을 통해서만 가능해지며, 이 기능이 없이는 시장의 경제적 역할은 존재할 수 없다는 결론에 이르게 되었다.

이러한 새로운 인식을 바탕으로 하여 박정희 시대의 '성과에 따른 경제적 차별화' 정책이 바로 당시 취약했던 시장 기능을 강화했던 것이라는 것을 깨달았다. 결과적으로 시장의 기능을 그대로 복제, 실천, 강화함으로써 자원 배분을 왜곡한 것이 아니라 효율을 더 증진했다는 해석이 가능해졌다. 그동안 백안시되었던 박정희 정부의 '보이는 손'이 시장의 '보이지 않는 손'과 전혀 다르지 않은 경제적 차별화 기능과 역할을 한 셈이다.

결국 이런 새로운 해석에 따르면, 박정희 시대의 경제정책 패러다임은 시장 원리에 반하거나 혹은 그것을 대체한 것이 아니라 그 원리를 충실히 따랐고 오히려 미진했던 시장 기능을 더 강화하고 확대한 것이었으며, 그랬기 때문에 한강의 기적도 가능했던 것이다. 그동안의 문제는 주류경제학자들이 시장의 자원 배분 기능의 구체적인 작동 원리인 '성과에 따른 경제적 차별화'에 대한 이해가 부족했거나, 아니면 이를 어느 정도 인지했더라도 이 원리가 박정희 시대의 새마을운동은 물론 당시 다른 모든 경제정책을 관통하는 기본 원리였음을 인지하지 못했거나 둘 중 하나였다는 것이다.

어쨌든 이제 그동안 국내외적으로 그 성과는 높이 평가받았지만 주류경제학에서 벗어난 이단적 정책이었다는 평가를 받아온 박정희 시대의 정책 패러다임이 경제학적으로 전혀 이단이 아니라는 것과, 오히려 산업화를 추구하는 후진국은 물론 경제발전의 역동성을 회복하고자 하는 성장 정체에 빠진 선진국들이 유용하게 벤치마킹할 수 있는 모델로서 인정받을 수 있다는 논리적 가능성을 확인하게 된 셈이다.

또한 본서에서 강조하는 새마을운동의 '성과에 따른 차별적 지원 정책'이 정부의 경제 성장·발전 정책의 새로운 모델로 활용될 수 있다는 논리적 바탕도 마련된 셈이다. 이제 경제학이 박정희에게 길을 물어야 할 때가 온 셈이다.

한편 개인적으로는 시장이 경제적 차별화 장치임과 동시에 새마을운동을 뒷받침한 정책이 시장 기능의 재현(再現), 강화 정책과 다르지 않았다는 것을 발견하게 된 것이 필자의 경제학 연구에 새로운 지평을 여는 단초가 되었다. 시장 기능에 대한 새로운 인식을 바탕으로 경제학을 재구성하는 작업과 박정희 시대에 대한 새로운 이해를 통해 한국 경제발전사를 새롭게 해석하는 작업이 지난 20여년에 걸친 필자의 경제 및 경제학 연구의 지상과제가 되었다.

이는 어떻게 보면 필자의 제한된 역량으로는 불가능해 보이는 무모한 도전의 여정이기도 했다. 미흡하지만 그동안 필자의 이런 새로운 방향의 연구 결과들이 다수의 국영문 논문과 저서(참고 문헌 참조)로 출판되었고, 특히 최근에는 이들 연구를 종합하여 영문으로 된 경제발전의 새로운 이론서(참고 문헌, Jwa, Sung-Hee, 2017)와 한국 경제발전사의 새로운 해석서(참고 문헌, Jwa, Sung-Hee, 2017a)를 출간하게 되었다. 본서의 제III장은 이들 영문 이론서의 핵심 내용을 요약하여 집필하였다.

그런데 놀랍게도 21세기 들어 노벨상위원회는 박정희 대통령이 새마을운동에 적용한 경제적 차별화 원리와 연관된 '행동경제학(behavioral economics)' 분야의 실험경제학(experimental economics) 연구에 대해 연이어 노벨경제학상을 수여하고 있다.

행동경제학 분야를 개척한 대니얼 카너먼(Daniel Kahneman) 교수가 2002년에 노벨경제학상을 받았고, 2017년 같은 분야를 30여 년 간 연구해 온 시카고경영대학의 리처드 세일러(Richard Thaler) 교수가 또다시 노벨경제학상을 받았는데, 2019년에는 이 원리를 보다 구체적으로 빈곤 퇴치 정책 실험에 적용한 미국 MIT대학의 아브히지트 바네르지(Abhijit Banerjee) 교수와 에스테르 뒤플로(Esther Duflo) 교수 부부, 미국 하버드대학의 마이클 크레머(Michael Kremer) 교수 등 3인의 실험 경제학자들이 노벨상을 받았다.

2019년 노벨상위원회는 정확하게 새마을운동의 축소판이라고 할 수 있는 내용인 '서로 다른 마을 군(群)에 제공된 차별적 인센티브가 어떻게 서로 다른 효과를 가져 오는지'에 대한 3인의 연구를 높게 평가하였다. 그러나 이는 이미 50년 전에 마을들 간의 성과의 차이에 따라 엄격하게 차별적 지원을 함으로써 한강의 기적을 이끈 새마을운동에 비해 그 독창성이나 스케일, 이룬 성과 등 그 무엇으로도 비교 대상이 되지 않을 뿐만 아니라 이론마저도 미비한, 때늦은 개척 연구에 불과하다.

그런데 이들 누구도 이론과 실제 응용 측면에서 행동경제학과 실험경제학의 효시인 새마을운동을 아직까지 인지하지 못하고 있다. 그동안 미력하나마 한강의 기적의 원리가 보편적 경제발전 원리로서 손색이 없음을 구명(究明)해온 필자로서는 이와 같은 국내외 경제학계의 새마을운동에 대한 무지에 대해 안타까움을 금할 수 없다.

　국내외 경제학계가 새마을운동의 성공이나 한강의 기적의 모델을 제대로 이해했더라면 세계 빈곤 퇴치 정책의 그동안의 시행착오와 그에 따른 엄청난 비용 부담을 피할 수 있었으리라고 생각한다.

　바라건대 이 연구가 조금이나마 이런 현실을 타파하는 데 도움이 되길 기원한다. 그래서 길을 잃고 헤매고 있는 세계 후진국들의 빈곤 퇴치 운동은 물론이고, 장기 저성장과 분배 악화에 직면한 선진국들과 오늘날 저성장과 분배 악화에 빠진 한국 경제의 활력 회복과 나아가 북한 경제의 재건에도 길잡이가 될 수 있기를 기대한다.

　한편 마지막으로 출판과정에서 도움을 주신분들께 감사를 드리고자한다. 우선 초고를 읽고 여러 가지 건설적인 제안을 해준 KDI정책대학원의 김준경 교수와 부록을 준비하고 원고 정리를 도와준 박정희도서관의 도서연구실장 남정옥 박사와 심경학 연구원에게도 감사를 드린다. 끝으로 출판을 맡아 카툰삽화까지 삽입하면서 책의 가독성을 높이기 위해 애를 써 주신 청미디어 출판사의 신동설 발행인께도 감사를 드린다.

2020년 12월
저자 좌 승 희

왜 노벨상 감인가?

법가사상은?

목 차

13

그림 목차

삽화 목차

새마을운동의 성공 원리를 찾아서

그동안 경제학계에서는 경제학 교과서에 맞지 않는 정책으로 한국의 경제발전을 이루어낸 박정희 정부의 성공을 이단적 시각으로 보는 경향이 많았고 새마을운동도 사회운동 차원으로 이해하여 크게 주목하지 않았다. 본 연구의 목적은 박정희 대통령이 이끈 1960년대와 1970년대 한강의 기적과 새마을운동의 성공 요인을 경제학적 관점, 특히 경제발전론적 시각에서 재해석하고 그 이론적, 정책적 시사점을 찾아냄과 동시에 새마을운동의 거시경제적 성과를 실증적으로 분석·평가하여 오늘날의 경제발전 문제에 대한 교훈을 찾고자 하는 것이다.

요즘 새마을운동의 성공 스토리는 한국 경제발전 경험의 백미처럼 되었다. 국내의 개발 경제학자들은 이구동성으로 새마을운동의 성공 경험을 말하고 대외협력기관들도 새마을운동의 성공 경험을 마케팅하면서 해외에 전수하느라 많은 돈과 인력·노력을 들이고 있다. 그리고 일부 대학은 앞 다퉈 새마을운동 관련 학과나 대학(원) 등을 설립하고 해외로부터 학생들을 유치하여 교육시키고 있다. 또한 국제적으로는 전세계 후발 개도국들이 너도나도 새마을운동을 전수받고 한국을 배우기 위해 학생들과 공무원들을 연수 파견하고 있는 실정이다.

그러나 이러한 노력에도 불구하고 아직 새마을운동은 물론 한강의 기적이 재현(再現)된 사례는 나타나지 않고 있다. 무엇이 문제인 것인가? 필자의 소견으로는 그동안 국내외 학계, 특히 경제학계에서는 한강의 기적과 새마을운동 등의 성공 요인을 제대로 이해하고자 하는 노력이 충분하지 못했던 것이 아닌가 생각한다. 그리고 이로 인해 한국 경제 성공 경험의 해외 전수 사업을 효과적으로 수행하는 데도 어려움이 있었으리라 생각한다.

　우선 새마을운동으로 어떤 사업들을 했고 새마을지도자들과 주민들이 자조·자립정신을 바탕으로 자발적으로 열심히 참여해서 어떤 성과들을 냈다는 과정에 대한 역사적 기술은 많지만 한국의 새마을운동의 성공 요인이 무엇인가에 대한 답을 찾는 연구들은 별로 없는 실정이다. 물론 이런 질문에 대해 대부분 "자조정신"이나, "하면 된다는 정신"을 답으로 내어 놓을 것이다.

　마찬가지로 이 정신이 한국의 경제발전의 동인이 되었다고 자랑스럽게 이야기할 것이다. 크게 틀린 답은 아닌 것처럼 보이지만 사실 이 답은 핵심을 간과했다. "왜 지구상에서 다른 어느 곳도 아닌 한반도, 그것도 북한은 뺀 한반도의 남쪽에서만, 그리고 그것도 그 이전이 아닌 1960~70년대에만 모든 국민이 자조·자립정신을 체화(體化)하고 하면 된다고 미친 듯이 새마을 건설에 나서고 수출 전선에 나섰는가?" 하는 질문에 답을 해야 우리가 얻고자 하는 답을 제대로 얻을 수 있을 것이기 때문이다.

　자조·자립정신이 인생에서의 성공과 국가 발전에 중요한 정신임을 모르는 나라가 있을까? 보다 중요한 문제는 어떻게 하는 것이 국민을 자조하도록 탈바꿈시킬 수 있는 것인가이다. 학생들의 사회·도덕 교과서에 자조·자립정신을 강조하는 것은 당연하거니와 서양에서도 "하늘은 스스로 돕는 자를 돕는다(God helps those who help themselves.)"라는 격언이 널리 전해진다. 그렇다면 교육을 열심히 해서 자조·자립정신을 가르치면 모든 국민이 다 이와 같은 정신을 기를 수 있을까? 이것이 가능하다면 어느 개도국인들 새마을운동을 시행하여 경제발전을 이루지 못할 나라가 있겠는가?

그러나 지구촌의 경제발전 역사는 경제발전이 아무나 쉽게 이룰 수 있는 자유재(自由財)나 혹은 공공재(公共財)가 아님을 잘 보여주고 있다. 2차 세계대전 이후 후진국이 경제발전에 성공한 예는 아직도 흔치않은 희귀한 현상으로 남아 있다. '경제발전'이란 특별한 노력을 통해서만 얻을 수 있는 값진 경제재(經濟財)임을 암시하고 있는 셈이다.

60년대까지만 해도 한국과 그 농촌을 직접 목격한 외국의 전문가들은 "한국에는 미래가 없어 보인다."고 평가하였다. 그들 눈에 비친 한국 사회, 특히 농촌은 게을러 보이고 하늘만 쳐다보며 탄식만 하는 등, 소위 자조·자립정신이 실종된 것으로 봤기 때문이다.

그런데 10여 년 만에 천지가 개벽하듯이 자조·자립정신으로 가득한 나라로 바뀌었으니, 그 까닭을 설명해 내기란 그리 간단한 일이 아닌 듯하다.

역사를 기술(記述)하는 것(describe)과 설명(說明)하는 것(explain)은 다른 것이다. 어떤 일이 일어난 과정을 기술하는 것과 '왜, 어떻게' 그런 일이 일어나게 되었는가 하는 원인을 설명하는 것의 차이를 이해하는 것이 중요하다.

단순한 기술은 많은 경우 "잘했기 때문에 성공했고 잘못했기 때문에 실패했다."는 소위 동어반복(同語反覆)적 결론에 그치게 된다. 반면 "왜, 어떻게 성공 혹은 실패했는가?"를 설명하는 것은 역사적 사건의 원인을 구명(究明)하는 과학의 영역이라 할 수 있으며, 이에 대한 설명이 없으면 해당 역사적 사건을 제대로 이해했다고 할 수 없다.

한국의 새마을운동 해외 전수 사업의 성공 여부도 바로 이 "왜, 어떻게"라는 원인에 대한 이해 여부와 직결된다. 물론 기술적 연구도 새마을운동의 역사를 이해하는 데 도움이 될 수 있지만, 기술에 기초한 사업은 재현(再現)에 실패할 가능성이 높은 반면 "왜, 어떻게"에 대한 설명과 이해에 기초한 사업은 실패 가능성을 줄이거나 성공 가능성을 높일 수 있다.

과문한 탓이리라 생각하지만 필자가 그동안 접해온 대부분의 새마을운동 연구서들은 설명보다는 기술에 치우친 연구가 많았다고 생각한다. 물론 이는 한강의 기적에 대한 연구에 있어서도 다르지 않다. 한강의 기적을 자랑하지만 '왜 그게 한국에만 가능했느냐'라는 질문에 이르면 답이 궁색해지는 것이 현실이 아닌가 싶다.

이런 필자의 "왜, 어떻게?"라는 질문에 대해 일각에서는 "그거야 박정희라는 지도자가 있었기 때문이 아니냐?"고 응답하기도 한다. 하지만 이런 답도 기적의 성공을 가능케 한 박정희의 정신과 사상 그리고 정책 원리가 무엇이었나에 대한 설명이 없다면, "자조정신"이나 "하면 된다는 정신"을 국민에게 체화시킬 수 있는 방안에 대한 설명 없이 단지 이 정신이 기적의 원인이라는 주장과 마찬가지로 한강의 기적이나 새마을운동의 성공을 이론화하여 재현하는 데는 크게 도움이 되지 않는다.

지금까지 한국경제 성공에 대한 연구서들은 많았지만 필자의 눈에는 아직도 기술에 치우친 동어반복적 연구들이 주를 이루고 있는 것으로 보인다. "왜, 어떻게" 한강의 기적과 새마을운동이 한국의 1960~70년대 한반도의 남쪽에서만 가능했는가? 하는 것이 본서가 답하고자 하는 질문이라 할 수 있다.

이런 문제의식 하에 본서는 무엇이 한강의 기적과 새마을운동의 성공을 가져온 정치, 경제, 사회적 동인인가에 대한 분석을 함과 동시에, 새마을운동이 갖는 경제발전 이론과 정책상의 새로운 의의를 밝히고, 나아가 새로운 계량경제학적 분석 방법과 자료를 이용하여 새마을운동의 경제 성장기여효과에 대한 실증적 분석까지 병행함으로써 소위 '새마을운동의 경제학'을 정립해보고자 하는 다소 분에 넘치는 목적을 가지고 있다.

제II장에서는 새마을운동을 개관하였다. 새마을운동의 기원을 추적하여 정리하고 실제 진행과정에 대한 역사적 사실들을 간략히 정리하였다. 특히 이 장에서는 새마을운동을 직접 이끈 박정희 대통령이 손수 정리한 새마을운동의 철학을 -필자의 각색 없이- 그대로 옮겨 놓고 해설을 하였다.

세III장에서는 새마을운동 논의의 이론적 틀로서 새마을운동 성공의 진원지인 박정희 대통령의 전반적인 경제발전 정책 패러다임의 성공 원리를 설명하였다. 이를 위해 필자의 경제발전의 일반이론을 소개하였다.

제IV장에서는 경제발전의 일반이론의 관점에서 새마을운동을 새롭게 해석함으로써 새마을운동의 성공 모델을 제시하고자 하였다. 여기서 제시하는 새마을운동 모델은 농촌개발 모델은 물론 이제 그 영역이 확대된 지역사회 개발이라는 보다 일반적인 사회개발 정책의 모델, 나아가 국가 경제발전 정책 모델로 활용될 수 있으리라 생각한다.

제V장에서는 박정희 시대 새마을운동 성공 요인들의 실제 정책화 과정에 대한 사례 분석과 박정희 사후 새마을정신의 훼손 과정을 분석함으로써 새마을운동 모델이 실제 적용되는 과정과 그 설명력을 확인 검증하였다.

제VI장에서는 새마을운동이 단순한 농촌 개발이나 농민 의식 개혁운동 차원을 넘어 보편적 경제발전 원리를 담고 있다는 관점에서 경제발전 정책들에 대한 중요한 시사점들을 도출하였다.

제VII장에서는 2019년 노벨경제학상이 새마을운동의 경제적 차별화 원리에 대한 초보적인 실험에 해당하는 연구를 수행한 학자들에 수여된 데 대해, 세계 경제학계의 새마을운동에 대한 무지를 지적하고, 새마을운동 성공의 핵심 원리들이 실패를 거듭하고 있는 세계 빈곤 퇴치 운동의 길잡이가 될 수 있음을 강조하였다. 그리고 본서가 제시한 새마을운동 모델과 요즘 국제적으로 시행되고 있는 유사한 지역공동체 개발 정책들을 비교 분석하여 새마을운동의 우수성을 검증하였다.

제VIII장에서는 새마을운동의 거시경제 성장기여효과에 대한 계량경제학적인 분석 결과를 간략하게 요약·정리하였다. 보다 상세한 분석 내용은 〈부록 5〉에 수록하였다.

제IX장에서는 새마을운동 경제학의 핵심 원리를 평이하게 요약 정리함으로써 결론에 대신하였다.

그리고 〈부록 1〉에서는 새마을운동에 대한 박정희 대통령의 철학을 정리한 친필 메모(유네스코기록유산 등재)를 역사적 기록으로 있는 그대로를 사진으로 실었다.

〈부록 2〉에는 새마을운동 초기에 새마을운동 정신과 취지와 추진 방식에 대해 설명한 박정희 대통령의 주요 연설문(1970-1973)들을 엄선하여 발췌 수록하였고,

〈부록 3〉에는 본격적인 추진 기간 중에 전국새마을지도자대회에서 행한 대통령의 유시(諭示)(1973-1979)들을 모아 발췌, 수록하였다. 이들 기록물은 지면관계상 일부 발췌하였지만 새마을운동과 관련된 내용은 하나도 생략함이 없이 수록하였으며, 독자들의 이해를 돕기 위해 일부 핵심 내용은 별색으로 강조 표시하였다. 또한 〈부록2〉의 연설문들의 제목은 원래는 없으나 독자들의 이해를 돕기위해 필자가 내용에 맞게 붙였음을 양지하기 바란다. 이 기록물들은 새마을운동 역사 기록으로서만 아니라 새마을운동을 추진한 대통령의 사상을 있는 그대로 확인할 수 있는 귀중한 자료로서 처음으로 하나로 모아 공개하는 셈인데, 추후 새마을운동 연구자들이 필독해야 할 자료이다.

〈부록 4〉에서는 새마을운동의 역사를 간단한 연표(1968-2019)로 정

리하였다. 마지막으로 〈부록 5〉에는 체계적인 새마을운동의 거시경제적 효과 추정 결과를 보고하였다. 새로운 계량분석 모형과 분석 과정 그리고 분석 결과에 대한 해석 등을 상세히 수록하였다.

기원과 약사

1

새마을운동의 기원
새마을운동의 창시자는 박정희 대통령[1]

　새마을운동의 역사에 대한 기술은 역시 그 기원에 대한 추적으로부터 시작하는 것이 옳다고 생각한다. 한국의 새마을운동은 어디에서 기원했는가? 국내의 주요 정책을 추진함에 있어 주로 우리보다 앞선 해외 경험이나 선례 연구 의존해온 국내 학계의 관행 때문인지 새마을운동도 아마 어디 해외에서 기원하지 않았을까 하는 의문을 갖는 경우가 많았지만 새마을운동의 기원에 대한 깊은 연구는 아직 없었다.

　그런데 최근, 박정희 대통령 옆에서 5·16 초기부터 한국 농촌 근대화 작업을 보좌했던 고병우 전 청와대 경제비서관(추후 김영삼 정부 건설부 장관)이 회고록을 통해 새마을운동의 기원에 대한 중요한 증언을 하였다. 그는 새마을운동 출발 이전 10여 년간 추진했던 농특사업 등 각종 농촌 소득 증대 사업과 새마을운동의 출발이 연속선상에 있으며, 새마을운동은 어느 외국 사례를 벤치마킹한 것이 아니라 박정희 대통령이 손수 10년 가까운 기간 동안 농어민 소득 증대 사업 추진 등 농촌 근대화 노력과 경험을 통해 얻은 살아있는 지식의 집적된 결과라고 증언하고 있다.

박정희 대통령은 이런 산 경험을 통해, 농민의 자조정
신과 자발적인 참여를 유도하려면

1) 의식 개혁은 물론 금전적 인센티브가 중요하
다는 사실을 인식하고 직접적인 수익 사업을
우선적으로 추진해야 하며,

2) 사업에 농가의 직접적인 자본 및
인력 참여를 적극 장려하여 사업의 오
너십 확보를 통해 주인의식을 심어주어
야 하며,

3) 정부의 지원을 성과에 따라 차등 지원하여야 동기 부여를 통해 적
극적인 참여 경쟁을 유도하여 자조정신의 함양에 기여할 수 있을 것이
라는 교훈을 얻었으며, 후술하는 바와 같이 이런 원칙들을 새마을운동
에 반영하였다.

실사구시적으로 농촌 개발 사업의 실제 경험을 통해 새로운 지식을
습득하는 방식(learning by doing)으로 새마을운동을 구상한 것이다.
또한 박정희 대통령을 가까이에서 보좌했던 박정희 정책 연구의 효시인
김정렴 당시 대통령 비서실장도 항상 새마을운동은 박정희 대통령 혼
자의 작품이라고 증언하고 있다.[2]

새마을운동의 전신이라 할 수 있는 사업들의 추진 과정을 살펴보면
다음과 같다.

(1) '농어촌 고리채 정리' : 1961년 5월 25일 5·16 혁명 직후 '농어촌 고리채 정리령'을 발령하고 1961년 6월 8일자로 '농어촌 고리채 정리법'을 제정하여 동년 8월 5일부터 본격적인 정리 작업에 착수했다.

(2) '재건국민운동'의 전개 : 5·16 혁명 직후인 6월 11일자로 '재건국민운동에 관한 법률'을 제정 공포하여 국민의 의식 근대화 개혁 운동을 전개하였다.

(3) '농업협동조합'의 설립 : 1961년 7월 29일자로 구 농협과 농업은행을 합병하는 '종합 농업협동조합법'을 제정하여 새로운 농업협동조합을 설립했다.

(4) '농촌진흥청'의 설립 : 1962년 3월에 농촌진흥법을 제정하여, 농민들의 생산 활동을 돕기 위해 새로운 기술을 개발하고 이를 지도하는 농촌진흥청을 설립하였다.

(5) '농공병진' 정책의 채택 : 제1차 경제개발 5개년계획의 성공적인 추진에 따라 1967년 연두교서에서 박정희 대통령은 농공병진(農工竝進) 정책 채택을 선언했다. 이를 위해 농어민 소득 증대 사업을 추진하였다.

(6) '농어촌개발공사'의 설립 : 1967년 말 국회에서 농어촌개발공사 법안을 제정하고 다음해인 1968년 2월 초에 자본금 10억 원의 공사를 발족하였다.

(7) 1968년 4월 26일자로 국무총리를 위원장으로 하는 '농어민 소득 증대지원 협의회 규정'을 제정하여 농어민 소득 증대 사업을 본격 추진하였다.

(8) 박 대통령의 농특사업 추진 특별 지침 : 농공병진 정책의 일환으로 농어민 소득 증대 사업을 추진해 왔는데 이 사업을 "농특사업"으로 명명하고 다음과 같은 사업 시행 지침을 시달하였다.

① 농어민들의 자발적인 참여를 유도하려면 농어민들의 손에 현금 소득이 쥐어져야 인센티브로 작용할 수 있다는 점에 착안하여 현금 작목(잠업, 양송이, 감귤, 사과, 낙농, 비육우(肥肉牛) 한우, 아스파라가스, 비닐하우스 고등채소 등) 중심으로 농특사업 작목을 선정할 것을 시달하였다.

② 스스로 돕는 자조, 주인의식이 중요함을 인식하여 참여 농어민이 스스로 자기 돈을 투입하도록 시달하였다. 이는 바로 박정희 대통령의 '하늘은 스스로 돕는 자를 돕는다'라고 하는 철학의 반영이다. 그동안 한국 농어민들은 정부가 모든 것을 지원해 주다보니, '잘 되어도 그만, 잘못되어도 그만'이라고 생각하고 사업을 열심히 하지 않았다. 따라서 모든 농특사업 참여 농어민들은 사업 계획의 10~20%는 자기 자본으로 부담하도록 하고, 부담능력이 전무할 경우는 가족들의 노동력을 평가해서라도 일정량의 자기 부담을 하도록 의무화하였다.

③ 스스로 도와서 스스로 잘 살게 되는 사업 정신이 농특사업 참가 농어민의 정신이었다. 여기에서 자조정신(自助精神), 자립경제(自立經濟)의 새마을정신이 배태되었다. 박정희 대통령의 이 지시 이후부터 농어민 소득 증대 사업을 '농특사업'이라고 부르게 되었다.

(9) "하면 된다"(can do)는 새마을정신 캐치프레이즈의 탄생 : 1969년

9월 18일, 지금의 세종문화회관 자리에 있었던 시민회관에서 대한민국에서 처음으로 전국 각 시도별 농특사업 경진대회를 개최했다. 고병우 장관의 회고에 의하면, 경진대회 마지막 순서로 대통령의 치사가 있었는데 박정희 대통령은 단상에 올라서자 준비된 원고는 보지도 않고 손을 번쩍 높이 들어 하사용 씨[3] 쪽을 가리키며 "저렇게 가난한 사람도 열심히 하니 저렇게 성공하지 않느냐?" "하면 된다!" "국민 여러분, 우리 모두 해 봅시다." 하면서 손수건을 꺼내 눈물을 닦으셨다.

고병우 장관은 이날 처음으로 새마을정신이 제창되었다고 증언한다. 그 후 새마을운동을 전국적으로 확산시킬 때 농특사업 참여 마을이 먼저 성공하여 자조마을이 되고 자립마을이 됐다. 결국 새마을운동은 농특사업에서 배태된 것이다. 새마을운동은 이와 같이 10여 년간 실제 농촌 근대화 정책의 입안과 시행을 거치면서 다듬어지고 정리된 운동이므로 그 창시자는 바로 박정희 대통령이라고 할 수 있다.

(10) 농특사업과 새마을운동의 차이 : 농특사업은 과거 정부가 일방적으로 농어민들을 지원하는 정부 지원 사업들과는 달리, 정부가 선택해서 권장하는 사업(가공 수출을 위한 농작물 재배 등)에 농어민 중에서 자기 몫을 투자하여 참여하겠다는 농어민만을 대상으로 한 사업이었다. 이는 정부 수립 후 처음으로 시도된 새로운 농어촌 사업 방식이었다. 반면에 새마을운동은 후술하는 바와 같이 마을이 단위가 되어 마을의 인프라 개선과 소득 증대를 위해 마을 주민들이 모두 자주적으로 참여 추진하도록 한 사업이었다. 이러한 차이점이 갖는 중요한 의의에 대해서는 다음의 제IV장 2절(새마을운동의 성공 모형)

에서 후술하도록 하겠다.

(11) "새마을 가꾸기"에서 "새마을운동"으로

① 과잉 시멘트와 새마을 가꾸기

박정희 대통령이 1969년 8월 4일 수해지구 복구 상황 시찰시 경상북도 청도읍 신도리에서 마을 주민들이 자발적인 참여하에 복구 사업을 성공리에 완수한 현장을 보고 크게 감동하여 "자조" 노력을 바탕으로 한 농촌 근대화 사업의 새로운 모형을 생각하게 되었다고 알려져 있다. 그 후 1970년 가을 대한양회공업협회의 김성곤(金成坤) 회장이 국내 시멘트 업계가 재고 누적으로 어려움에 봉착하게 되었다고 도움을 호소하자, 박정희 대통령이 김현옥(金玄玉) 내무부 장관에게 "시멘트 업계가 재고가 많아 어렵다니 내무부에서 싸게 사서 농어촌에 나누어 주면 어떨까?" 하고 시멘트 업계의 애로 해결책을 내무부 장관에게 요청하였다. 내무부는 그 후 시멘트를 농어촌의 33,267개 자연부락에 1개 마을당 335포대씩 무조건 똑같이 나누어주기로 했다.[4] 농어촌에서 주민들이 어떻게 쓰든지 간섭하지 말라 하고, 다만 당시 농어촌 마을에서 추진하면 좋겠다고 생각되는 사업 10가지(아래 3절에서 후술함)를 골라 시범사업으로 선정해서 시공법을 해설하는 팸플릿을 만들어 함께 배포하였다. 그때 그 사업의 이름을 '새마을 가꾸기 사업'이라고 명명했는데 이때 '새마을'이라는 용어가 처음 사용되었다.

이처럼 농림부의 농어민 소득 증대 사업(농특사업)과 별개로 과잉 시멘트 해결 방법으로서 새마을 가꾸기 사업이 내무부가 주관하는 사업으로 병행되게 되었던 것이다.

② '새마을운동'의 시발 : 1970년 4월 22일 '새마을운동 선포의 날'

박정희 대통령이 잘 살기 운동이라고 명명한 새마을운동은 5·16 혁명 때부터 그 싹이 심어졌고, 농어촌개발공사를 설립하고 농어민 소득 증대 사업에 착수하면서 농어촌의 변화를 이끌어냈으며, 내무부의 새마을 가꾸기 사업으로 활기를 띠기 시작했다. 농특사업과 새마을 가꾸기 사업이 서로 시너지를 내면서 그 파급 효과가 증폭되기 시작하였다. 그리고 이를 전 농어민, 나아가 전 국민에게 호소하고 동참과 협력을 촉구하는 메시지와 정책 방향이 1970년 4월 22일, '한해대책 전국지방장관회의'에서 제시되었는데 이때까지는 아직 '새마을운동'을 공식 명칭으로 사용하지는 않았다. 그러나 박정희 대통령은 새마을 가꾸기 사업을 할 때부터 새마을운동이 이미 시작된 것으로 보고 국민을 지도해 나갔다. 그래서 국가에서는 4월 22일을 '새마을의 날'로 지정하여 기리고 있다.

박정희 대통령의 새마을운동 지침서

박정희 대통령은 위와 같이 새마을 가꾸기 사업의 중요성을 천명하고 사업을 추진하면서, 1972년 4월 26일 '새마을소득증대 경진대회'(전남 광주)에서 공식적으로 '새마을운동' 지침서를 직접 친필 메모를 통해 제시하였다. 이를 통해 그동안 다양하게 추진되었던 농어촌 개발 사업들이 개념적으로 '새마을운동'으로 통합됨과 동시에 그 명칭도 "새마을운동"으로 공식화되었다. 이하에서는 대통령의 친필 메모의 전체 내용을 전재(全載)하였다. 다만, 책의 장, 절 번호 편집상의 일관성 유지때문에 소절의 번호를 (1), ① 방식으로 수정하였고, (1)과 (2)항의 제목은 원래 메모에는 없으나 저자가 내용에 맞게 추가하였다. 실제 친필 메모는 사진으로 〈부록 1〉에 수록하였다.

1) 박정희 대통령의 새마을운동 지침서(전문)

(1) 농어촌의 현실 진단

① 지금 전국 방방곡곡에서 새마을운동이 활발히 전개되고 있다. 지금은 대체로 매듭지을 단계에 와 있다. 나도 그동안 여러 마을을 찾아가 보고, 보고를 통하여 듣고 우리 농어민들이 우리도 한번 잘 살아보겠다고 몸부림치는 그 모습을 보고 깊은 감명을 받았다.

② 도지사 이하 시장, 군수 기타 모든 일선 공무원들이 그동안 토요일, 일요일도 없이 점퍼 차림에 밤낮을 가리지 않고 뛰어다니면서 이들을 지도하고 격려하면서도 지칠 줄 모르고 보람을 느끼는 것도 우리 농어민들의 그 부지런한 모습에 감동되었기 때문이라고 생각한다.

③ 확실히 이 운동은 우리 농어촌 사회에서 일어나고 있는 새 바람이요, 서광이요, 희망이라고 본다. 우리 역사상 이런 일은 찾아볼 수 없던 일이다. 확실히 우리 민족도 잠재적으로 무한한 저력을 가진 민족이다.

④ 왜 이러한 저력을 가지고 있으면서도 저력을 발휘하지 못했느냐? 역시 여기에는 어떠한 계기가 마련되어야 하고, 자극이 있어야 된다고 본다. 지난 10년 동안 1, 2차 5개년계획을 통해서 우리 국민이 땀 흘려 이룩한 건설의 성과가 우리 농어민들로 하여금 큰 자극을 주었고, 오랜 침체 속에서 잠을 깨고 눈을 뜰 수 있는 계기를 만들어 주었다고 봐야 할 것이다. 우리도 하면 된다 하는 자신이 생겼다.

(2) 자신감과 의욕이 새마을운동의 원동력

① 한 민족이 침체에서 벗어나서 일대 비약을 할 때 가장 중요한 것이 바로 자신이다. 자신이 있으면 의욕이 생긴다. 의욕과 자신이 없는 민족은 아무리 좋은 기회가 있더라도 이것을 이용할 줄 모른다(기회 포착 불가). 반대로 의욕과 자신이 왕성한 민족은 아무리 역경에 처해서도 이에 굴하지 않고 오히려 이를 전화위복으로 삼을 줄 아는 슬기를 발휘할 줄 안다.

② 우리도 그동안 수없이 많은 고난과 시련을 겪어왔다. 외적으로부

터 침략도 받아봤고, 공산당의 수없이 많은 도전도 받아봤고, 한해다, 수해다 하고 수많은 천재도 받아봤고, 조상으로부터 물려받은 가난이란 설움을 뼈에 사무칠 정도로 겪어봤다.

③ 그러나 우리는 이러한 역경에 굴하지 않았다. 침략자에 대해서는 대결해서 싸워 이길 수 있는 힘을 길러야 하고, 천재는 하늘을 쳐다보고 원망할 것이 아니라 인력으로 이것을 극복하는 방법을 모색해야 하고, 가난은 부지런히 일하면 잘 살 수 있다는 것을 깨달았다.

④ 과거에는 이러한 역경을 우리 힘으로는 도저히 극복할 수 없는 일이라고만 생각하고 할 생각도 않았는데, 이제는 우리 힘으로 해낼 수 있다는 자신을 가지게 되었다. 우리가 분발하고, 근면하고, 협동하고 단결하면 능히 극복할 수 있다는 자신을 얻게 되었다. 이것이 새마을운동이 울연(鬱然)히 일어나게 한 동기가 되고 원동력이 되었다. 우연한 일이 아니다.

(3) 새마을운동이란 뭐냐 - 새마을운동의 의의와 개념

① 속담에 '논어(論語)를 읽고도 논어의 뜻을 모른다.'는 말이 있다.

② '시멘트와 철근을 가지고 농로 닦고 다리 놓는 것이다' 등등.

③ 쉽게 말하자면 '잘 살기' 운동이다.

④ 어떻게 사는 것이 잘 사는 거냐?

- 빈곤 탈피
- 소득이 증대되어 농촌이 부유해지고, 보다 더 여유 있고, 품위 있고 문화적인 생활

- 이웃끼리 서로 사랑하고, 상부상조하고,
- 알뜰하고 아름답고 살기 좋은 내 마을.
- 당장 오늘의 우리가 잘 살겠다는 것도 중요하지만…내일을 위해서, 우리의 사랑하는 후손들을 위해서 잘 사는 내 고장을 만들겠다는 데 보다 더 큰 뜻이 있다(새마을운동에 대한 철학적 의의를 발견하자.).

(4) 어떻게 해야 잘 살 수 있느냐?

① 방법은 다 알고 있다. 문제는 실천이다.

② 부지런해야 잘 산다.

③ 자조(自助)정신이 강해야.

④ 온 마을 사람이 협동정신이 강해야.

- 혼자 부지런해도 안 된다.
- 온 집안 식구 전부가 부지런해야 한다.
- 한 집만 부지런해도 안 된다.
- 온 동리 사람이 전부 부지런해야 한다.
- 온 동리 사람이 전부 부지런하면 협동도 잘 된다.

(5) 협동의 원리

① 협동의 필요성

- 능률이 오른다. 1+1=2+a

  예 농로 작업, 퇴비, 지붕 개량

- 단결심이 강해진다.
- 자신이 생긴다.
- 협동하면 어마어마한 힘이 생기므로 자신이 생긴다.

② 능률-단결심-자신

- 안 되는 일이 없다.

(6) 근면, 자조, 협동정신

① 이것이 새마을정신이다.

- 이 정신이 있어야만 새마을운동은 성공한다. 즉 잘 살 수 있다.

② 이렇게 볼 때 '새마을운동'이란

- 정신 계발(啓發) 운동이요,
- 정신 혁명 운동이다.

③ 동시에 이 운동은 말만 가지고 하는 것이 아니라 행동과 실천이 반드시 수반해야 한다.

- 행동 철학이다.
- 이렇게 되면 우리 농촌은 반드시 잘 사는 농촌이 될 수 있다.

(7) 어떻게 행동에 옮기느냐(실천 단계)

① 사업 선정을 잘 하라(5대 고려사항)

- 마을 주민의 총의(總意)에 의하여 결정
- 마을의 공동 이익에 기여
- 마을의 특수성 고려(다른 마을 모방 일변도 불가)

예 마을회관부터…

　　농로부터…

　　교량부터…

　　마을 안길부터…

　　간이 상수도부터…

　　유실수(有實樹) 공동 조림(造林)부터… 등등

* 마을 주민의 자체 능력 고려

　- 인구와 노동력

　- 자금부담 능력…등

* 직접 간접으로 마을 주민의 소득 증대와 직결.

② 사업의 추진과 마을지도자

* 계획을 누가 짜느냐?

* 마을 주민을 누가 설득하느냐?

* 여기에 지도자가 필요

* 이 사업을 앞장서서 추진할 추진 핵심체(추진위원회)

③ 유능한 마을지도자가 있고 없고는 사업 성패의 관건이다.

* 신망이 두텁고, 설득력이 있고,

* 마을의 발전을 위해서 헌신적이고 희생적 정신이 왕성.

* 추진력이 있는 사람.

④ 시동(始動)이 걸렸다. 점화(點火)가 됐다.

* 사업 선정이 되고 지도할 지도자가 있고

* 마을 주민의 설득이 됐고

- 그러면 시동, 점화가 된 것이다.

⑤ 계획을 치밀하게 세워서 능률적으로 추진
- 이와 같이 하면 반드시 성공한다.
- 이와 같이 한 마을은 반드시 성공했다.

⑥ 이와 같이 해서 성공한 마을은
- 근면과 협동이 얼마나 소중하다는 것을 깨닫게 되고,
- 자기들이 이룩한 일을 보고 엄청나게 거창한 일을 했구나 하고
- 스스로 놀라게 된다.

(8) 이제부터는 이 사업을 어디로 이끌어갈 것이냐?

① 직접적인 소득 증대 사업으로 이끌어가야 한다.
- 이제까지 한 사업도 직접 간접으로 소득 증대에 기여하는 사업이다.
- 그러나 본격적인 사업으로 이끌어가기 위한 시동 작업이요 점화 작업이다.

② 앞으로 소득 증대에 직접적으로 기여하지 못하면
- 이 운동은 열이 식어 버린다.

③ 새마을운동의 궁극적 목표는
- 농어민의 소득을 증대하여 잘 사는 농어촌을 만드는 데 있다.
- 잘 살기 운동

④ 농번기에 접어드는 지금부터 할 일
- 새마을 사업 금년도 전반기 사업은 대체로 완료하고

- 미완료 분야는 후반기 농한기로 돌리고
- 농사에 전력 경주할 것(본 농사가 중요)
- 농사일에도 협동을 할 수 있는 것은
- 협동으로 하면 더 능률이 오른다(모내기, 김매기, 농약 살포 등).

⑤ 금년 후반기에 할 일도 이제부터 연구하라.

- 후반기 사업에도 정부는 약 100억 원 정도의 재원을 마련할 예정이다.

⑥ 전반기 사업의 성과를 분석하여

- 성과가 있는 부락에 집중 투자할 예정
- 가급적이면 환경정리사업보다
- 소득 증대에 직접 기여하는 사업들을 검토하라.

⑼ 금일 토의하는 소득 증대 특별 사업도 따지고 보면 우리가 하는 '새마을 운동'의 일환이다.

① 성공한 사례(성공하지 못한 사례도 있으나)

- 성공한 사업은 역시 근면하고 자조정신이 강하고 협동정신이 왕성한 데는 성공.
- 성공하지 못한 곳은 그렇지 못했던 데다.

② 근면하고 협동을 잘했는데도 성공하지 못한 예가 있다면 두 가지 원인이 있을 것이다.

- 하나는… 농민 측, 영농에 있어서 과학적인 지식과 기술이 부족했거나

- 또 하나는… 정부 측,

  정부 지원이 잘못됐다.

  자금 지원이 적기에 방출되지 못했거나

  계획 생산을 이행하지 않았거나

  농산물의 가격 보장을 실시하지 않았거나

  판로 개척을 알선하지 못한 것 등이다.

③ 앞으로는 농민도 영농에 대한 과학적 지식이 필요하다.

- 머리를 써야.

- 정부의 적절한 지원 대책이 반드시 수반되어야 한다.

(10) 새마을운동을 성공적으로 발전시켜 나가기 위하여 유념할 사항

① 성과에 대한 성급한 생각을 버리라(정부 관료나 농민들 모두)

- 최소한 5년 동안을 열심히 지속해야 성과가 난다.

- 조림 사업은 40년, 50년도 걸린다.

  (우리들 자손에게 물려준다고 생각)

- 우리 자손들에게 유산으로 물려주기 위한 보람 있는 사업이라
  고 생각하라.

② 새마을운동은 반드시 농민들의 자발적인 운동으로 계도되어야 한다.

- 스스로 마을 주민의 마음속에서 우러난 자발적 운동이라야 성공

- 관(官)에서 이것 하라, 저것 하라 강요해서 하는 사업은 성공 못
  한다.

- **예** 마을 주민들의 총의에 의해 농로를 만들기로 결정을 했다면

군이나 면에서는 측량, 설계를 도와주고 기술 지도를 하고 행정 지원을 해주고 기술 공무원들을 자주 출장시켜서 지도를 하는 등

③ 반드시 생산과 직결되고, 소득 증대라는 결과가 있어야 한다.

- 과학적인 영농 기술과 지식이 필요하다.
- 이를 위하여 일선 공무원이나, 농촌 지도기관이나
- 지역사회에 있는 학교가 지도와 협조를 해야 한다.

④ 정부는 근면하고 자조정신이 강하고 협동정신이 왕성한 우수마을을 우선적으로 지원한다는 방침을 계속 밀고 나간다.

⑤ 정부는 이 운동을 강력히 뒷받침하기 위하여

- 필요한 자금의 지원, 기술 지도, 계획 생산, 농산물 가격 보장, 유통 대책을 세워서
- 농민들이 땀 흘려 일한 것이 결코 헛되지 않고 실망하지 않도록 더욱 증산 의욕을 북돋아 주도록 한다.

⑥ 마을의 부녀회원들을 적극적으로 참여시키고 그들의 참여 의식을 높여줘야 한다.

- 성공한 마을은 반드시 예외 없이 마을 부녀회원들의 역할이 대단히 컸다는 것을 알고 있다.
- 대체로 부녀들은 남자보다 더 알뜰하고 성실하고 적극적이다.

⑦ 훌륭한 마을지도자의 발굴과 양성에 정부는 계속 노력해야 한다.

- 한 사람의 훌륭한 마을지도자가 한 마을을 완전히 일어나도록 만든 예를 많이 보고 있다.
- 이들이 이룩한 업적을 기록에 남기고 후세 역사에 남겨야 한다.

- 이들이 바로 우리 농어촌의 영웅이다.

⑧ 이 운동은 민족의 대약진운동이다. 농어촌에만 해당되는 운동이 결코 아니다. 범국민운동이다.

- 도시민들도 참여하고 적극적으로 협조해야 한다.
- 아무도 방관자가 될 수 없다.
- 그렇다고 나는 도시 사람들도 전부 농촌에 가서 농로를 뚫고 지붕 개량사업을 직접 해 달라는 것도 아니다.
- 도시민들은 도시민들로서 뭣인가 이 운동을 돕는 길이 있을 것이다.
- 최소한 돕지 못한다면 훼방을 놓지 않아야 하겠고 방해는 하지 않아야 하겠다.
- 일부 도시민들의 지각없는 생활태도는 이 운동에 찬물을 끼얹는 결과를 가져올 수도 있다.
- 최소한 이런 일은 하지 않아야 하지 않겠는가?

⑨ 이 운동에는 물론 여러 가지 문제점도 있고 일부 부작용도 있다.

- 물론 처음부터 실수가 없도록 최선을 다해야 하겠으나 일부 부작용이 있다 해서 비방만 할 것은 못된다.
- 시정해 나가면 된다.

⑩ 모든 사업은 처음부터 치밀한 계획을 세워서 착수하고 하나하나의 공사는 야무지게, 견고하게, 착실히 해야 한다.

- 다리를 놓았더니 비 한 번 오니 내려앉는 예는 없도록

⑪ 모든 공무원들은 이 운동에 앞장서고, 이 운동을 지도하고, 그들 농어민들을 도와주는 일에 무한한 긍지와 보람을 느낄 줄 알아야 한다.

〈끝〉.

2) 박정희 대통령의 새마을운동 지침서 요점 정리

박정희 대통령의 의중을 제대로 읽지 못했을 수도 있으나 대통령의 새마을운동 지침서의 핵심 키워드를 정리, 해석하면 다음과 같다. 여기서 인용부호(" ")는 대통령의 메모 내용을 그대로 인용했음을 의미한다.

(1) 새마을운동의 의의와 개념

"새마을운동이란 뭐냐? 쉽게 말하자면 '잘 살기' 운동이다. 어떻게 사는 것이 잘 사는 거냐? 빈곤 탈피 나아가 소득이 증대되어 농촌이 부유해지고, 보다 더 여유 있고, 품위 있고 문화적인 생활을 누리고, 이웃끼리 서로 사랑하고, 상부상조하고, 알뜰하고 아름답고 살기 좋은 내 마을을 가꾸는 것이다."라고 선언하고 있다. 나아가 "당장 오늘의 우리가 잘 살겠다는 것도 중요하지만… 내일을 위해서, 우리의 사랑하는 후손들을 위해서 잘 사는 내 고장을 만들겠다는 데 보다 더 큰 뜻이 있다."

라고 하였다.

새마을운동은 자조의식으로의 의식 개혁과 동시에 소득 증대와 삶의 질을 높임으로써 고속 성장과 동시에 성장의 질을 고도화하는 포용적 동반 성장의 경제 발전 전략이었다.

(2) 협동의 시너지 원리 : 복잡계 창발의 원천

대통령은 항상 협동을 강조하였는데, "협동의 필요성은 능률이 오르기 때문이다. 1+1=2+α. 그래서 협동하면 어마어마한 힘이 생기므로 또 자신이 생긴다."라고 하였다. 이 선언은 사실상, 다음의 제III장에서 논의하는, 오늘날의 복잡성 과학(complexity science)에서 강조하는 복잡계의 창발현상, 즉 시너지 창출 효과를 이미 이해하고 있었음을 의미한다.

복잡현상의 사례로서 언급되는 나비효과는 바로 1+1>2라는 시너지 효과를 기본으로 한다. 남미 아마존 강 유역의 나비의 날갯짓이 다음날 텍사스에 토네이도를 일으킨다는 나비효과는 연약한 두 개의 나비의 파장이 만나면 시너지 효과를 통해 두 개의 파장의 합(2)보다 더 큰 힘을 낼 수 있다는 원리로서, 이를 확장하면 궁극적으로 많은 나비의 파장들의 만남은 시너지를 통한 힘의 증폭 효과를 통해 토네이도(어마어마한 힘)까지 일으킬 수 있다는 결론에 이르게 된다. 나아가 인간의 세포가 100조(兆)에 이른다고 하는데 물질적으로 단순한 세포덩어리에 불과한 인체가 시너지를 통해 인간이라는 고등동물로 변신(어마어마한 힘)하게 되는 이치도 이와 다르지 않다. 이런 변화가 바로 질적 변화를 수반하는 복잡계의 창발현상(emergence)이다.

필자는 다음의 제III장에서 바로 이 창발현상이 전형적인 복잡현상인 경제가 단순한 마차 경제에서 복잡한 기차, 자동차 경제로, 나아가 더 복잡한 비행기, 우주선 경제로 발전하는 경제 발전 과정과 같다고 해석하였다. 박정희 대통령은 이미 거의 50년 전에 이를 이해하고 새마을운동을 생각했던 것이다. 빈곤 속의 농어촌이 잘 살게 되는 과정이 바로 나비의 파장덩어리가 토네이도로, 세포덩어리가 인간으로 질적인 변화를 이루어내는 과정과 다르지 않다고 본 것이다.

그런데 필자는 이러한 복잡계 창발현상으로서의 경제 발전은 시너지의 원천인 흥하는 이웃에 대한 무임승차 현상 때문에 실패할 가능성이 높다고 해석했다. 그리고 이를 해결할 정부 정책이 바로 '성과에 기초한 경제적 차별화 정책'이라고 주장했다. 그런데 대통령이 주장했고 실천한 새마을 정책이 바로 '경제적 차별화 정책'임을 확인하게 되는 것은 너무나 놀라운 일이다.

(3) 새마을정책 : 성과에 기초하여 자조하는 마을만 지원한 경제적 차별화

박 대통령은 운동이 성공하기 위해서는 "정부는 근면하고 자조정신이 강하고 협동정신이 왕성한 우수마을을 우선적으로 지원한다."는 방침을 계속 밀고 나가야 한다고 선언하고 있다.

이는 새마을운동 정책 중의 백미로서 성과 있는 마을은 지원하고 성과 없는 마을은 운동에서 탈락시키는 '성과에 따른 경제적 차별화' 원리를 천명하고 있다. 또 "전반기 사업의 성과를 분석하여 성과가 있는 부락에 집중 투자할 예정이며, 가급적이면 환경정리사업보다 소득 증대에 직접 기여하는 사업들을 검토해야 한다."고 지시하고 있다.

후술하는 바와 같이 박정희 대통령은 50년 전에 이미 오늘날의 인센티브 경제학의 요체인 '성과에 따른 차별적 지원'이라는 인센티브 차별화가 갖는 동기 부여 기능을 통찰하고 있었던 것으로 해석된다. 흥미롭게도 부록(2와 3)에 수록된 대통령의 새마을 관련 연설문들은 일관되게 자조하는 마을을 도와야 한다는 의미의 '하늘은 스스로 돕는 자를 돕는다'는 서양의 잠언을 되풀이 들려주고 있는데, 이 말의 중요한 의의에 대해서는 다음 장에서 상술하게 될 것이다.

(4) 새마을운동은 농민들의 자발적인 운동으로

"새마을운동은 반드시 농민들의 자발적인 운동으로 계도되어야 한다. 스스로 마을 주민의 마음속에서 우러난 자발적 운동이라야 성공할 수 있으며, 관(官)에서 이것 하라, 저것 하라 강요해서 하는 사업은 성공 못 한다."

그러나 필자는 자발적 운동이라고 해서 '자유방임'이나 정신 교육만으로 되는 것은 아니라고 본다. 자발적 참여를 유도하는 인센티브 구조를 구축하는 것이 절대적으로 필요하다. 당시 정부의 정책은 항상 엄격하게 자조하여 성과를 내는 마을을 우대하는 경제적 차별화 정책을 추진함으로써 주민들의 행태를 성과 지향의 자조적 행태로 유도하였다.

즉 자조적 행동을 우대하는 인센티브 구조를 정착시킴으로써 주민들이 자연스럽게 즉, 자발적으로 자조적 행동을 하도록 유도하였다.

(5) 새마을운동의 지속 가능성 확보 전략 : 소득 증대 사업을 우선시하다

새마을운동은 "반드시 생산과 직결되고, 소득 증대라는 결과가 있어야 한다."고 항상 강조함으로써 주민들의 지속적인 참여를 이끌어 내어 운동의 지속 가능성을 담보하였다. 가시적으로 소득 증대라는 효과가 나타나지 않으면 운동의 지속 가능성은 보장되기 어렵다.

(6) 여성의 역할 적극 활용

"마을의 부녀회원들을 적극적으로 참여시키고 그들의 참여 의식을 높여줘야 한다. 성공한 마을은 반드시 예외 없이 마을 부녀회원들의 역할이 대단히 컸다는 것을 알고 있다. 대체로 부녀들은 남자보다 더 알뜰하고 성실하고 적극적이다." 실제 부녀회원들이 적극적으로 남편들의 금주(禁酒), 금연(禁煙), 도박근절을 유도하고 새마을운동 참여를 독려함으로써 새마을운동 성공의 견인차 역할을 했다.

(7) 훌륭한 지도자들을 적극 우대

"유능한 마을지도자가 있고 없고는 사업 성패의 관건이다. 신망이 두텁고, 설득력이 있고, 마을의 발전을 위해서 헌신적이고 희생적 정신이 왕성하고 추진력이 있는 사람(이 필요하다)…훌륭한 마을지도자의 발굴과 양성에 정부는 계속 노력해야 한다. 한 사람의 훌륭한 마을지도자가 한 마을을 완전히 일어나도록 만든 예를 많이 보고 있다. 이들이 이룩한 업적을 기록에 남기고 후세 역사에 남겨야 한다. 이들이 바로 우리 농어촌의 영웅이다."

실제 대통령이 주제하는 수출 진흥(확대) 회의나 월간 경제 동향 회의 등을 통해 성공한 마을의 지도자와 농어민들을 표창함으로써 이들의 일할 동기를 북돋아 주고 이를 통해 새마을지도자들의 기업가적 정신과 창의적인 아이디어들을 이끌어 내었다. 이 또한 스스로 돕는 자를 우대하는 경제적 차별화 정책의 또 다른 실천 사례이다.

(8) 새마을운동은 민족의 대약진운동

"새마을운동은 민족의 대약진운동이다. 농어촌에만 해당되는 운동이 결코 아니다. 범국민운동이다. 도시민들도 참여하고 적극적으로 협조해야 한다. 아무도 방관자가 될 수 없다." 새마을운동은 이후 도시·공장 새마을운동으로 확산되었으며 결과적으로 대한민국이 새마을정신으로 충만한 자조하는 나라로 탈바꿈하게 되었다.

3
새마을운동의 추진 과정과 성과 약사(略史)

제1차년도(1970.11~1971. 5월) : 농한기 기간을 이용하여 실시하였는데 인프라 개선 사업에 중심을 두었다. 약 34,000개 마을을 대상으로 평균적으로 시멘트 300여 포대를 균등 배분하고, 농촌 인프라 개선 사업 범위 내의 10개 정도의 새마을사업 프로젝트(마을 진입로 가꾸기, 지붕 담장 개량, 공동우물·공동빨래터 설치, 교량 가설, 소하천 정비, 퇴비장 설치, 농로 개설, 간이 급수시설 설치, 주택 개량, 증산 운동 등)를 제시하고 사업 선정 및 시행은 마을총회의 결정에 따라 자율적으로 추진하게 하였다.

1971년 제2차년도 : 성과 좋은 마을(1만 6,000곳)에만 평균 500포대 시멘트와 철근 1톤씩을 공급하고 나머지 마을(1만 8,000곳)은 지원 대상에서 배제하였다. 특별히 성과가 우수한 마을에는 백만 원 정도의 현금도 지원했다. 이를 본서의 일반이론은 "성과에 따른 경제적 차별화 정책"이라 명명하였다.

그 이후 마을의 주거환경, 영농기반, 협동생활 그리고 소득사업 등 4개 분야에 걸쳐 분야별 성과에 따라 전 마을을 자립마을, 자조마을, 기초마을로 분류하고 정부의 지원은 항상 자립마을과 자조마을에 집중하고 기초마을은 지원에서 배제했다(〈표 1〉 참조). 항상 성과에 따른 차별적 지원 정책을 견지하였다.

[표 1] 마을 수준별 승급 기준

	자립마을	자조마을
주거환경	• 지붕개량 80% 이상	• 지붕개량 70% 이상
영농기반	• 농경지 수리율 85% 이상	• 농경지 수리율 70% 이상
협동생활	• 마을 기금 100만 원 이상	• 마을 기금 50만 원 이상
소사업	• 가구당 소득 140만 원 이상	• 가구당 소득 80만 원 이상

자료 : 내무부(1980).

성과 : 1977년에 자조·자립마을은 100%에 이르고, 기초마을은 사라졌다. 모든 마을이 참여하여 자조마을 이상으로 향상되었다(〈표 2〉 참조). 또한 도농 간 소득 격차도 1974년부터 농촌 우위로 역전되었다(〈그림 1〉 참조).

[표 2] 연도별 마을 현황

	총 마을 수 (A)	자립마을 수	자조마을 수	자조·자립 마을 합계(B)	기초마을 수	자조·자립마을 비중 (C=B/A)
1972년 말	34,665	2,307	13,943	16,250	18.415	0.469
1973년 말	34,665	4,246	19,763	24,009	10,656	0.693
1974년 말	34,665	7,000	21,500	28,500	6,165	0.822
1975년 말	35,031	10,049	20,936	30,985	4,046	0.855
1976년 말	35,031	15,680	19,049	34,729	302	0.991
1977년 말	35,031	23,322	11,709	35,031	0	1.000
1978년 말	34,815	28,701	6,114	34,815	0	1.000
1979년 말	34,871	33,895	976	34,871	0	1.000

자료 : 내무부(1980).

1973년부터 새마을 공장 육성 정책 추진 : 당시 정부는 농가 소득 증대를 위해 농산물 가공 공장을 건설하고 이를 수출 산업화하기 위해 세금 감면 조치, 수출 지원 조치, 운영비 보조 등을 통해 적극 지원하였다. 최초 1973~74년간 운영 실적 평가에 따라 270여개의 농촌 공장 중 좋은 성과를 낸 30% 공장에는 지원을 확대하고 성과가 미흡한 70%는 지원을 삭감하였다. 이 또한 성과에 따른 철저한 차별적 지원 정책이었다.

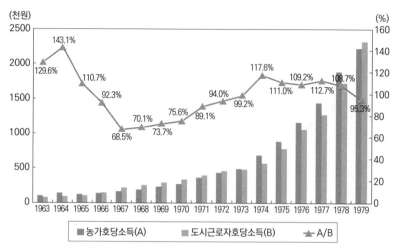

[그림 1] 농촌과 도시 근로자 호당 평균 소득 비교

1975년 11월 9일 Newsweek 보도 : "새마을운동으로 약 1만 6,000여 마을에서 급수시설이 개선되고 100만 호 이상의 초가지붕이 현대식 슬레이트로 개조되었다. 또한 새마을운동에 의한 농가 부업으로 농촌의 가구당 수입이 1970년의 744달러에서 1974년에 1,970달러로 증가했다. 새마을운동이 시작된 지 불과 4~5년 만에 한국 국민의 의식구조, 사고방식, 생활환경과 생활태도 등이 획기적으로 달라졌다."

III. 박정희 시대의 경제정책 패러다임에 대한 이해

새로운 경제이론이 필요한 이유

새마을운동의 성공원리를 경제이론화 하고자 하는 본서의 목적을 위해서는 이에 앞서 우선 개발연대 한국의 경제발전, 즉 한강의 기적의 성공 요인부터 먼저 생각해보는 것이 필요하다. 왜냐하면 새마을운동은 바로 박정희 시대의 전체 경제발전 정책 패러다임의 일부이기 때문이다. 이를 위해 경제발전의 기본 원리부터 살펴보고자 한다.

서론에서 지적한 바와 같이 기존 경제학 이론이나 정치철학 담론으로는 한국의 한강의 기적뿐만 아니라 일반적인 경제발전 현상을 논리적으로 설명하기가 쉽지 않다.

1) 경제제도를 무시하는 주류경제학

시장 중심적 주류경제학적 사고는 자유 시장의 역할을 신격화하고 있지만, 사실 시장은 항상 불완전하며 시장의 힘만으로 경제 도약에 성공한 예는 없다. 신고전파(neo-classical) 성장 이론과 워싱턴 컨센서스(Washington consensus) 등의 주장이 그 대표적 예이다.

자유시장 신격화

사실은 불완전한 시장

주류 정통 경제학이라는 신고전파경제학은 역사성이나 제도적 맥락이 부재하는 진공 속의 경제학이다. 어느 시대, 어느 사회나 적용되는 보편적 이론을 추구해왔지만 그러다 보니 추상화가 도를 넘어 어디에도 적용하기 어려운 학문이 되었다.

예컨대 신고전파 성장이론은 사회주의 경제나 자본주의 경제나 자본과 노동과 기술만 있으면 다 발전할 수 있다고 하는데 이런 설명이 설득력이 있겠는가? 소련은 한때 미국보다도 더 기술이 앞섰는데 망하지 않았던가? 그래서 신고전파경제학의 태두인 새뮤얼슨(Paul Samuelson; 1989, p. 837) 교수의 경우 1967년부터 시작해서 1989년 소련 경제의 몰락 2년 전까지도 줄곧 소련이 미국 경제를 수년 안에 추월할 거라고 주장하는 일이 벌어진 것이다. 같은 이치로 박정희는 자본, 기술이 전무하고 노동력밖에 없는 환경에서 20년 만에 다른 선진국들이 1백년, 2백년, 심지어는 수백 년 걸린 산업혁명을 이뤄냈으니 주류경제학이 이를 소화해내기는 어려울 수밖에 없는 것이다. 이런 문제의 원인은 바로 주류경제학이 경제제도라는 경제 주체들의 인센티브 구조를 결정하는 경쟁의 게임 규칙(the rules of the game)을 무시해버린 결과이다.

경제 활동과 관련된 모든 실정법 제도와 국민의 가치관과 의식 그리고 관행 등을 포괄적으로 일컫는 경제제도는 일종의 시장경쟁의 경기규칙으로 작용하며 사회의 인센티브 구조를 결정한다. 결국 이런 제도의 총합이 현실 시장의 내용을 결정한다.[5] 그런데 주류경제학은 이런 경제제도의 존재를 무시하고 있다.

2) 실효성이 결여된 신제도경제학

이를 바로잡는다고 등장한 이론이 소위 후술하는 신제도경제학(New Institutional Economics)이다. 신제도경제학은 경제 분석에 경제의 역사성과 제도적 맥락의 차이를 반영하는 경쟁의 게임 규칙을 명시적으로 도입함으로써 주류경제학의 현실성을 높여 보겠다는 취지에서 출발하였다.

2000년대 이후 많은 성과를 내어 다수의 노벨상 수상 실적을 냈으나 추상화된 주류 이론을 대체하기보다는 아직도 그 부속 이론에 머물고 있다. 이들은 시장이 불완전하거나 혹은 시장이 실패하는 것은 효율적인 재산권 제도가 미비하기 때문이라고 주장하고 있으나 이런 효율적인 제도를 어떻게 만들지, 혹은 만들 수나 있는 것인지에 대해서는 답을 못 내고 있다.

정보의 불완전성은 시장 실패의 원인일 뿐만 아니라 비효율적인 제도의 원인이다. 현실에서는 정보가 불완전한 시장이 보편적이다. 그래서 효율적인 제도는 실현 불가능하며, 시장은 항상 불완전한 것이다. 불완전한 시장을 살려내기 위해 완전한 제도가 필요하다는 주장은 그래서 공허하게 들릴 수밖에 없다. 이에 대해서는 다음 절에서 보다 상세히 논의하고자 한다.

지난 수십 년 동안 세계은행이나 IMF, OECD 등의 국제개발기구에서 권장해온 소위 워싱턴 컨센서스라 부르는 경제정책 패키지가 바로 이런 시장 중심 사고와 신제도경제학적 사고의 복합물로서 그동안 개발도상국들의 개발 정책에 큰 영향을 미쳐왔지만 그 효과성에 대해서는 여전히 논란이 많다.

현실적으로 시장이 불완전하다는 말은 다른 말로 표현하면 인간이 불완전하다는 말과 같다. 이제 인간은 불완전하다는 사실을 기초로 하는 새로운 경제발전 이론이 필요한 셈이다. 물론 이런 이론은 경제 주체들이 완전한 정보를 가지고 있다는 특수한 가정 하에 전개되는 주류경제학 이론(예컨대 소위 완전 경쟁 시장 모형 등)에 비해 그 이론적 정치성(精緻性)은 떨어질 수밖에 없겠지만, 역으로 불완전한 현실 시장을 보편적 현상으로 수용하기 때문에 그 현실적 응용성은 보다 더 일반적일 수 있다. 완전한 시장을 가정하는 주류 이론은 이상론(理想論)으로서 특수이론인 반면 불완전한 시장을 수용하는 이론은 일반이론이라 할 수 있다. 이는 어려운 과제이지만 경제학이 앞으로 풀어야 할 중차대한 과제이다. 후술하는 필자의 경제발전의 일반이론은 바로 이런 인식을 바탕으로 경제학의 지평을 조금이나마 넓혀 보려는 시도의 일환이라 할 수 있다.

3) 정책성공원리가 결여된 정부산업정책론

다음으로 시장 중심적 주류경제학에 대응하여 주장되고 있는 정부 역할을 강조하는 소위 정부 중심적 경제이론 또한 많은 문제를 노정하고 있다. 이 주장은 시장보다도 정부가 보다 적극적으로 산업정책을 통해 경제개발에 나서야 한다고 주장하고 있다.

그러나 이 주장은, 그럼 왜 그 많은 경제들이 그동안 정부의 적극적인 개발 노력에도 불구하고 성공하지 못하는지, 그리고 소수의 성공 사례들, 예컨대 과거 일본이나 한국, 최근의 중국 등이 정부 주도로 성공했다고 하지만 정부의 어떠한 역할이 경제발전의 열쇠였는지 설명하지 못하고 있다. 아니면 왜 그리 많은 경제들이 정부의 개입에도 불구하고 실패하는지에 대해서도 그 원인을 설명하지 못하고 있다. 정부의 산업정책 주창자들이 그 예이다.

도대체 정부가 어떤 기능을 어떻게 수행해야 하는지 그 성공노하우를 아직도 찾아내지 못하고 있다. 중요한 정책들을 잘해야 한다고 열거하기는 하지만 어떻게 하는 것이 잘하는 것인지 알지 못하니 이는 좋은 일을 잘해야 한다는 동어반복에 불과하게 되는 것이다.

수출을 잘해야 한다 하지만 어떻게 해야 수출이 늘어나는지, 산업구조를 업그레이드 하라 하는데 어떻게 해야 이게 순조롭게 달성될 수 있는지 그 성공노하우를 모르고 있으니 결국은 선진국을 따라가기 위해 열심히 해보라는 충고에 그치게 된다. 동반성장의 한강의 기적을 제대로 복제(複製)하는 나라가 아직 없다는 사실이 바로 이 정부 역할을 강조하는 주창자들이 풀어야 과제임과 동시에 아킬레스건인 셈이다.

4) 사회주의로 치닫는 평등주의경제학

한편 사회주의의 몰락에도 불구하고, 2차 세계대전 이후 수정자본주의 혹은 사민주의 정치 경제 체제가 보편화되면서 오늘날 평등의 이념을 최고의 가치로 내건 평등주의 경제학이 전 세계를 풍미하고 있으며, 경제 평등주의 정책이 새로운 정책 패러다임으로 등장하고 있다.

그러나 지난 반세기 이상 보다 평등한 경제 체제를 구축하여 국가 균

형 발전을 이루고 복지사회를 건설하여 모두가 잘 사는 나라를 만든다
고 소득 재분배 정책을 포함하여 복지 정책을 계속 강화하고, 기회 평
등을 보장한다고 경제적 약자들에 대한 각종 혜택을 집중하며[6], 중소기
업을 육성하고 대기업의 경제력을 견제하여 기업 생태계의 균형을 추구
해온 모든 선진국은 물론 이를 흉내 낸 모든 개발도상국들이 거의 예
외 없이 성장은 고사하고 장기 경제정체(stagnation)와 경제양극화를 경
험하고 있으며, 심지어 민주주의 체제의 지속 가능성마저 심각하게 도
전받고 있다.

　여기에는 한강의 기적 이후 소위 정치 민주화와 더불어 경제민주화
라는 사회주의 평등이념의 실현에 노력해온 한국의 지난 30년간의 저
성장과 분배 악화도 예외가 아니다. 이제 사회주의 이념인 경제 평등주
의가 소위 자본주의 경제 체제의 불평등 문제의 해법인 양, 보다 강력한
재분배 정책이 이 문제의 해법이라는 주장이 전 세계를 풍미하고 있다.

　그러나 지난 2차 세계대전 이후의 80년 가까운 수정자본주의 혹은
혼합 경제, 나아가 사회민주주의 실험이 가져온 오늘날의 참담한 결과
는 경제학이 풀어야 할 또 하나의 중차대한 수수께끼에 다름 아니다.
도대체 무엇이 잘못되었는가? 아무도 답을 내는 자가 없다. 더 강력히
자본주의를 수정하자는, 즉 사회주의 하자는 주장이 미국에서마저 풍
미하고 경제학계는 겨우, 이것이 아마 어쩔 수 없는 "새로운 정상상태
(new normal)"가 아닌가 하는 넋두리나 하고 있는 실정이다. 답을 모르
겠다는 고백인 셈이다.

　이미 실패한 사회주의의 망령이 또다시 민주주의라는 가면을 쓰고

전 세계를 엄습하고 있다. 아마도 전 세계가 정말로 우리의 동반성장의 한강의 기적을 제대로 배워야 할 때가 온 것이 아닌가 싶다.

5) 기업의 역할이 결여된 경제발전론

여기서 무엇보다도 심각한 문제는 이 모든 기존 이론이나 정책론들은 자본주의 경제의 발명품인 '주식회사 기업제도'의 경제발전 역할을 충분히 반영하지 못하고 있다는 점이다. 농경사회에서 자본주의 경제로의 산업혁명과 그 이후의 지속 성장이 주식회사 기업제도의 등장 및 활성화와 괘를 같이 하고 있으나 주류경제학 이론은 아직도 기업의 경제발전 역할을 이론 체계에 수용하지 못하고 있으며, 기업이 없는 경제이론을 신주처럼 모시고 가르치고 있다.

기업의 역할이 체계적으로 이론에 반영되지 않은 주류경제학은 기업이라는 조직이 없었던 농경사회의 경제학에서 못 벗어나고 있다는 비판을 면키 어렵다. 주식회사 기업제도가 공식적으로 보편화되기 훨씬 이전인 1776년에 탄생한 애덤 스미스의 「국부론」이나 이를 모태(母胎)로 정립된 시장 중심의 주류경제학은 기업이라는 조직의 역할이 없는 농경사회 경제학과 다르지 않다.

시장을 통한 자원 배분은 거래 쌍방 간의 거래 조건에 대한 자발적인 수평적 합의에 기초한 시장 거래를 통해 이루어진다. 그러나 이것 때문에 시장은 거래 조건에 대한 합의에 이르기 위한 협상이 필요하고, 이로 인해 각종 협상 비용이나 탐색 비용 등 소위 거래 비용을 부담해야 한다. 이것이 바로 시장을 불완전하게 만드는 이유가 되는 것이다.

이 문제를 해결하기 위해 인류가 발명해낸 것이 기업이라는 조직이다.

기업은 시장과는 달리, 수직적 명령 조직에 의해 자원을 배분하는 장치로서 시장 거래가 부담해야 하는 거래 비용을 획기적으로 낮추는 기능을 한다. 시장의 불완전성을 완화하기 위해 등장한 것이 기업이다. 그런데 주식회사 기업제도는 후술하는 바와 같이 농경사회 대장간 같은 개인 기업에서 창발한 자본주의적 기업이다.

따라서 이러한 주식회사 기업제도의 경제발전 역할이 체계적으로 이론화되지 않은 경제학은 자본주의 경제발전을 설명하기도 어려울 뿐만 아니라 자본주의경제학이라고 부르기도 어렵다. 기업의 경제발전에 있어서의 중요성에 대해서는 다음의 제4절에서 보다 체계적으로 논의하게 될 것이다.

이러한 이유들로 인해 주류경제학 이론은 물론 그 대안이라는 이론들도 아직까지 기업의 성장을 통해 성공한 한국의 개발연대 경제적 도약이나 일본의 메이지 유신 이후의 산업화, 최근 중국의 지난 30년 동안의 성장을 일관성 있게 설명하지 못하고 있을 뿐만 아니라 이들의 경험을 일종의 예외적인 현상 또는 특이한 현상으로 취급하고 있다. 더구나 그동안 선진국들을 중심으로 추구한 평등주의 정책에도 불구하고 왜 저성장과 불평등 심화 현상이 보편화되고 있는지에 대해서도 설명하지 못하고 있다. 나아가 후진국들의 빈곤 탈출 및 성장 실패와 소득 일만 불대 중진국들이 중진국 함정 탈출에 실패하고 있는 원인도 여전히 미궁에 빠져 있다. 자본이 있고 노동이 있고 기술이 있고 정부가 잘하면, 혹은 시장이 잘 작동되면 경제가 발전할 수 있다는데 2차 세계대전 이후 후진국에서 선진국 턱밑까지 쫓아간 나라다운 나라가 한국밖에 없으니 그동안 경제학은 무엇을 하고 있었던 것인가?

이에 필자는 최근세의 경제 기적의 경험인 일본의 메이지 유신, 한국의 한강의 기적, 중국 덩샤오핑의 개혁 개방 경험과 서구 산업혁명의 성공 경험을 통합하여 시장·기업·정부 3자의 필수적 보완 역할을 강조한 "시장·정부·기업의 삼위일체 경제발전의 일반이론"을 개발하였다.

이 이론은 기존 이론들이 특수이론에 그친 단점을 보완하여 경제발전의 '일반이론(General theory)'을 지향하고 있다. 이하에서는 간략하게 이 새로운 경제발전 이론의 등장 배경과 그 핵심 내용을 설명하고자 한다.[7]

2
주류경제학의 한계와 신제도경제학의 등장

1) 주류경제학의 한계 : 절대적 합리성과 상대적 합리성

주류 신고전파경제학(mainstream neoclassical economics)은 개별경제의 국적성(國籍性, idiosyncrasy)을 중시하지 않는 '제도가 없는 경제학(institution-free economics)'이다. 그동안 주류경제학은 완전 정보라는 가정 하에 인간을 사회와는 동떨어진 진공 속에 놓고 시공을 초월하여 적용되는, 인간의 경제적 행위의 절대적 합리성을 정의하려 노력했다.

경제학은 개인의 합리성을 '측정 가능한 목적함수(measurable objective)를 극대화하는 행위'로 규정한다. 제도적 맥락이 없이 인간 본연의 타고난 본성에 기초한 유전형(genotype) 인간의 경제적 행위의 합리성을 추적하는 것이다. 그렇게 해서 얻어진 합리적 인간상에 기초한 경제학은 과학화에는 성공하였지만 점점 현실과 괴리되어 왔다.[8]

그러나 인간은 사회적 동물이며 사회 경제적 제도 속에서 생존을 극대화하기 위해 노력한다. 인간의 경제적 행동, 즉 인생 성공 가능성을 높이기 위한 행동 패턴은 인간의 진정한 본성인 유전형(genotype)과 이것이 특정 경제 사회 제도적 환경과의 상호작용을 통해 나타나는 또 하나의 표현형(phenotype)으로 나눌 수 있다. 표현형으로서의 인간의 합리성은 어떻게 정의하든 경제제도의 산물이며 외생(exogenous) 변수가 아니라 하나의 내생(endogenous) 변수이다.

인간의 합리성은 절대적인 외생적 조건이 아니라 제도와 환경에 따라 변하는 상대적·내생적 개념일 수밖에 없다. 물론 그렇다고 해서 인간 본성의 영향을 무시할 수 있다는 말은 아니다. 단지 그동안 주류경제학은 그 본성적 합리성을 정의하는 데 너무 치중하다 보니 경제제도적 맥락이 없는 인간과 현실성 없는 모형 경제(model economy) 연구를 양산해 왔다는 점을 지적하는 것이다.

이런 관점에서 보면 경제학의 현실적 과제는 어떤 제도적 환경이 어떤 인간상, 어떤 경제적 행동 패턴을 만들어 내는지를 규명하는 것이어야 할 것이다. 이와 관련하여 문제를 하나 제기한다면, 1960년대까지의 한국 국민은 대단히 게을러서 희망이 없는 민족이라고 묘사되어 왔다.

그러나 이들의 경제 행태는 그 이후 20여년 만에 전혀 다른 모습, 세계에서 가장 부지런하고 역동적인 국민으로 바뀌었다. 같은 민족인 북한은 지금 세계에서 가장 생산성이 낮은 국민으로

남아 있다.[9] 이러한 남한과 북한의 경제적 행동과 성과의 차이는 국민들이 자신들에게 주어진 사회 경제제도적 환경에, 즉 주어진 인센티브 구조에 가장 "합리적"으로 적응한 결과라고 볼 수 있다.

절대적인 의미에서 남한의 국민은 합리적이고 북한의 국민은 합리적이 아니라고 할 수 있을까? 그럼 여기서 사회 경제적 맥락이 없는 절대적 합리성을 얘기하는 것이 무슨 의미가 있겠는가?

2) 신제도경제학의 등장

근래 사회 경제적 맥락으로서의 현실 경제제도로부터, 개별경제의 국적성, 그로 인한 서로 다른 경제적 행동, 그리고 그에 따른 서로 다른 경제적 성과의 원인을 찾는 '신제도경제학(new institutional economics)'이 등장하면서 경제 사회의 문제를 보는 보다 높은 차원의 실사구시적 접근이 보편화되고 있다.[10]

다음 절에서 설명하는 '삼위일체 경제발전의 일반이론'은 경기규칙, 혹은 인센티브 구조로서의 경제제도와 경제행태, 그리고 경제성과와의 관계를 중시하는 신제노성제학적 관점을 수용하고 있다. 이하에서는 간략하게 신제도경제학의 구조를 설명하고자 한다.

〈그림 2〉는 국민 개인과 기업이 그 사회의 제도라는 경기규칙 하에서 각자의 성공을 위해 경쟁하는 국민 경제 전체의 작동 과정을 정리한 것이다.

〈그림 2〉를 이해하기 쉽게 비유한다면 경제 주체인 개인이나 기업은, 손오공이 부처님의 손바닥을 못 벗어난다는 속담처럼, 항상 벗어나기

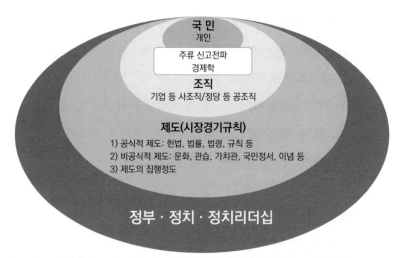

[그림 2] 국민 경제의 구성 : 신제도경제학적 관점의 현실 시장경제와 주류경제학의 시장경제
출처 : 좌승희(2014b).

어려운 부처님의 손바닥 위에 있는데 그 손바닥이 바로 그 사회의 제도적 환경이라고 할 수 있다.

그런데 이 제도는 행정부, 정치, 정치 리더십이 만들어 내거나 그들의 영향을 받기도 하는 실정법에 의한 공식적인 제도와 그 사회의 오랜 문화와 전통에 의해 형성되는 관습, 가치관, 정서 이념 등등에 의해 결정되는 비공식적인 제도로 구성된다. 각 개인과 기업은 이런 공식·비공식적 규칙의 제약, 즉 부처님 손바닥 위에서 각자 최선을 다해 경제 성공을 위해 경쟁한다고 볼 수 있다.

한 사회의 전체 경제의 성과는 시장경제의 경기규칙(rules of the game)인 경제제도 하에서 개인과 기업 등 경제 주체들이 자기 이익을 극대화하기 위해 치열하게 벌이는 경기의 최종 결과로 나타난다. 여기서 시장은 경제제도의 집합에 의해 정의되는데, 제도는 바로 그 사회의 인센티브 구조를 결정하게 된다.

어떤 경기규칙은 경기의 성과를 높일 수도 있지만, 어떤 규칙은 오히려 경기력을 떨어뜨리고 경기의 성과를 악화시킬 수도 있다는 의미이다. 결국 경제제도란 각 사회가 내부적으로 부딪히는 마찰 때문에 생기는 거래 비용을 낮추어 보다 효율적인 경제를 구현하기 위해 도입된 '경기규칙'임과 동시에 그 사회의 '인센티브 구조'로 작동하게 되는 것이다.

그런데 경기규칙인 제도는 국가마다 다르다. 왜냐하면 시장을 규정하는 제도는 각 사회에서 자체적으로 형성되거나 선택되기 때문이다. 그래서 한국의 시장경제와 미국의 시장경제는 다른 것이다. 이는 바로 '경기규칙'이 다르기 때문이다.

그런데 경기규칙은, 이미 언급한 바와 같이, 실정법을 중심으로 하는 공식적 제도와 문화적, 이념적, 역사적 전통, 가치관이나 관행 등의 비공식적 제도로 구성된다. 그리고 공식적 제도가 얼마나 엄격히 집행되고 비공식적 제도가 얼마나 사회 구성원들에 구속적인가 하는 제도의 집행 및 제약 정도가 중요한 제도의 구성요소가 된다. 제도라는 경기규칙은 잘 지켜지지 않으면 아무 의미가 없기 때문이다. 이런 제도적 관점에서 현실 시장의 작동 과정을 설명하면 다음과 같다.

현실의 시장경제는 우선 개인과 개인들의 집단이 구성하는 기업 등 사조직(private sector)과 정부 부문의 공조직(public sector) 등의 주요 경제 주체들로 구성되며, 이들은 주어진 시장의 경기규칙인 제도 하에서 개인의 성공, 기업의 성공, 조직의 성공을 위해 경기를 벌이는 것이다.

경기규칙을 어기면, 부처님의 뜻을 어긴 손바닥 위의 손오공이 벌을 받듯이 퇴장당하기 때문에 이를 지키는 것이 중요한데, 그렇기 때문에 제도에 의해 경기 주체들의 행동이 달라지고 나아가 경기 결과, 즉 경제성과도 달라진다.

여기서 한 걸음 나아가 제도 결정 주체를 명시적으로 도입하면 "정부·정치·정치 리더십"이 외생적 제약 환경으로서 자리 잡게 된다. 이들은 공식적 법제도의 도입·변경을 통해 일국의 경제제도의 내용을 결정함으로써 궁극적으로 국민 경제의 성과에 영향을 미치게 된다.

일반적으로 비공식적 제도가 공식적 제도의 내용에 영향을 미치지만 오히려 정부가 공식적인 제도의 내용을 개혁하고 이를 엄격히 집행함으로써 경우에 따라서는 비공식적 제도에도 영향을 미칠 수 있다. 때때로 훌륭한 '정치 리더십'이 등장하여 경제제도를 바꿔 국가를 개조하여 경제발전을 일으키는 경우가 그러하다. 바로 이런 제도적 장치가 각 시장경제의 실제 얼굴인 셈이다.

3) 주류 '신고전파경제학'과 다른 '현실 경제'

그런데 주류 신고전파경제학 모형은 현실 시장의 제도도 없고 심지어 기업도 없는 진공 속의 개인만 있는 시장경제를 다루는 경제학이다. 다소 거칠게 표현하면 심지어는 정부도 정치도 없는 세상을 다루는 셈이다. 〈그림 2〉에 의하면 맨 안(위)쪽 원(圓) 안의 국민 개인만을 다루는 셈이다.

그러므로 왜 한국 기업과 미국 기업의 행태가 다른지 설명하기가 도통 어렵게 된다. 사회의 문화, 전통, 이념과 정부 규제 행태, 법령 등 한국 기업의 시장 규칙이 미국과 다름을 이해하고 그 원인을 고치려고 하기보다는 무조건 규제하면 된다는 규범 경제학적 발상이 나오게 되는 것이다.

경제인들은 같은 사람이라 하더라도 주어진 제도, 즉 인센티브 구조에 따라 전혀 다른 행동을 하게 된다는 신제도경제학의 도움 없이 경제를 이해하기는 어렵다.

더구나 이념과 문화 등의 비공식적 제도와 정치라는 제도 결정의 주체에 대한 논의가 생략되어 버리면서 주류경제학의 현실 괴리 문제는 더 심각해진다. 이념이나 문화, 이를 반영하는 정치가 모든 경제제도와 정책의 원천임에도 경제학은 이를 굳이 모른척하고 '진공 속의 경제'만을 분석하고 있다. 그래서 주류 신고전파경제학은 이념과 제도를 넘는 보편성을 갖는다고 주장한다. 그러나 이것 자체가 특정 이념 성향의 옳고 그름을 떠나 역설적으로 경제학이 얼마나 현실과 괴리된 학문인가를 여실히 보여 주는 것이기도 하다.

비유한다면 우리는 모두 각자의 세계관과 인생관에 따라 삶과 경제생활을 영위하고 있지만 경제학은 어떤 세계관, 인생관이 개인은 물론 국민 경제의 경제적 번영에 도움이 되는지에 대해서는 통일된 담론을 내지 못하고 있는 형국인 것이다.

사실상 경제학은 이제 정치가 정하는 어젠다(agenda)에 기술적 자문이나 하는 정치 철학의 하위 학문으로 전락한 것이 아닌지 우려된다.

사회과학으로서의 경제학이 지닌 중요한 책무 중의 하나는 다양한 이념적 주장과 그에 따른 정책들의 발전 친화성 여부를 규명함으로써 국민, 기업, 그리고 국민 경제의 성공의 길을 찾는 데 기여하는 것이라고 생각한다. 어떤 이념을 따를지는 각자의 취향에 따른 자유의지의 선택이지만 이념에 따른 행동이 현실의 세상 이치와 충돌하면 실패를 자초할 수도 있으며, 심지어 전체 사회의 흥망을 가를 수도 있음에 유의해야 한다.

이 문제에 대한 답을 구하기 위해 등장한 연구 패러다임이 바로 신제도경제학이라 할 수 있다. 물론 후술하는 일반이론은 바로 여기에 더하여 신제도경제학의 취약성을 극복하고자 하는 노력의 일환인 셈이다.

4) 국가 개조·혁신, 바로 인센티브 구조의 문제

최근 한국은 국가 개조·혁신 문제가 관심으로 부각되고 있는데 이 문제에 접근함에 있어 신제도경제학이 큰 도움이 될 수 있다. 첫째, 오늘날 한국 사회가 안고 있는 많은 문제가 사람의 문제라기보다 제도의 문제이며, 도덕과 윤리의 문제를 넘어 왜곡된 인센티브 구조의 문제임을 이해하지 못하면 국가 개조는 실패할 가능성이 높다.

같은 사람이라 하더라도 주어진 제도적 환경, 즉 인센티브 구조에 따라 자신에게 경제적으로 혹은 사회적으로 가장 유리한 방향으로 행동하게 된다는 신제도경제학의 도움 없이 국가 개조·혁신 문제의 본질을 이해하기는 어렵다. 따라서 어느 경우에든 국가 개조는 궁극적으로 제도의 개혁과 집행 문제임을 잊어서는 안 된다.

둘째로 주의할 것은 아무리 이상적인 제도를 도입해도 제대로 집행되지 않으면 규칙이 없는 것과 같다. 오늘날 한국 사회의 많은 경제 사회 문제들은 이런 종류의 문제들이다. 좋은 뜻으로 만든 제도이기 때문에 열심히 집행하지 않아도 국민이 높은 도덕과 윤리, 정의감에서 잘 따르리라 믿는다면 십중팔구 실패한다.

셋째로, 비공식적 제도가 공식적 법제도의 문화적, 이념적 뿌리 역할을 하지만 새로운 사회의 건설은 훌륭한 국가 리더십 하에 공식적 제도를 개혁하고 엄격히 집행하여 국민의 행동을 바꾸어내고, 궁극적으로는 비공식적 제도인 문화와 이념, 전통까지도 -만일 발전에 역행한다고 하면- 바꿀 수 있어야 가능해진다. 여기에 정치 리더십의 중요성이 부각되는 까닭이 있다.

넷째, 공식적 제도의 개혁 방향이 옳다 하더라도 개혁이 그 사회의 문화, 관습, 관행, 가치관 등 비공식적 제도에 비추어 너무 이상적이어서 개혁 대상 국민이나 기업들이 따라가기가 너무 어렵다면 이 또한 문제를 일으킨다. 뇌물과 편법이 만연하여 사회 부조리의 온상을 만들어내거나 해외 탈출을 소장할 가능성이 크기 때문이다. 오늘날 한국 경제 사회의 현실에 비추어 음미해 볼 일이다.

다섯째로 경제발전과 관련해서는, 역사적 경험에 따르면 얼마나 부의 창출에 유리한 제도를 가지고 있느냐에 따라 경제적으로 흥하는 사회가 되기도 하고 망하는 사회가 되기도 한다. 부자가 되려고 노력하는 개인과 성장하는 기업들에 불리한 규칙을 만들어 내는 사회는 가난한 사회가 되기 쉽고, 개인 재산권 보호 장치나 개인과 기업의 경제적 자유

등 부(富)의 창출과 축적에 도움이 되는 제도를 선호하는 사회는 부국의 길로 갈 수 있다.

스스로 돕는 자를 우대하는 제도를 가진 사회는 자조하는 국민을, 가난한 자를 우대하는 제도를 가진 사회는 가난한 국민을 만들어 낼 수 있다. 작은 기업만을 우대하는 제도를 가진 사회는 중소기업 천국을 만들어 낼 수 있지만, 성장하는 기업을 우대하는 제도를 가진 사회는 대기업을 만들어낼 수 있다.

마지막으로, 말도 많은 한국의 경제인들과 공무원, 정치인, 법조인, 언론인, 혹은 그 출신들의 행태도 모두 한국적 제도와 문화 속에서 형성된 것이다. 국회가 만들어낸 공식적 법제도나 우리 문화나 이념이 소위 각종 기득권 추구 행태를 조장하게 되어 있거나 아니면 못하게 되어 있다 하더라도 잘 집행하지 않아 무법천지가 되었기 때문인 것이다. 소위 기득권을 만들어 내는 것도 바로 잘못된 제도 때문인 것이다.

모두 훌륭한 한국의 인재들인데도 우리의 독특한 제도적 환경이 그렇게 만들어내고 있음을 인정하지 않으면 해법을 찾기는 어렵다. 같은 동포라는 북한 주민들이 저렇게 경제적으로 어려운 삶을 살고 있는 까닭도 바로 북한의 사회주의 제도가 경제적으로 부유한 사람을 전혀 환영하지 않는 인센티브 구조를 갖고 있기 때문인 것이다.

3

신제도경제학의 한계와 '일반이론'의 등장

신제도경제학에 따르면 우리는 공식적 제도는 물론 비공식적 제도라는 우리 사회의 복잡한 제도적 인센티브 구조 속에서 최상의 경제적 의사 결정을 내리고 행동하고, 그래서 또한 성공하기 위해 노력하고 있다.

따라서 신제도경제학이 어떠한 비공식적 제도와 공식적 제도가 개인의 번영과 국민 경제의 번영을 가져오는지 규명해 낸다면, 그동안 기존 경제학이 못 다한 역할을 해낼 수 있으리라 생각한다.

이런 관점에서 보면 신제도경제학은 그동안 주로 '경기규칙과 인센티브 제도로 작동하는 경제제도의 중요성'을 부각하는 데는 크게 성과를 내었지만 실제 경제발전 정책과 관련해서는 경제적 자유와 효율적인 재산권 제도가 중요하다는 원론적인 수준의 주장에서 크게 못 벗어나고 있다. 그런데 오늘날 이런 제도가 –나라마다 정도의 차이가 없지는 않지만 – 거의 모든 자유민주주의 국가의 보편적인 제도로 자리 잡고 있음에도 경제 성장과 발전이 그렇게 보편화되지 못하고 있는 현실을 감안하면, 이 정도의 제도적 장치로 경제발전이 가능하다고 주장하기는 힘들다고 판단된다.

아마도 경제적 자유와 재산권 제도는 공기처럼 경제의 생명 유지에 필수 불가결하지만 강건한 경쟁력 유지를 위해서는 또 다른 강력한 원기소가 필요한 것이 아닌가 싶다. 이제 이보다 더 구체적으로 '어떤 제도(이념과 문화, 정치체제 등을 포함하여)가 무엇을 위해 그리고 왜, 어떻게 중요한지'를 밝히는 일이 더 중요한 과제라 할 것이다.

그런데 신제도경제학은 경기규칙으로서의 제도의 중요성을 논증함으로써 제도가 없는 신고전파경제학의 보완 필요성을 밝혀냈지만 연구의 주 어젠다가 우리가 구하는 위의 질문에 대한 답을 찾는 일이 아니었다.

신제도경제학은 제도가 없는 완전 경쟁시장 모형에서 도출되는 신고전파경제학 명제들의 현실 적합성을 제고할 수 있는 제도적 조건들을 찾아내고, 나아가 현실의 불완전한 시장을 보다 더 완전한 이상향의 시장으로 바꿀 수 있는 방안을 모색하는 데 주 관심이 있다고 볼 수 있다.

예컨대 신제도경제학은 재산권 제도의 정착이 시장경제 작동의 기본 조건일 뿐만 아니라 재산권 제도를 정비·강화하는 것이 경제발전의 전제라고 강조하고 있다. 그러나 현실의 불완전 정보 하에서 발생하는 거래 비용 때문에 원천적으로 불완전할 수밖에 없는 재산권 제도 하에서 경제발전을 위한 기업이나 정부 정책의 역할은 무엇이어야 하는지 등에 대해서는 관심도 낮을 뿐만 아니라 시원한 답을 제공하기도 어렵다.

이 문제에 대해 신제도경제학의 태두라 할 수 있는 고 더글러스 노스(Douglass North) 교수의 답은 필자가 보기엔 상당히 원론적일 수밖에 없어 보인다. 그의 저술들을 통해 확인해 볼 때 결국 효율적인 재산권 제도가 모든 문제를 해결해 줄 것이라는 답에서 크게 벗어나지 못 하리라 생각한다.[11] 물론 그는 효율적인 제도를 정착시키기 위한 방법을 찾는 노력을 많이 했다.

그러나 "효율적인" 재산권 제도란 현실의 불완전한 정보와 높은 거래 비용 하에서는 원천적으로 불가능한 일이다. 그래서 신제도경제학이 등장하기 전에는 주류경제학은 신고전파 성장 이론의 설명력이 취약한 이유가 불완전한 시장 때문이라고 이유를 대왔는데 그 이후에는 이제 재산권 제도가 불완전, 혹은 비효율적이기 때문이지 신고전파 모형 자체에는 문제가 없다는 식의 변명이 가능해졌을 뿐, 실제 성장·발전 문제에 대한 실용적인 답을 찾는 데는 큰 진전을 이루지 못하고 있는 셈이다.

결국 성장·발전을 위해서는 경제학을 탓하지 말고 국가가 재산권이나 잘 정비하여 시장을 보다 완벽하게 정비해야 한다는 답을 내놓게 되는 셈이다. 물론 세상 모든 나라가 이를 위해서 노력하지만 썩 좋은 결과를 내놓지 못하고 있는 것이 현실이다. 시장을 완벽하게 한다는 것과 재산권을 효율화한다는 것은 정보의 완전성이라는 동일한 전제 조건을 필요로 하기 때문에 결국 농어반복 혹은 순환론에 빠지게 되는 셈이다.

신제도경제학은 시장을 더 완전하게 만들기 위한, 소위 이상향을 건설하기 위한 제도적 장치를 찾기 위해 애를 쓰지만, 후술하는 경제발전의 일반이론은 그럼에도 불구하고 불완전할 수밖에 없는 현실 시장에서 어떻게 해야 발전할 수 있는지 방안을 찾는 데 관심이 있다.

일반이론은 보다 구체적으로 현실 세계의 정보의 불완전성과 제도의 구축과 집행의 책임을 진 정부의 원천적인 불완전성 등으로, 효율적인 재산권 제도의 정착이 현실적으로 불가능한 상황 하에서, 어떠한 경제적 유인 체계가 경제 주체들 모두를 자기 자신은 물론 국민 경제의 발전을 위해 열심히 노력하도록 유도할 수 있을 것인가 하는 질문에 답을 찾고자 하는 것이다.

이하에서는 박정희 경제정책 패러다임은 물론 새마을운동 성공 모형의 기초가 되는 경제 발전의 일반이론을 간략하게 소개하고자 한다.

4

경제발전의 일반이론[12]

1) 경제발전 과정에 대한 새로운 인식

주류경제학은 시장을 주어진 자원을 주어진 목적에 효율적으로 배분하는 장치라고 해석한다. 그리고 경제발전은 다소 단순화 한다면 예컨대 마차를 10개 만들던 사회가 자원 배분을 더 잘해 100개를 만들게 되는 현상이라고 설명한다. 그러면 생산성이 10배, 소득이 10배, 경제규모가 10배 증가한다고 본다. 그런데 이는 한편 일리는 있지만 현실과는 거리가 먼 얘기이다.

그러나 일반이론은 경제발전을 이와 같이 마차를 만드는 농경사회에서 그냥 마차를 더 만드는 농경사회로 가는 일차원(선형)적인 변화 과정이 아니라, 경제의 내용이 더 복잡해지면서, 즉 질이 달라지면서 마차경제에서 기차, 자동차, 비행기, 우주선 경제로, 이차원, 삼차원, 사차원으로 도약하는 과정으로 본다. 농경사회에서 산업사회, 지식기반사회 등으로 질이 바뀌고 그 복잡성이 증폭되는 과정으로 해석한다.

경제가 주어진 생산 목적에 안주하는 것이 아니라 끝없이 새로운 목적을 추가하고 심지어 없던 자원마저도 새롭게 창출하는 과정이 동태적 경제발전 과정인 것이다.

이를 일컬어 복잡한 경제의 비선형적 상호작용을 통한 창발현상 (emergence)이라고 할 수 있다. 여기서 창발현상이란 어떤 사물이 원래의 성질과는 질적으로 다른 상태로 전환되는 현상을 의미하며, 경제의 질적 변화를 포함하는 경제발전의 본뜻과 같은 의미를 갖는다.

이를 우리의 지난 역사에 비유한다면 조선조에서 일제 강점기를 거쳐 건국 후 1940~60년대까지 보릿고개 속에서 마차를 굴리던 농경사회가 1970~80년대 자동차 경제, 90년대 이후 비행기 경제를 거쳐, 이제 더 높은 우주선 경제로의 도약을 시도하고 있는 상황과 유사하다.

일반이론은 이와 같은 변화 과정을 복잡경제적 사고를 원용하여 설명하고자 하는 것이다. 일반이론은 경제발전 과정을 복잡경제의 창발 (emergence) 과정으로 해석한다. 그리고 시장을 경제성과에 따라 인센티브를 차별화함으로써 경쟁을 통해 이런 창발과정을 촉진시키는 동기부여 장치라고 해석한다.[13]

복잡경제의 창발현상은 우선 상호작용(interaction)을 전제로 하는데 예컨대, 둘의 만남이 단순한 선형적 합인 2보다 더 큰 힘을 낸다는 의미의 1+1>2로 비선형적인 힘의 증폭을 가져올 수 있다고 본다. 이 증폭되는 힘을 일컬어 시너지라 부른다. 여기서 놀라운 것은 이 시너지 개념을 박정희 대통령이 이미 50년 전에 새마을운동 정신에 대한 칠필 메모에서 협동의 중요성을 설명하면서 강조했다는 사실이다.

경제의 발전이란 이와 같이 다수의 경제 주체들이 서로 힘을 모아 시너지를 창출함으로써 비선형적인 차원으로 경제의 질적 변화를 만들어 내는 변화의 과정인 것이다. 이 과정에서 경제가 질적, 양적으로 새롭게 모습을 바꾸는 현상을 창발한다(emerge)고 하는 셈이다.

나비의 날갯짓 하나하나의 파장은 그 힘이 미미하기 짝이 없지만 그 미미한 파장들이 서로 만나 시너지라는 힘의 증폭을 통해 토네이도로 창발할 수 있다는 나비효과나, 미세한 세포가 100조(兆)개가 모여 서로 시너지를 창출함으로써 보다 고차원적인 조직으로 바뀌고 이 조직들이 다시 모여 결과적으로 세포덩어리가 아닌 고등동물인 인간으로 창발하는 현상 등 복잡계의 카오스(chaos) 현상들이 또한 그러하다.

다음으로 기존 경제학이 그리는 시장은 이런 복잡한 경제 변화 현상을 설명하기에는 역부족이다. 질적인 변화가 거의 없는 일차원적 모형에 머물고 있기 때문이다. 경제의 고차원적인 질적 변화를 설명하려면 시장을 보는 관점을 달리하지 않으면 안 된다.

일반이론은 시장을 인센티브 제도로 해석하는 신제도경제학의 인센티브 경제학적 사고를 원용한다. 일반이론은 주류경제학의 대안임을 자처한다. 따라서 그 출발은 신제도경제학일 수밖에 없다. 노벨상을 받은 신제도경제학의 태두인 더글러스 노스(Douglass North)는 개인 재산권 제도를 잘 정비해주고 경제적 자유를 제도적으로 보장해주면 모두가 부자 경쟁에 나서서 경제발전이 이루어진다고 주장한다.

제도란 하나의 인센티브 구조를 형성한다. 결국 인센티브가 중요하다는 주장이다. 이런 제도경제학의 분파인 행동경제학(behavioral economics)이나 실험경제학(experimental economics)[14]은 인센티브의 안경을 써야 세상을 바로 볼 수 있다고 주장한다. 틀린 주장이 아니다. 그러나 실제로는 재산권 보장과 경제 자유라는 인센티브만 주어지면 시장이 저절로 경제 도약을 이루고 발전을 이룬 예는 찾아보기 어렵다.

오늘날 개발도상국 민주주의 국가에서 상당한 정도의 경제적 자유와 재산권 보장은 보편적 현상이다. 그러나 눈에 띄는 경제발전의 사례는 없다. 결과적으로 선진국이 된 나라들을 보면 대체로 이런 제도를 겸비하고 있음을 확인할 수는 있다. 이는 재산권 보장과 경제적 자유가 경제발전의 전제 조건인지 아니면 거꾸로 경제발전이 되면 그런 제도가 따라오는 것인지, 어느 것이 먼저인지 헷갈리는 대목이기도 하다.

사회주의 경제 체제하의 중국은 이 두 가지는 물론 정치적 자유 면에서 보면 낙제점이다. 그러나 최근 30년간 놀라운 성공 경험을 보여주고 있다. 베트남도 이런 경우에 해당된다. 더구나 서구 선진국들이 산업혁명을 이룬 시기에도 인권 존중은 물론 재산권 보호 제도나 경제적 자유의 수준이 그 이전의 전제군주제에 비해서는 많이 개선이 되었지만 오늘날에 비해서는 여전히 훨씬 미흡한 시대였음도 잊어서는 안 될 것이다.

결국 일반이론의 과제는 어떤 경제적 인센티브 제도를 통해 복잡경제의 시너지 창출을 극대화하여 마차 경제에서 우주선 경제로의 비선형적인 고차원의 질적 경제 도약을 이끌어 낼 것인가이다.

예컨대 우리의 과거로 돌아가 박정희 대통령과 그 정부의 과제로 환원한다면, 개인과 기업들에게 개인 재산권을 보장하고 경제적 자유를 보장하는 수준을 훨씬 넘어 어떤 인센티브 제도를 제공해야 모두 '하면 된다'는 정신에 충만하여 자조(自助)하는 국민으로 바뀌고, 경제도 보릿고개를 탈출하여 수출·제조 대기업들이 이끄는 공업경제로 도약하도록 유도할 수 있을 것인가? 하는 질문에 대한 답을 찾는 과정이라고 할 수 있다.

일반이론은 기본 틀은 경제제도, 즉 경제 인센티브의 중요성을 바탕에 깔고 있지만 이들의 주장을 훨씬 뛰어넘는 보다 강력한 제도와 정책이 필요함을 논증한다. 바로 "경제적 차별화", 즉 성과에 따른 인센티브 차별화 제도와 정책이 재산권 제도나 경제적 자유의 보장 수준을 넘어 경제발전의 필수 요건임을 논증하게 될 것이다.

비유적으로 말하자면, 재산권 제도나 경제적 자유는 시장 제도의 작동에 필수적인 요소이지만 이는 공기와 같아서 생명을 유지하는 데는 필수 불가결하지만 신체가 건강하게 발육하기 위해서는 좋은 영양을 섭취해야 하듯, 경제의 도약을 이루기 위해서는 추가로 경제성과에 따른 인센티브의 차별화 정책이 필요하게 된다는 점을 논증하게 될 것이다.

2) 경제발전의 핵심 원리에 대한 새로운 인식

일반이론은 경제발전의 핵심 원리와 그 동력의 역할을 하는 경제 주체들과 그들의 기능에 내해서노 완전히 새로운 인식으로 접근하고 있다. 일반이론은 발전의 핵심 원리를 경제성과에 따라 차별적 대우를 하는 경제적 차별화(economic discrimination)라고 논증한다.

여기서 경제적 차별화란 경제적으로 다른 것을 다르게 취급하거나 대접하는 것을 의미한다. 그리고 경제발전을 이끄는 주체도 시장뿐만 아니라 기업 그리고 정부가 삼위일체가 되어 경제적 차별화 기능을 수행해야 경제발전이 가능해진다고 본다.

(1) 시장의 경제적 차별화 기능

일반이론은 시장(market)을 "성과에 따른 보상의 차별화를 통해 발전의 동기와 유인을 이끌어 내는 경제적 차별화 장치"라고 해석한다. 이러한 시장의 차별화 기능이 고차원으로의 경제의 창발을 이끄는 힘을 이끌어 내는 원동력이라고 보고 있다.

어떠한 사회든 그 부(wealth)의 창출 노력을 집약하고 극대화하려면 그 전제 조건은 바로 사회 구성원 모두에게 적절한 보상 체계(reward system)를 제도화함으로써 일하고자 하는, 즉 성장·발전하고자 하는 동기(motivation)와 유인(incentive)을 극대화할 수 있어야 한다는 것이다.

그러나 경제학은 그동안 시장을 효율적인 자원 배분 장치(efficient resource allocation mechanism)로 추상화하면서, 시장이 동기 부여 장치로서 바로 이런 성장 발전의 유인 장치 기능을 한다는 사실은 간과되거나 경시되고 있었다. 부연하면 경제학에서는 시장에서 경쟁이 다 끝난 다음에 최종적으로 얻어지는 효율적인 자원 배분 상태를 시장 기능이라고 그리고 있지만, 경쟁을 통해 그 결과까지 가는 동태적 모색 과정에 대한 설명은 생략되고 있다.

학계 일부에서는 그동안 이 생략된 모색 과정을 제대로 이해하는 것이 중요하다는 주장이 있어 왔지만 아직까지 확실한 이론이 정립되지 못하고 있다. 일반이론은 이 생략된 과정이 바로 성과에 따른 인센티브의 차별화를 통해 발전의 동기를 부여하는 과정으로 해석하고, 이를 시장의 경제발전 기능이라 정의하고 있다. 이런 관점에서 보면 시장이야말로 모든 구성원을 더 높은 차원으로 창발하도록 유도하는 장치인 셈이다.

일반이론은 이러한 시장의 기능을 '경제적 차별화' 기능이라 부르고 있으며 바로 이러한 시장의 기능이 경제발전의 원동력이라고 주장하고 있다.

시장의 차별화 기능을 현실과 연결해서 보면 한층 흥미롭다. 시장에서 우리는 소비자로서 우리 구미에 맞는 재화와 서비스를 공급하는 기업과 개인들에게 더 많은 구매력(돈)으로 투표(구입)한다. 은행 등의 금융기관도 성장하는 기업과 개인들에게 더 많은 돈을 그것도 더 싸게 빌려주며, 증시 투자자들도 우량 기업의 주식에 투자하며, 훌륭한 인재들은 우수한 기업에 몰리고, 기업들도 좋은 인재만 골라 쓰고 좋은 기업들끼리만 거래하려 한다.

그래서 시장에 참여하는 우리 모두는 소위, 스스로 돕는 자만을 돕는 하느님처럼, 열심히 좋은 성과를 내는 경제 주체들을 선택함으로써 우수한 경제 주체들에게 경제력을 집중시킴과 동시에, 이들 모두가 우리의 선택을 받기 위해 더 열심히 노력하도록 유도하는 일을 하고 있는 셈이다. 그러한 이유로 시장에 참여하는 우리 모두는 바로 경제적 차별화를 통해 경세적 불평등을 초래하는 원천인 셈이며 동시에, 바로 이러한 '시장의 차별화 기능'이 경제발전의 원동력으로 작용하고 있는 것이다.

따라서 경제발전 과정에서는 흥하는 이웃에는 인기가 모이고 경제적 부가 모이기 마련이며, 결과적으로 경제발전은 불균형적 현상일 수밖에 없고, 강한 기업에의 경제력 집중과 개인과 지역 발전의 차등은 발전의 자연스러운 현상이다. 따라서 열심히 노력하여 성과를 내는 기업과 개인에게 경제력과 자원을 집중하고 집적함이 없이 발전은 있을 수 없다.

결론적으로 현실의 시장은 경제적 노력과 성과에 따라 보상을 차등함으로써, 즉 흥하고자 노력하여 성과를 내는 이웃에게 더 많은 보상을 함으로써 결과적으로 생기는 경제적 불평등 압력을 무기로 모두를 흥하는이웃이 되고자 열심히 노력하게 만드는 동기 부여 장치인 것이다.

(2) 시장의 취약한 차별화 기능과 경제발전 실패

그러나 역사적으로 보면 시장은 항상 불완전하고 경제발전을 일으키는 힘은 그리 만족스럽지 않았다. 농경사회에서 자본주의 사회에 이르기까지 인류는 시장교환경제 체제하에서 살았으나 지속적인 소득의 성장을 가져온 경제발전 현상은 오직 지난 200여 년의 역사에 불과하였다. 또한 자본주의 경제하에서도 오늘날 260여개가 넘는 시장경제제도하의 국가들이 있으나 오직 그 1/3 정도의 국가만이 1인당 소득 $10,000 이상의 부를 누리고 있을 뿐이다.[15]

더구나 2차 세계대전 이후 선·후진국 모두 시장경제 체제를 채택해왔지만 결과는 저성장과 양극화라는 경제정체 현상에 직면하고 있다. 도대체 경제발전을 일으킨다는 시장의 힘은 다 어디로 간 것인가? 이에 대한 설명은 경제발전 현상의 특이성과 직결된다.

앞에서 지적한 복잡경제의 비선형적 창발현상으로서의 경제발전은 본질적으로 주변 이웃과의 만남을 통해 앞선 성공노하우를 따라 배우고 서로 시너지를 창출하는 과정이다. 열린 만남이 바로 모든 시너지 공유의 전제 조건이다.

이 명제는 복잡성경제학이 열역학 제2법칙인 "엔트로피(entropy; 무질서) 증가의 법칙"을 수용한 결과인데, 이 법칙은 모든 닫힌계(closed system)는 궁극적으로 엔트로피가 극대화되어 소멸된다고 선언한다. 따라서 외부와 소통(interaction)함으로써 밖으로부터 새로운 에너지를 받아들이는, 즉 시너지를 공유하는 열린계(open system)만이 엔트로피의 증가를 막아 살아남을 수 있다는 명제가 도출된다. 열린 복잡경제계(open complex economy)만이 창발할 수 있다.[16] 이해를 돕기 위해 다소 무리가 있지만 엔트로피 증가의 법칙을 생명현상에 비유하면 다음과 같다. 갇힌 상태에서 외부로부터 모든 에너지 공급이 차단된 체 장기간 단식을 할 경우 결국 그 개체의 주위에는 배설물(무질서)만 쌓이고 생명은 끝나기 마련이다. 반면 외부로부터 새로운 에너지원인 식사를 공급받아 원기를 회복하고 배설물도 외부로 처리할 수 있는 외부와 소통하는 열린 개체는 살아남을 수 있는 법이다.[17]

그러나 열린 만남을 통한 성공노하우의 배움에는 무임승차 현상이 일반적이다. 왜냐하면 성공노하우란 시장거래되기에는 너무나 그 내용이 불분명하여 실체를 알기가 어렵기 때문이다. 시장거래가 되려면 거래 당사자 간에 거래 대상 재화의 양과 질에 따라 적절한 가격이 구체적으로 합의되어야 하는데, "성공노하우"란 원래 실체가 명확하지 않기 때문에, 즉 그에 대한 구체적인 정보가 부재하기 때문에 거래 당사자 간의 가격 협상이 제대로 이루어지기 어렵다.

이를 일컬어 정보의 부족 때문에 거래 비용이 너무 높아 거래가 성사되지 않는다고 한다. 이렇게 되면 성공노하우는 공기처럼 자유재(free good)가 되어 아무나 무임승차하게 되고 결과적으로 남보다 더 값어치 있는 성공노하우를 창출하는 앞선 이웃들은 상대적으로 시장으로부터 충분한 보상을 못 받게 되고 결국 시장에서 사리지게 된다.

무임승차가 만연하면 운수회사가 적자를 보아 망하는 이치와 같은 것이다. 시장은 원래 정보가 불완전하여 진정 값어치 있는 새로운 혁신적인 발명이나 인생의 경제적 성공노하우, 기업의 성공전략과 같은 지식에 대해 충분한 보상을 하기가 어렵고, 이에 따라 새로운 성공노하우를 창출하려는 노력이 지속되기 어렵게 된다. 이것이 오랜 세월 동안 보편적 현상으로서 경제발전을 일으키지 못한 이유인 것이다.

이런 현상을 일컬어 시장의 차별화 기능 실패, 더 나아가면 경제발전 실패 현상이라 할 수 있다. 남의 성공 지식에 올라타야 발전이 일어나지만 지식의 복잡성 때문에 무임승차되면서 남보다 앞선 성공 지식의 창출자들이 사라지기 때문에 결국 발전이 지속되기가 어렵게 되는 것이다.

여기서 아이러니한 것은 성공노하우라는 지식에의 무임승차가 발전의 과정이지만 동시에 경제발전 실패의 원인이 된다는 점이다. 불완전한 시장에서 성공노하우의 공유란 본질적으로 항상 보다 값어치 있는 앞선 성공자에게 불리하게 기울어진 운동장일 수밖에 없기 때문이다.

이 시사점은 후술하는 정부의 경제발전 역할과 관련하여 대단히 중요한 의미를 갖는다. 경제발전을 위하는 정부라면 흥하는 이웃이 보다 많이 나올 수 있는 제도와 정책을 택하지 않으면 안 된다는 명제에 이르게 된다.

(3) 자본주의적 기업의 경제발전 역할 : 기업 부국(企業富國) 패러다임

역사적으로 보면 이런 시장의 실패 현상은 농경사회에서는 아주 보편적 현상이었다. 그런데 19세기부터 시장의 차별화 기능의 실패를 보완하는 현대식 주식회사 기업조직이 본격적으로 등장하면서 자본주의 산업혁명이 가능했고, 고도 산업 사회, 지식기반사회의 등장도 가능하였다.

이론적으로 살펴보면, 시장은 거래 쌍방 간의 거래 조건에 대한 합의를 바탕으로 하기 때문에 정보가 불완전한 상태에서는 항상 합의에 이르기 위해 양의 거래 비용을 부담할 수밖에 없다. 여기서 거래 비용이란 거래 당사자 간의 거래 조건인 재화나 서비스의 양과 질 혹은 내용과 이에 상응하는 가격에 합의하고 거래를 계약하고 이 계약을 법적으로 준수하게 하기 위해 소요되는 모든 개인적 사회적 비용을 일컫는 말이다.

재화와 서비스의 특성이나 거래의 특성에 따라 이 비용은 천차만별로 다를 수 있다. 그런데 이 비용이 커지면 거래는 아예 성사되기 어렵게 된다. 그렇기 때문에 거래 비용이 높아지면 시장의 차별화 기능은 취약해질 수밖에 없는데, 특히 성공노하우라는 지식처럼 성격이 복잡한 재화의 경우는 거래 비용이 너무 높아 공식적인 거래가 불가능하기 때문에 무임승차가 만연해지고 차별화 기능 실패가 일어나게 된다.

때문에 이러한 취약한 시장의 차별화 기능을 보완 강화시키기 위해 인류는 거래 조건에 대한 합의 없이 명령으로 자원을 배분하는 기업이라는 조직을 발명하였고 이 조직이 자본주의적으로 창발한 것이 현대

식 주식회사 제도이다. 기업은 시장과는 달리 합의가 필요 없는 "수직적 명령 체계"를 본질로 하는 조직으로서 시장처럼 자발적 합의 교환 방식이 아니라 명령에 의한 자원 배분 방식에 의존함으로써 거래 비용을 피할 수 있게 된다. 결국 기업과 시장은 그 운영방식이 다를뿐 모두 경제적 차별화를 통한 동기부여장치인 것이다.

따라서 기업은 거래 비용 때문에 시장 거래가 가능하지 않은 영역에까지 새롭게 거래의 영역을 확대 발전시킴으로써 시장의 확대와 경제발전을 가속화할 수 있다.

오늘날 기업은, 기업이라는 조직이 없었다면 일개 개인 경제 주체로서 시장에서 무임승차 당했을 많은 창의적인 일류 인재들을 고용하여 성과에 맞게 공정하게 대접하는 차별적 보상 체계를 도입함으로써 창의적인 아이디어와 발명과 혁신의 보고로 등장하여 자본주의 발전을 이끌고 있다. 그래서 기업은 무임승차를 내부화하는 장치라고도 부를 수 있다.

기업 경영의 성공 요체가 바로 기업 내부 자원에 대해 얼마나 철저하게 경제적 차별화를 잘하느냐(즉 성과에 맞는 보상 체계와 동기 부여를 통해 얼마나 내부 자원을 효율적으로 활용하느냐)에 달려 있다는 경영학 원리는 이미 상식이 되었다.

또한 역사적으로 19세기 이후 자본주의 경제의 발전 경험을 살펴보면, 바로 새로운 주식회사 제도를 잘 발전시킨 나라는 국부 창출에 성공하고 더 나아가 세계 경제 패권 싸움에서도 성공하였다. 현대식 주식회사 기업제도는 바로 농경사회의 영세한 대장간 기업에서 창발하여 잠재적 자본 규모와 위험 부담 능력이 무한대로 확대된 자본주의 경제발전의 견인차이다.

자본주의 경제발전은 이런 주식회사 제도의 발전 없이는 불가능했다. 영국의 산업혁명, 미국의 영국 추월, 일본의 탈아입구(脫亞入歐) 선진화, 한국의 한강의 기적, 동아시아의 기적, 중국의 도약이 모두 현대식 기업의 성장을 앞장세워 발전한 역사이다. 이런 역사적 경험에 비춰서 보면 자본주의 경제발전은 시장보다는 "기업이 주도하는 부국 패러다임"이라고 하는 것이 더 합리적일 것이다.

또한 자본주의적 기업을 모두 국유화하여 사회주의 체제로 전환했던 공산권 경제가 40~50년 만에 몰락한 후 "현대식 기업은 없고 대장간 공장밖에 없는 농경사회"로 역주행 했던 역사적 경험도 우리의 주장을 입증하고 있다.

결국 이론적으로나 역사적 경험으로나 경제발전은 시장보다도 기업조직이 주도했음을 확인할 수 있으며, 자본주의 경제는 시장경제라기보다 기업경제라고 부르는 것이 더 적절한 관점이라 할 수 있다.

시장은 우리가 사는 세상으로서 생존에 필수 불가결한 공기와 같지만 공기만으로 건강한 체력이 보장될 수 없는 것과 마찬가지로 농경사회의 가난한 시장경제를 넘어 자본주의 경제 부국으로 도약하기 위해서는 시장을 넘어 기업이라는 조직의 기능이 필수임을 시사한다.

(4) 정부의 경제적 차별화를 통한 경제발전 역할

역사적으로 경제발전에 성공한 나라들은 하나같이 정부가 경제제도와 정책으로 시장과 기업의 경제적 차별화 기능을 활성화시킨 나라들이다.

사유재산권 제도를 정착시키고 경제적 자유를 확대하여 시장 기능을 활성화할 뿐만 아니라(시장만으로 발전이 가능하지 않기 때문에) 기업 제도를 정비하고 기업 활동을 장려한 나라들이 대체로 기업 성장을 통해 성공한 경제를 만들어 내었다. 오늘날의 세계 일류 선진 경제들은 모두 세계 일류 기업들을 키워낸 경제들이다.

여기에는 특별한 이유가 있다. 기업이 시장의 차별화 기능을 보완·강화하는 장치로 등장하였지만 또한 성공 기업들은 후발 기업들에 그 성공노하우를 무임승차당할 수밖에 없는 운명이다. 기업의 성공노하우 또한 시장 거래가 어려운 복잡한 재화이기 때문에 후발 기업들의 무임승차를 막기가 어려운 것이다.

이 문제를 합의에 의한 시장 거래 메커니즘에 맡겨 놓으면 또다시 시장의 차별화 기능 실패가 일어나고, 결과적으로 일류 기업들의 지속적 등장이 어렵게 된다. 이에 따라 정부라는 조직이 여러 가지 제도적 장치를 통해 일류 기업들의 지속적 창업과 성장을 장려할 필요가 생긴다.

예컨대 지적 재산권 제도라든가 각종 기업 지원 정책 등을 통해 경제적 차별화 정책으로 우수한 기업들이 불이익을 보지 않고 경제발전을 이끌어 갈 수 있도록 지원할 필요가 있다.

결국 정부가 제도적 장치와 정책을 통해 매사에 경제적으로 나쁜 성과보다 좋은 성과를 보상, 우대하는 소위 경제적 차별화 전략으로 국민경제 전체의 성장의 동기를 극대화하는, 즉 역량 있는 개인과 기업들의 성장과 발전의 유인을 극대화하는 것이 경제발전의 전제가 된다.

우수한 성과에 대해 보상하는 사회는 우수한 경제인을 양산해 내지만 열등한 성과를 우대하는 사회는 열등한 경제인을 양산해 내는 법이다.

3) 종합 : 일반이론의 구조와 핵심 명제

이상의 논의를 종합하면, 경제발전은 그동안 경제학계가 논쟁해온 것처럼 시장만의 힘이나 정부만의 힘이 아니고, 시장과 정부는 물론 기업 등 3자 모두가 경제적 차별화에 나서야 가능하다.

이를 필자(좌승희, 2015; Jwa, 2017과 2017a)는 삼위일체 경제발전의 일반이론이라 명명하였다. 이에 의하면 경제발전은 시장·정부·기업의 경제적 차별화라는 독특한 기능의 교집합(交集合) 하에서만 일어날 수 있는 희귀한 현상이다. 〈그림 3〉의 시장·정부·기업의 교집합인 경제적 차별화(Economic Discrimination; ED) 영역에서만 경제발전이 가능하다는 것이다.

경제발전의 일반이론이 시사하는 몇 가지의 핵심 명제를 다음과 같이 정리할 수 있다.

첫째, '경제적 차별화'는 경제발전의 필요조건인 반면 '경제 평등주의'는 경제정체의 충분조건이다. 여기서 '경제적 차별화'는 경제적으로 다른 것을 다르게 취급하는 것을, '경제 평등주의'는 경제적으로 다른 것을 같게 취급하거나 그 차이를 무시하는 것을 의미한다. 경제 평등주의는 경제적 차별화의 역명제이다.

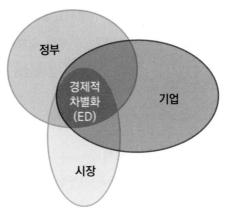

[그림 3] 삼위일체 경제발전의 일반이론 개념도
주) ED=경제적 차별화(Economic Discrimination). 출처 : Jwa(2017).

둘째, 경제발전의 주체에 대한 그동안의 분열적 논쟁을 정리하였다. 시장만으로도, 정부만으로도 그리고 이 둘만으로도 자본주의 경제발전은 가능하지 않으며, 기업을 포함한 시장과 정부, 3자의 적극적인 차별화 원리의 실천이 전제되어야 가능해진다. 그래서 시장과 기업, 그리고 정부, 3자가 각각의 영역에서 "경제적 차별화"를 실천하여 경제적 수월성을 추구할 경우에만 그 총합으로서 경제발전이 가능하다.

자본주의적 기업이 없었고, 단순 교환, 즉 시장경제에만 의존했던 농경사회에서는 수 천년동안 맬서스 함정이라는 가까스로 생존만 할 수 있는 소득 수준에 그친 빈궁한 삶을 살았다. 정부는 착취나 하는 발전의 방해 요소이거나 아니면 방관자에 불과하였다. 조선조의 경제에서 일제 강점기의 경제 그리고 제1공화국 시대까지의 보릿고개 시대를 회고해보면 쉽게 이해될 것이다.

인류는 18~19세기 초에 걸쳐 오늘날의 주식회사 기업을 발명하면서 산업혁명을 일으켜 농경사회로부터 자본주의 경제로 발전하였다. 20세기 공산·사회주의 경제는 기업을 청산함으로써 모두 망하여 결국 농경사회로 역주행 하였다. 후술하는 박정희 시대의 성공은 바로 정부가 경제적 차별화 정책을 통해 기업 육성에 성공한 결과이다.

오늘날 중국은 이런 박정희 식 기업 육성정책에 무임승차하여 공업화에 성공하고 있으나 러시아는 기업 육성에 실패하여 아직도 공업화에 실패하고 있다.

셋째, 오늘날의 민주정치 하에서 정치의 본산인 의회는 국가의 법제도를 생산함으로써 경제발전에 지대한 영향을 미친다. 일반이론은 이런 의회의 정치활동의 경제발전 역할에 대해서도 흥미로운 명제를 시사한다. 즉, '정치의 경제화'는 경제발전의 필요조건인 반면 '경제의 정치화'는 경제정체의 충분조건이다. 여기서 '정치의 경제화'는 정치적 고려를 배제하고 경제적 차별화 원리를 실천하는 것을 의미하며, '경제의 정치화'는 성치적 고려 하에 경제적 차별화 원리를 포기하는 것, 즉 경제 평등주의를 실천하는 것을 의미한다.

여기서 1인 1표에 기초한 민주주의 정치는 태생적으로 선거 승리를 제일의 목표로 여기기 때문에 경제적 차별화에 역행하여 경제 평등주의 정책을 선호하는 경향이 있다. 이런 경우를 가리켜 경제의 정치화라 할 수 있다.

5
일반이론의 몇 가지 중요한 시사점

1) 경제적 차별화 원리의 보편성

일반이론은 경제발전 친화적 경제적 유인체계를 찾고자 하였으며, 성과에 따라 보상을 차별하는 경제적 차별화 인센티브 제도가 그 답이라 논증하였다.

이 주장은 단순하기 이를 데 없지만, 사실은 신제도경제학을 포함하는 많은 경제학 분파들 간의 경제 성장·발전 이론과 정책 주장들을 통합할 수 있는 대명제라고 할 수 있다. 이것이 감히 이론에 '일반이론'이란 이름을 쓰게 된 이유이기도 하다.

시장은 제도의 집합이며 제도는 인센티브 구조를 결정한다. 시장에서의 우리의 행동은 바로 제도에 의해 정의되는 인센티브 구조에 따라 움직이게 된다. 사람들이 어떤 것에 가치를 두는지, 어떤 것을 두려워하는지를 알면 적절한 인센티브 구조, 즉 제도를 고안해 냄으로써 사람들을 원하는 방향으로 움직일 수 있는 정책을 실행할 수 있다.[18]

이것이 최근 제도경제학의 한 분파인 행동경제학의 정책적 연구의 지향점이다. 없는 시장을 만들어 원하는 결과를 얻을 수 있다는 주장인 것이다. 시장은 신성한 하느님도 아니고, 우리가 만들어내는 제도에 불과하다.

그 제도는 우리의 정치적 이념이나 가치, 세계관에 따라 고안될 수 있으며 그에 따른 인센티브 구조의 변화가 우리의 행동을 이끄는 것이다. 물론 이런 제도는 인간이 원하는 것이 무엇인지, 그리고 그것이 현실적으로 실현 가능한지에 대한 깊은 성찰 위에 고안되어야 지속 가능성을 담보할 수 있다.

행동경제학은 다음과 같이 주장한다. "사람이 말하기 시작한 순간부터 세상을 살아가며 배우는 진리는 잘하면 상을 받고 잘못하면 벌을 받는다는 것이다. 처벌과 벌금의 형식을 빌린 부정적 인센티브를 사용하면 바람직하지 않은 행동을 자제하도록 사람들을 유도할 수 있다. 금전적 미끼의 탈을 쓰는 긍정적 인센티브를 사용하면 사람들을 부추겨 산을 움직이게도, 특정 행동을 그만 두게도, '옳은' 일을 하게도 만들 수 있다."[19]

이는 바로 동양의 잠언인 신상필벌(信賞必罰)의 원칙이 사람들의 행동을 유도하는데 얼마나 중요한지를 새삼 강조하고 있는 셈이다. 주지하는 바와 같이 중국의 법가(法家)들은 2,000년도 훨씬 전에 신상필벌이 국가 번영의 원리임을 간파하였으며, 이 원리가 중국의 진나라가 최초의 통일 국가로 성장할 수 있었던 배경이었다고 알려져 있다.

"지난 40년 동안 심리학자 대니얼 카너먼(Daniel Kahneman)과 아모스 트버스키(Amos Tversky)는 사람들이 매일 생활하며 내리는 결정을 둘러싼 인간 간의 감정을 다루는 혁신적 이론을 수립해 왔다.

행동경제학의 두 대가는 사람들이 세계를 이해하는 것은 현상을 해석하는(또는 구성하는) 방식과 관계가 있다고 주장했다. 사람들의 말은 무언가를 구성하는 방식에 따라 타인의 행동에 다양하게 영향을 미친다.

부모는 자녀에게 '그 콩을 먹지 않으면 키가 크거나 튼튼하게 자랄 수 없단다.'라고 말할 수 있다. 행동주의 심리학자들은 이를 가리켜 '손실 프레이밍(loss framing)'이라고 부르고 손실과 처벌을 언급한다.

이와는 대조적으로 같은 말이라도 좀 더 긍정적으로 표현할 수 있다. '그 콩을 먹으면 키가 크고 튼튼하게 자랄 수 있단다.' 이는 '획득 프레이밍(gain framing)'으로 이익이나 보상을 언급한다."[20]

더 나아가 "이들은 인간의 공통적인 행위패턴은 획득과 관련된 선택은 종종 위험 회피적이고 손실과 관련된 선택은 종종 위험 선호적이라고 주장한다."[21]

이런 이치로 보면 올림픽 메달리스트들의 행복감도 다 다를 수 있다. 금메달리스트는 원했던 금메달을 땄으니 그냥 행복하지만, 은메달리스트는 금메달을 목표로 했다가 은메달에 그쳐 너무 불행한 반면, 메달은 기대도 못하고 그냥 올림픽 참가가 좋았던 동메달리스트는 기대 않던 메달을 땄으니 더없이 행복하다. 은메달리스트의 불행은 손실 프레이밍의 결과이다. 결국 이들이 주장하는 바는 손실 프레이밍이 획득 프레이밍보다 더 강력한 인센티브가 될 수 있다는 것이다.[22]

여기서 흥미로운 점은 동양의 인센티브 개념으로서의 신상필벌은 좋은 결과에 상을 내리고 나쁜 결과에 벌을 내린다는 의미로서 바로 행동경제학이 도달한 결론인 획득 프레이밍과 손실 프레이밍의 개념을 합쳐놓은 개념이라는 것이다.

이미 동양에서는 삶의 일부가 된 문화를 이제 행동경제학이 학문적으로 재발견하고 있는 셈이다. 이 뿐만 아니라 서양의 '하늘은 스스로 돕는 자를 돕는다'는 잠언은 다음의 제6절에서 상술하는 바와 같이 그 뿌리가 성경에 있는데, 이 또한 자조하면 돕고 자조하지 않으면 벌한다는 의미를 함축하고 있는 셈이다.

요약컨대 동서양 공히 좋은 성과에 보상하고 나쁜 성과에는 벌하는 인센티브 구조가 바로 인간의 성장과 발전의 동기를 부여하는 원천이며 바로 이 원리를 실행하는 것이 바로 이 세상이 하는 일임을 이미 알고 있다.

이를 경제학적으로 표현하면, 바로 현실 시장이야말로 경제적 차별화를 통해 경제발전을 촉진시키는 기능을 한다는 의미로 해석할 수 있다. 더 나아가 행동경제학은 그것이 정부일 수도 있고 어느 개인일 수도 있고 조직일 수도 있겠지만 누구든 경제적 차별화 인센티브 구조를 작동시킬 수 있다면 이는 바로 시장의 기능을 수행할 수 있음을 의미하는 것이며, 나아가 성장과 발전을 유도할 수 있음을 시사하고 있는 것이다.

여기서 더 나아가면 경제발전에 있어 시장 대 정부의 기능이 무엇이어야 하느냐 하는 논쟁에 대해서도 그 해답을 찾을 수 있다. 답은 바로 누구든 경제발전을 유도하고자 한다면 경제발전에 도움이 되는 좋은 행위에 대해 보상하고 해가 되는 행위는 처벌하지 않으면 안 된다는 것이다.

그래서 본서의 일반이론이 주장하는 바와 같이 시장은 물론, 정부도 기업이라는 조직도 개인도 모두 경제발전을 위해서는 모든 시장 참여자들을 성과에 따라 차별적으로 대접해야 한다는 대명제에 이르게 되는 것이다. 바로 정부나 기업에 의한 경제적 차별화가 시장의 기능을 강화하여 시장의 영역을 확대함으로써 경제 번영을 이루는 길이 될 수 있음을 보여주는 것이다.

2) 경제적 차별화, 경제발전의 전제 조건 : 왜 평등한 경제는 실패하는가?

그동안 신제도경제학은 경제적 자유와 사적 재산권 보호 제도가 경제발전의 전제가 되는 제도적 환경이라고 주장해 왔다. 그러나 이런 제도적 장치가 오늘날 지구상에, 정도의 차이가 있기는 하지만, 북한 등 몇 개 국가를 제외하고서 갖춰지지 않은 나라가 얼마나 되는가?

그런데 앞에서도 지적한 바와 같이 지구상에 1인당 소득 만 불을 넘어 빈곤의 문제를 해결했다는 나라가 전체 260여 개의 나라 중 겨우 1/3 정도에 불과할 뿐만 아니라 더구나 이들 중에도 많은 나라가 중진국 함정에 빠져 선진국 도약에 실패하고 있다.

나아가 중국 경제와 같이 이 두 가지 조건에서 가장 열악한 환경 속에서도 승승장구하는 현실, 20세기에 도약한 일본이나 한국 등이 서구 선진국들과 비교하면 그리 완벽하지도 않은 경제적 자유와 사적 재산권 보호 환경 속에서 경제성공을 이뤘다는 사실들도 여전히 더 설득력 있는 설명을 기다리고 있다.

이와 관련하여, 우선 다음과 같은 질문을 던지고자 한다. 경제적 자유와 재산권은 왜 경제발전에 도움이 되는가? 나 자신의 힘으로 자유롭게 재산을 일구고 또 지킬 수 있으므로 모두가 동기 부여가 되어 열심히 노력하기 때문인가? 아마도 경제학자 대부분이 이에 동의할 것이다. 그리 틀린 말은 아니다.

그러나 이 답은 열심히 하면 상을 받을 수 있다는 긍정적인 면만을 보는 경제적 자유와 재산권 보호라는 동전의 한쪽만을 본 답이다. 더욱더 강한 유인은 아마도 같은 동전의 반대쪽을 지배하는, 내가 게으르면 부자 경쟁에서 낙오되어 가난의 나락으로 추락할 수 있다는 부정적인 유인에서 나올 수도 있다는 점이 그동안 경시되어온 셈이다.

다음과 같이, 경제적 자유와 사적 재산권이라는 제도는 시장의 경제적 차별화 기능에 따라 "경제적 차이와 차등, 불평등을 초래하기 때문에" 동기 부여 장치로서 기능할 수 있고 나아가 경제발전에 도움이 될 수 있다고 하는 것이 더 나은 답일 수 있다.

앞에서 논의한 대로 내가 남에게 뒤떨어질 수 있다는 위험(손실 프레이밍)이 나도 잘 살 수 있다는 기대(획득 프레이밍)보다 더 강력한 인센티브가 된다는 사실은 이미 검증된 행동경제학의 명제이다.

경제적 이익을 추구할 수 있다는 자유와 그 결과를 누릴 수 있다는 권리가 주어지는 순간부터 바로 우리는 부자 경쟁에서 탈락하여 남에게 뒤떨어질 수 있다는 경제적 불평등의 압력 속으로 내몰리고, 여기서부터 성장과 발전의 유인을 체화하게 되는 것이다.

평등한 사회, 혹은 평등하지 않더라도 이미 내가 큰 불편 없이 살 수 있다고 보장받은 사회는 결코 성장과 발전의 유인을 창출해 낼 수 없다. 경제적 기회든 결과든 각자의 노력과 성과에 따라 차별적으로 보상하거나 배분하는 제도만이 발전을 이끌 수 있다.

성과에 따른 경제적 차별화와 이것의 제도화가 바로 경제발전의 전제 조건인 셈이다. 그래서 이러한 경제적 차별화는 바로 행동경제학의 획득과 손실 프레이밍을 결합한 인센티브 구조를 내재화하고 있다.

결국, 경제적 차별화는 바로 보상의 차별화를 통한 경제적 불평등 압력을 무기로 잠자는 시장을 깨워내어 경쟁심을 살려내고 성장과 발전의 유인을 끌어내는 경제발전의 필요조건인 것이다. 물론 반대로 경제적 차별화에 역행하는 경제 평등주의는 경제 정체의 충분조건이다.

이제 평등한 경제발전을 목표로 내걸었으나 그동안 장기 저성장과 분배 악화에 시달리는 선진국들은 물론이고 경제적 자유와 사적 재산권 보호를 내걸고도 경제도약에 실패하는 개발도상국들은 혹시 경제발전을 목표로 내걸었으나 실제로는 경제적 차별화에 역행하는 경제 평등주의에 빠져 손실 프레이밍을 무력화시켰기 때문이 아닌지 되돌아볼 때가 되었다고 생각한다. 역으로 다소 취약한 수준의 경제적 자유와 사적 재산권 제도하에서도 성장하는 중국과 같은 경제의 경우는 혹시 '경제적 차별화' 인센티브 정책이 (암암리에) 작동되고 있는 것은 아닌지 살펴볼 필요가 있을 것이다.

3) 시장 중심에서 기업(조직) 중심 경제학으로

경제학이라는 학문은 원천적으로 시장 중심적 사고를 바탕으로 한다. 자유의지에 의한 쌍방 간의 자발적 합의에 기초한 시장의 교환 거래가 모든 논의의 기초가 된다. 그러다 보니 거래 당사자 간의 의사 결정 구조의 민주성이 절대적인 전제가 되고 있다. 당사자 간의 의사 결정에 어떠한 외부 압력도 배제되어야 한다.

이런 철학의 부산물이 바로 또 다른 인간사회의 의사결정 방식인 명령에 의한 수직적, 비민주적인 거래 관계를 반시장적이어서 바람직하지 않은 것으로 보는 경향을 고착화한 것이다. 명령에 따른 거래는 조직의 운영 원리이다.

정부 조직, 군대 조직, 기업 조직, 가계 등의 공적·사적 조직은 수직적 명령에 따라 내부의 자원 배분을 위한 거래를 수행한다. 그래서 시장 대 정부의 논쟁, 시장 대 기업 조직의 논쟁, 더 나아가면 자본주의 자유 시장 대 공산·사회주의의 국가 배급 경제의 논쟁이 자연스럽게 등장하게 된다.

시장과 조직 간의 운영 원리가 정반대인 점이 두드러지다 보니 조직 또한 시장과 마찬가지로 자원 배분을 위한 장치라는 기능상의 동질성을 간과하는 문제가 발생하게 되었다. 즉 시장과 조직은 같은 기능을 다른 방식으로 수행한다.

이런 상황은 주류경제학이 시장의 우월성을 내세우지만 기업 조직의 기능을 거의 무시하는 결과를 가져왔다. 물론 이 경향은 주류경제학이 제대로 된 기업이 존재하지 않았던 농경사회 교환 경제를 바탕으로 한 고전파 경제학에서 출발하였다는 역사하고도 무관하지 않다.

그러다 보니 오늘날 주류를 이루는 신고전파 성장 이론은 기업 조직은 없고 기업을 생산 요소로 분해하여 자본과 노동과 기술이라는 생산 요소의 함수인 기술적 생산 함수로 이해하는 일이 지금까지도 계속되고 있다.

일반이론은 이런 전통을 과감히 탈피하여 민간 기업을 시장과 정부와 같이 경제발전의 필수 불가결한 중요한 주체의 하나로 이론화하였다. 그래서 삼위일체 경제발전의 일반이론이 탄생하게 된 것이다.

사실상 주류경제학의 대안을 제시해왔던 노벨상 수상자인 고 허버트 사이먼(Herbert Simon) 교수(1991)는 이미 경제를 시장경제라기보다 조직 경제라고 부르는 것이 더 적절하다는 주장을 한 적이 있으나 거의 아무도 후속 연구를 내지 않고 있었는데, 일반이론이 조직 중에서도 민간 기업 조직의 경제발전에서의 우월성을 이론화한 셈이다. 필자는 그동안 경제발전의 역사는 기업 조직의 창발이 경제의 창발, 즉 발전을 가져온 역사였으며, 한강의 기적이 또한 그 전형이었음을 강조해왔다.

6
박정희 시대의 성공원리

이 절에서는 일반이론에 기초하여 박정희 시대의 성공원리, 혹은 그 시대의 경제정책 패러다임을 3가지로 간략히 요약하고자 한다. 정치의 경제화로 정치의 경제에 대한 평등주의적 반 차별화 개입을 차단하였고, 경제운영에서 경제적 차별화 원리를 엄격히 시행하였으며, 철저히 차별화 원리에 근거해서 기업 육성정책을 추진함으로써 한강의 기적을 이루었다.

특히 후술하는 새마을운동과 관련해서는 농촌에서는 기업의 기능을 새마을지도자들이 이끈 농어촌 마을 조직이 담당했다. 새마을운동에서는 산업경제계 기업가들의 역할을 새마을지도자들이 담당했다. 후술하는 새마을운동 성공 모델의 정립에 있어 이 점을 유념할 필요가 있다.

1) 정치의 경제화와 경제적 차별화 원리 실천

박정희 대통령은 그의 집권 기간 내내, 경제는 물론 사회 정책에까지 항상 '하늘은 스스로 돕는 자를 돕는다'라는 서양의 금언과 동양의 법가사상인 '신상필벌'의 원칙을 강조하였다. 이들 원칙은 모두 성과 있는 자에게 상을 내리고 성과 없는 자에게 벌을 내린다는 것, 즉 우리가 모두 매일 시장에서 하는 일이다. 시장의 차별화 기능의 또 다른 표현인 것이다.

박정희 대통령은 바로 이런 시장의 기능을 정책에 직접 적용함으로써 후진국의 경우 여러 가지 이유로 취약할 수밖에 없는 시장의 차별적 보상 기능을 보완·강화하여 경쟁을 촉진함으로써 시장의 영역을 넓혀 나간 것이다. 그는 공적으로나 사적으로나 항상 "낮은 성과보다도 좋은 성과에 보상해야 한다."라고 경제인들은 물론 국민에게 강조하고 실천하였다. 다음의 제IV장과 V장에서 상술하는 바와 같이 본 연구의 관심 주제인 새마을운동이 바로 그 사례 중의 으뜸이라 할 수 있다.

박정희 대통령은 특히 새마을운동에서 '하늘은 스스로 돕는 자를 돕는다'라는 원칙을 설파하면서, 자조하여 성과를 내어야 정부가 지원한다는 원칙을 고수하였다.

본서의 〈부록 1~3〉에 수록한, 1970~79년 동안 박정희 대통령이 행한 새마을운동의 원리, 정신, 추진 방식 등에 대한 메모와 연설문, 그리고 새마을지도자들에 대한 격려사 등을 살펴보면, 하나같이 스스로 돕는 자조하는 농민을 표상(表象)으로 자기 혁신할 것을 당부하고 독촉함과 동시에 이들 자조하는 농민들을 먼저 지원하겠다는 내용으로 가득 차 있음을 확인하게 될 것이다.

이는 세계사에 유례가 없는 기록으로서 국내외 경제학계, 정치·사회학계, 지역 개발 및 빈곤 퇴치 관련 학계 등 국가 운영과 관련된 모든 학계의 연구 자료로서 값진 보배라 할 것이다.

'하늘은 스스로 돕는 자를 돕는다'라는 자조정신에 대한 박정희 대통령의 강조는 다소간의 부연 설명이 필요해 보인다. 새뮤얼 스마일스(Samuel Smiles)라는 19세기 스코틀랜드(Scotland) 출신의 개혁사상가는 산업혁명 기간(1859)에 "자조론(self-help)"을 저술하여 유럽과 미국 등에서 자조정신이 인생 성공과 국가 발전에 필수적임을 설파한 것으로 유명하다.[23]

일본에도 일찍 번역 출판되어 일본의 산업혁명 시기에 많이 읽힌 것으로 알려졌다. 개인들의 근면, 자조정신과 이를 체화하기 위한 인격 연마와 정신적 각성을 강조하였다. 이를 위해서는 국가의 법과 제도보다도 교육과 개인들의 자발적인 노력을 통한 인격 연마가 중요함을 강조하였다.

이런 면에서 스마일스는 제도주의자라기보다는 설득과 교육을 통한 인간 정신개조 운동가였다. 박정희 대통령은 일제 강점기에 태어나 사범학교에 다녔고 만주 육사, 일본 육사 등 당시 최고의 엘리트 교육을 받았기 때문에 당연히 이 사상에 접했으리라 생각한다.

그러나 박 대통령은 실천적인 면에서 훨씬 실용적이고 체계적인, 인센티브의 힘을 통찰한 제도주의자였다. 스마일스의 주장처럼, 교육만으로 그리고 혼자의 자발적인 각성 노력만으로 개인의 정신 및 의식 개혁이 가능할 것인가? 더구나 이것이 전국적인 차원에서 얼마나 가능할 것인가?

5·16 후 10년 가까이 농어촌 의식 개혁 운동을 추진했고 그 성과가 기대에 미흡했음을 경험한 박 대통령의 이 질문에 대한 답은 부정적이었을 것으로 보인다.

박 대통령은 각 개인에게 근면, 자조정신의 중요성을 강조하고 새마을지도자들에 대한 자조정신 교육을 항상 강조하면서도, 현실적인 유인 정책으로 자조의 결과인 성과를 강조하고 이에 상응하여 인센티브를 차별화해야 자조 개혁의 동기가 극대화된다는 점을 인식하고 있었던 것으로 이해된다. 스마일스류(類)의 철학에 경제적 차별화라는 인센티브 정책을 추가함으로써 의식 개혁을 가속화시킬 수 있었던 것이다.

한편 이러한 서양의 '하늘은 스스로 돕는 자를 돕는다'는 잠언은 성경의 마태복음 25장, '달란트 이야기'(영어 성경의 '3인의 하인 이야기, the parable of three servants')에서 연유한다는 설도 있는데, 스마일스는 이를 언급하고 있지 않지만, 박정희 대통령의 스스로 돕는 자를 돕는 차별화 정책은 오히려 성경 내용에 더 가까운 것으로 보인다.

내용인즉 하늘나라 주인이 멀리 출장을 가면서 3인의 하인에게 달란트 금화를 각 5개, 2개, 1개씩을 나눠주고 떠났다. 한참 후 귀가한 주인은 각각에게 그동안 달란트를 가지고 무엇을 했는지 묻는다.

5개 금화를 받은 하인은 이를 10개로 불렸고, 2개를 받은 하인은 4개로 불렸으나, 1개를 받은 하인은 그냥 땅 속에 묻었다가 1개를 가지고 나타났다. 이에 주인은 배로 금화를 늘린 두 하인은 크게 칭찬하였으나 1개를 그냥 가져온 하인에게는 남의 돈을 받았으면 이자라도

불려야 하는데 바보짓을 했다고 심히 꾸짖어 내쫓고, 그 1개의 달란트를 10개로 늘린 하인에게 주었다는 얘기이다.

자조하지 않은 자의 몫을 되찾아 자조하는 자에게 상으로 주었음은 바로 '하늘은 스스로 돕는 자를 돕는다'는 이치의 적극적인 실천인 셈이다. 새마을운동의 차별적 지원 정책인 성과 있는 마을은 더 지원하고 성과 없는 마을은 전혀 지원하지 않는 정책과 너무나 흡사한데, 이게 단순한 우연인지 혹은 박대통령이 인지하고 있었는지는 알 길이 없다.[24] 그러나 이는 '시장의 경제적 차별화 기능'이 성경을 비롯하여 동양의 오래된 법가사상인 신상필벌 등 동서양의 오래된 삶의 지혜를 담고 있음을 확인할 수 있는 흥미로운 사례라 할 것이다.

특히 이 마태복음 25장은 오늘날 전 세계가 빠진 사회주의적 평등 분배 이념과 소위 자본주의적 차등분배 이념 간의 끝없는 논쟁을 이해하는 데 중요한 판단 기준을 암시한다는 점에서 또 다른 중요한 의의가 있다고 생각한다. 즉 하느님은 스스로 돕는 자를 도움으로써 적극적으로 시장의 차별화 기능을 실천하여 자본주의 시장경제를 표방한 셈인데, 만일 하늘나라 주인이 그 모든 달란트를 모아 각자에게 그동안 노고를 치하하고 15개의 금화를 5개씩 평등하게 나눠주었다면 이는 사회주의 평등 이념을 실천한 셈이 될 것이다.

이제 하늘나라 주인께서 고민해야 할 문제는 그 다음 출장 시 하늘나라에 어떤 일이 벌어질까 하는 것이다. 전자의 차등분배의 경우는 아마 모든 하인이 금화 더 늘리기 경쟁에 몰입하겠지만 후자의 평등 분배의 경우는 역으로 금화 안 늘리기 경쟁이 벌어지지 않겠는가!

아마 이것이 경제적 차별화라는 인센티브 원리를 기초로 하는 일반 이론이 시사하는 피할 수 없는 결과가 아닐까 싶다.

그러나 민주주의 정치제도는 불행하게도 표(vote)에 의해 경제정책을 결정하게 되기 때문에 시장의 경제적 차별화 기능에 역행하는 정책과 제도를 양산할 위험이 내재해 있다. 그것이 바로 복지국가, 사회민주주의, 수정자본주의, 혼합경제 국가들의 탄생 배경이며, 또한 한국 등 여러 나라에서 관찰되는 포퓰리즘(populism) 정치의 배경이다.

박정희 대통령의 반민주적 정치(유신체제)가 비판받고 있으나 어떤 측면에서는 바로 이것이 경제적 차별화 정책의 정치적 왜곡을 막는 데 기여했음도 부정하기는 어려울 것이다. 다른 말로 반공(反共)을 내세운 그의 권위주의 정치는 경제적 차별화 원리를 "낮은 성과에 더 많은 보상"을 요구하는 평등주의적 포퓰리즘 정치나 혹은 용공(容共) 민주주의 주장으로부터 방어하는 데 도움이 되었을 것이라는 의미이다.

이 점은 박정희 사후, 특히 1990년대부터는 아주 빠른 속도로, 한국 정치가 평등주의 이념을 정의사회 구현이니 경제민주화니 하는 이름으로 받아들였으며 이제 오늘날은 그 극단적인 형태인 유사 사회주의 이념을 추구하고 있다는 사실이 이를 반증하는 것이라고 생각한다. 그래서 박정희 경제정책 패러다임을 "정치의 경제화를 통한 경제적 차별화 정책 패러다임"이라고 해석할 수 있다.

이런 관점에서 특기할 만한 박정희 대통령 시절의 차별화 정책들은 다음과 같다.[25]

1) 수출 우수기업에 우선적으로 지원을 강화한 수출 육성 정책,

2) 수출 우수기업 등 능력 있는 기업들의 중화학공업 참여를 인센티브 장치를 통해 장려한 중화학공업 육성정책,

3) 바로 후술하는, 성과 있는 마을만 집중 지원한 새마을운동,

4) 수출 성과가 있는 공장만 지원한 새마을 공장 육성정책 등이 특기할 만하지만 그 외에도 인재를 등용함에 있어서나 다른 모든 정책들에 있어서도 기본적으로 차별화 원리에서 벗어나지 않았다. 정부에 의한 시장 개입을 소위 관치 경제라고 비판하지만 역설적으로 정부에 의한 차별화 정책이 한국 경제의 도약을 가져왔다고 할 수 있다.

2) 기업 부국 패러다임의 실천

일반이론은 기업의 경제발전 역할을 강조한다. 주류 전통 경제학의 이론모형 속에는 생산 함수만 있지 실제 기업 조직이 존재하지 않는다. 그러나 경제학자들은 현실 경제에서 기업이 하는 중요한 역할을 보면서 언필칭 경제정책을 얘기할 때는, 모두가 그런 것도 아니지만, 기업이 중요하다고 주장한다.

이를 일컬어 '이론도 없이 편한 대로 둘러대는 식(ad-hoc)'이라고 한다. 진짜 중요하다고 하는 건 이런 둘러대기 식이 아니라 이론 체계 내

에 기업 조직이 체계적으로 도입되고, 실제 기업이 없으면 경제발전은 없을 것이라는 점이 내재화되어야 함을 의미한다.

일반이론은 이론 체계 내에 기업 조직을 체계적으로 도입하고, 기업이 시장이나 정부와 더불어 경제발전을 위해 필수 불가결한 존재임을 논증하였다. 그래서 기업 조직이 없으면 농경사회로 역주행 한다는 필자의 주장이 바로 그런 의미를 담고 있다.

박정희 시대에는 상업을 하든 제조업을 하든, 소위 상인들이 가장 대접을 받고 어깨를 펴고 살던 시대였다. 과거 조선조나 그 연장선상에서 크게 못 벗어난 일제강점기에 사농공상(士農工商)의 계급 이념 속에 사대부(士大夫)의 위세에 눌려 천대를 받던 상인 혹은 기업인과 과학자와 기술자 그룹들이 박정희 식 상공농사(商工農士)의 새로운 계급 이념 속에서 산업화의 주역으로 각광을 받았다. 물론 농어민들도 보릿고개 청산을 위한 새마을운동의 주역이 되었다. 다만 실사구시적이지 못한 사대부 계층(정치인, 언론인, 공리공론에 빠진 학자들 등등의 지식인 계층)이 상공농(상인, 과학·기술자 농어민)계층에 비해 상대적으로 그 위세가 하락하였다.

이것이 일반이론의 관점에서 보면 자본주의 경제발전 원리에 부합하는 새로운 계급 이념이었다고 할 수 있는 반면 과거의 사농공상은 농경 사회에 부합하는 계급 이념이었음을 알 수 있다.

당시에 배출된 이미 전설이 된 기라성 같은 기업인들(이병철, 정주영, 김우중 등등)이 박정희 식 성과주의에 기초한 차별화 정책에 힘입어 중소·중견기업에서 대기업들로 단 20년 만에 도약하였다.

오늘날 한국 경제의 견인차노릇을 하는 기업들이 거의 모두다 박정희 시대 차별화 인센티브 구조 속에서 성장한 기업들임에 주목할 필요가 있다. 다른 말로 그 시대 이후 차별화 정책이 실종되면서 중소기업이 대기업으로 성장하던 역사도 같이 실종되었음을 의미하는 것이기도 하다.

박정희 시대의 산업정책, 예컨대 수출 육성정책, 중화학공업 육성정책 등이 사실은 모두 기업 육성정책의 연속이었음을 잊지 말아야 한다. 산업정책이 기업 육성을 통해 성공했다는 의미이다. 이 또한 경제학이 박정희에게 한 수 배워야 할 점이다.

기업의 성공이 바로 수출 산업의 성공이며 산업의 성공이지, 기업이 아니라 산업정책을 앞세우는 경제학이 주장하는 것처럼 그 반대가 아니라는 점이다. 성공하는 기업을 우대하고 앞장세우는 경제적 차별화 정책이 바로 중소기업의 대기업에로의 성장과 나아가 산업의 성공을 가져왔다는 말이다.

그래서 박정희 식 차별화 기업 육성정책은 무에서 출발하여 세계적인 기업들과 제조 산업들을 새롭게 일으킨 한국식 산업혁명의 원동력이 된 것이다. 이를 일컬어 필자는 기업 부국의 새로운 경제발전 전략이라 명명하였다.

이와 관련해서는 기업 육성에 대해 직접 언급한 박정희 대통령의 대담 어록을 통해 그의 기업 부국 철학과 이의 실천 과정을 생생하게 확인해 볼 수 있으리라 생각한다. 다음의 대담은 당시 한국을 자주 찾았던 미국의 미래학자 허만 칸(Herman Kahn)과 박정희 대통령과의 면담 내용이다.[26]

허만 칸 : "한국의 경제 성장은 한마디로 경이적인 것입니다. 대통령께서는 경제학을 공부할 기회가 없었던 것으로 아는데 어떻게 자본 축적이 없는 상황에서 이토록 훌륭한 경제 기적의 대업을 이룩할 수 있었습니까?"

박정희 : "물론 경제학을 전공하지는 않았습니다. 경제학자가 경제를 많이 안다고 해서 실물 경제에 밝거나 은행원이 돈을 만진다고 해서 재벌은 아니질 않습니까? 실제 경제를 움직이는 것은 경제학자가 아닌 재벌이란 점을 알면 됩니다. 나는 그들을 활용했습니다. 그들에게 어떠한 환상을 심어주고, 움직이게 하려면 먼저 그들이 신바람 나게 뛸 수 있도록 그들에게 이익이 돌아갈 지혜를 짜내어야 합니다."

허만 칸 : "동방에 공자와 맹자, 석가와 같은 선지자가 많다는 것은 들었지만 전쟁밖에 모를 군인 출신의 대통령이 어쩌면 그토록 복잡한 경제 수리 분야의 지혜를 짜낼 수 있었습니까?"

박정희 : "그것은 정성입니다. 나의 정성과 혼을 경제 계획에 집중적으로 쏟으면 반드시 지혜가 흘러나오기 마련입니다. 나는 새로운 경제 계획을 입안할 때마다 무수한 밤을 새우며 일합니다. 숫자 하나하나에 나의 정성과 혼을 불어넣습니다. 그러면 숫자가 생명력을 가지게 되지요. 숫자가 살아 움직여야 성공합니다. 숫자가 살아 움직일 때 지혜는 솟아오르게 마련이니까요."

여기서 박 대통령의 마지막 언급은 보완 설명이 필요하다고 판단된다. 숫자가 살아 움직인다는 말은 도대체 무슨 뜻인가?

모든 경제 계획은 원하는 경제의 균형 상태를 경제 변수들 간의 수리적 일관성을 갖도록 연립 방정식체계로 작성되는 하나의 도상 계획(圖

上計劃)이다. 연립 방정식 체계의 수리적 일관성은 과거의 경험을 통해 얻어지는 변수들의 계수(coefficient) 값들이 항상 진리라는 가정 하에 확보될 수 있다.

특정 외생적 변수, 예컨대 정부가 투융자나 혹은 수출금융을 늘리면 가만있어도 저절로 민간 기업들이 혹은 시장이 움직여서 주어진 계수만큼 목표 변수, 예컨대 수출이나 성장 목표가 달성된다는 가정을 담고 있다. 그러나 실제 계수 값들은 경제의 주어진 인센티브 구조와 그에 따른 경제 주체들의 행태에 대한 가정(behavioral assumption) 등 각종의 복잡한 현실 경제 요인 등에 의해 영향을 받기 마련이다.

균형 방정식 체계는 원하는 결과를 그려내지만, 실제 어떤 과정을 거쳐 어떤 제도적 인센티브 구조를 이용해서 민간을 움직여서 원하는 결과를 만들어낼 것인가 하는 과정에 대한 고민이 없기 때문에 살아있는 계획이라 할 수 없다.

이와 같이 경제학의 균형 분석에 기초한 경제 계획은 결과를 얘기하는 것일 뿐 달성 과정이 생략된 것이기 때문에, 실제 어느 경제에서나 그런 균형이 저절로 실현되는 것처럼 간주할 수는 없다.

여기서 박 대통령의 표현은 다음과 같이 그 계획의 실현 과정에 대한 나름대로의 확실한 정책적 구상을 해야만 그 계획이 살아 움직일 수 있음을 시사한 것이라 해석된다.

어떤 방법으로 필요 자금을 조달하고 어디에 공단을 조성할 것이냐 하는 차원을 훨씬 넘어, 민간 기업들의 행태에 대한 현실적 가정 하에 어떠한 인센티브 구조 하에 어떤 방식으로 지원해야 할 것이며, 어떤 기업들이 참여해야 보다 효과적인지 등에 대한 아주 구체적인 구상까지 서있어야 계획 속의 숫자들이 살아 움직이고 도상 계획 자체가 살아있는 계획으로 탄생하게 된다는 의미라 해석할 수 있을 것이다.

잠자는 정태적인 균형 도상 계획을 가지고 자금을 투입하면 시장이 저절로 계획된 결과를 만들어 내리라는 생각이 대부분의 후진국 경제 계획 실패의 원인이었다.

동반성장의 지역사회 개발 모형

새마을운동은 한강의 기적을 이끈 수출 산업 육성정책이나 중화학 공업 육성정책 등 여타의 정책들과 마찬가지로 주류 신고전파경제학적 사고로는 설명하기가 어려운 부분이 적지 않다.

이것이 그동안 세계 경제학계는 물론 한국 경제학계가 박정희 시대 한국 경제발전의 성과를 칭찬은 하면서도 그 정책들을 깊이 연구하거나 수용하기 어려웠던 이유이다. 대체로 예외적인 현상으로 치부해온 것이다.

본서는 이 점에 관해서 전혀 다른 입장에서 출발하였고 그 결과가 제III장의 일반이론의 탄생의 배경이 되었다. 여기서는 일반이론을 응용하여 새마을운동의 경제학적 분석을 시도하고자 한다. 빈곤 퇴치를 위한 보편적 지역사회 개발 모형으로서 '새마을운동 경제학'을 정립해보고자 하는 것이다.

1

새마을운동 정책은 경제적 차별화 정책의 전형
(典型, Epitome)

　새마을운동은 당시로서는 최첨단 정책 실험이었으며 행동경제학 혹은 실험경제학의 태두라 할 수 있다. 일반적으로 행동경제학은 획득 프레이밍보다 손실 프레이밍이 더 강력한 인센티브 효과를 발휘한다고 논증하고 있는데 새마을운동의 경제적 차별화 정책은 표면적으로는 열심히 하면 상을 준다는 획득 프레이밍밖에 없는 것으로 보이지만 실제로는 아래 설명과 같이 열심히 하지 않으면 주기로 약속했던 것마저 빼앗아 버리는 손실 프레이밍도 모두 내포하고 있었다.

　첫 해에 골고루 공평하게 나눠준 시멘트는 당연히 다음번에도 무엇이 되었든 같은 식으로 지원할 것이라는 기대를 하게 만들었을 것으로 볼 수 있다. 더구나 그 이전의 정부 지원 정책들은 항상 성과와 관계없이 매년 같이 지원하는 방식이었기 때문에 더더욱 그랬을 것이다.

　그런데 갑자기 정부가 성과가 부

실하다고 더 이상 지원하지 않겠다고 선언한 것은 사실상 이미 약속한 것이나 다름없는 선물을 빼앗아간 것이나 다름없기 때문에 손실 프레이밍으로 작용한 셈이다.

따라서 성과가 부실한 마을에 대한 지원 중단 선언은 강력한 박탈감으로 작용하여 해당 마을들을 분기탱천(憤氣撑天)하게 만듦으로써 강력한 동기 부여 기능을 했을 것이다. 새마을운동 당시 지원이 박탈된 반수가 넘는 마을들의 경우는 강력한 손실 프레이밍 하에 동기 부여가 됨으로써 자발적 참여가 급속도로 늘어났고, 동시에 성과를 내 더 지원을 받은 마을들의 경우는 획득 프레이밍 하에 지속적으로 동기가 부여되었던 것으로 해석할 수 있다.

이제 새마을운동의 추진 전략으로 채택했던 경제적 차별화 원리가 당시로서는 얼마나 선구적인 경제발전관이었는지 그리고 이 원리는 아직도 살아있는 경제학으로서 여전히 유용하다는 점을 확인할 수 있으리라고 생각한다. 더구나 이를 통해 이 원리를 체계적으로 내재한 경제발전의 일반이론의 타당성은 물론 그 유용성도 쉽게 확인할 수 있기를 기대한다.

2

새마을운동의 성공 모형
일반이론의 확장을 통한 지역사회 개발 모형화

이 절에서는 앞에서 제시한 경제발전의 일반이론을 원용하여 새마을
운동의 보편적 성공 모형을 제시하고자 한다. 이를 위해 먼저 새마을운
동 이전의 농특사업과 새마을운동의 정책적 구조를 비교하는 것이 이
해에 도움이 되리라 생각한다.

1) 농특사업의 교훈 : 반면교사

농어민소득증대특별사업은 전국적으로 농민을 대상으로 하여 주민
들의 현금 투자나 투입 노동을 자본화하여 소위 주주로서 주인의식
(ownership)을 가지고 참여할 수 있도록 하였지만 그 대상은 개별 농
가를 대상으로 하였다. 즉 농어촌의 개별 경제주체들인 개별 농민들을
대상으로 사업을 추진하였다. 그런데 이 정책 구조는 불가피하게 시장
의 불완전성에 따른 거래 비용 문제와 외부효과 그리고 무임승차 문제
를 노정할 수밖에 없다. 따라서, 개별 농어민들이 투자 능력의 절대적인
한계속에서, 농어촌의 농업 기반 시설, 전기, 수도, 교통수단 등 물적 사
회간접자본이나 농작물 재배 기술, 농산물 유통 네트워크나 시장 정보

등 제도적 인프라나 정보가 지극히 미흡한 상황을 개별적으로 극복하는 것은 역부족이다.

이러한 외부효과가 큰 공공재적인 사회간접자본의 부족 문제는 높은 거래 비용에 따른 무임승차와 도덕적 해이로 인해 소위 시장 실패가 발생하기 때문에 개별 농민들이 자체적으로 해결하기는 대단히 어렵다.

따라서 농민들이 자기 소유권을 가지고 사업에 참여하도록 독려한다고 해서, 개별 농가들이 적극적으로 이웃의 성공 사례를 따라 배우면서 농특사업들이 빠르게 농어촌 경제 전체로 파급될 수 있는 잠재력은 제한적일 수밖에 없다. 개별 농가들이 산적한 시장 실패의 위험을 무릅쓰고 개별적으로 위험부담을 하면서 경쟁에 뛰어들 가능성은 제한적이다.

사실상 거의 모든 나라의 농어촌 근대화 사업들이 농촌 경제의 시장 실패 가능성을 무시하고 좋은 기회(재산권 제도의 정비, 경제적 자유, 성공 사례 정보의 제공 등 시장 기회)가 주어지면 개별 농가들이 열정적으로 자기 혁신과 개발에 나서리라고 생각하여 개별 농가를 대상으로 추진하고 있으나 그 성공 사례가 많지 않음에 유의할 필요가 있다. 시장만의 힘으로 길지 않은 시간에 가시적인 경제적 변화를 만들어 내기가 어렵다는 것이 일반이론의 시사점이다.

2) 새마을운동의 성공모형

〈그림 4〉는 〈그림 3〉을 농촌 경제에 맞게 변용한 새마을운동의 성공모형이다. 이 모형은 마을 주민과 주민들의 결사체로서 마을 조직, 그리고 정부, 3자가 모두 스스로 돕는 자를 돕는 "경제적 차별화" 전략을 통

[그림 4] 새마을운동의 성공 모형

해 마을 주민 모두, 그래서 마을 전체가 스스로 돕는 자조하는 주민으로 탈바꿈되어야 빈곤 퇴치 혹은 지역사회 개발과 나아가 경제발전 운동이 성공할 수 있음을 요약해서 보여주고 있다.

부연하면 마을 주민들이 서로 무임승차를 막기위해 상호 감시(peer pressure)를 통해 시장의 차별화 기능을 실천하고, 그 미흡한 부분을 마을 전체를 하나의 조직으로 묶는 마을 조직이 새마을지도자가 중심이 되어 주민들이 적극적으로 참여하도록 감시 독려하며, 마지막으로 정부가 마을의 실제 성과를 기반으로 마을에 대한 지원을 차별화하여 모든 마을과 전 농민들을 동기부여를 통해 일으켜 세움으로써 농어촌 사회 전체의 변화를 가능케 할 수 있음을 보여주고 있다. 주민, 마을, 정부의 경제적 차별화 기능의 교집합이 새마을운동의 성공 요인이었다고 할 수 있다.

특히 여기서 〈그림 4〉의 새마을운동 모형이 앞의 〈그림 3〉의 경제발전 모형과 다소 상이한 점은 두 가지이다. 첫째는 〈그림 3〉의 기업이 〈그림 4〉에서는 마을(조직)로 바뀌었다는 점이다.

이는 〈그림 3〉의 경우는 경제 전체를 대상으로 했기 때문에 당연히 기업 조직이 무임승차에 따른 시장 실패의 내부화 장치 역할을 수행하지만, 제조업 기업이 없는 농촌 지역사회의 경우는 마을 주민들을 구성원으로 하는 마을 조직이 그 기능을 수행할 수 있고 또한 해야 하기 때문이다. 새마을지도자는 당연히 마을 경영자 역할을 해야 한다.

둘째로 〈그림 4〉는 정부가 적극적으로 새마을 교육을 통해 주민들과 새마을지도자들의 근면, 자조, 협동의 새마을운동 정신을 고양하고 의식을 개혁하는, 의식 개혁 운동을 강조했다는 점이다. 이러한 새마을운동에 대한 동기부여 교육이 경제적 차별화 정책과 시너지를 냄으로써 열화같이 새마을 성과경쟁을 가져왔는데 이에 대해서는 다음 절에서 보다 상세히 논의하고자 한다. 결국 새마을운동은 주민과 마을 공동체가 정부의 인센티브 차별화 정책 하에서 10년도 넘게 전국적인 규모의 잘 살기 경쟁을 한 한판의 전국체전과 같은 정책 실험이었다.

이 모형을 응용하면 농특사업은 마을이라는 조직 단위와 정부의 차별화 정책이 빠진 주민만 있는, 즉 시장 중심의 사업 구조라고 정의할 수 있다. 반면 새마을운동은 농특사업의 기본을 살려 개별 사업에 주민들이 투자자로 참여하도록 장려함과 동시에 마을을 주민들의 결사체로서 새마을운동의 주체로 인정하여 일종의 기업 조직과 같이 시장의 거래 비용과 외부 효과를 내부화할 수 있도록 함으로써 무임승차를 막아 시장 실패를 최소화할 수 있었다.

새마을지도자를 정점으로 한 마을 조직이 개별 농가의 성과와 참여의 성실성을 감시하고 농가 서로가 마을의 구성원으로서 상호 감시함으로써 무임승차, 즉 시장 실패를 최소화하여 새마을운동의 성과를 극대화할 수 있었다고 해석할 수 있다. 나아가 정부가 마을 간의 경쟁 결과인 새마을 성과에 따라 차별적으로 지원함으로써 적극적으로 마을 간의 경쟁을 촉진하고, 나아가 이것이 주민들의 참여 의식과 성과 추구 노력을 이끌어 내는 데 기여할 수 있었다.

더구나, 마을 단위 새마을운동은 개별 농가 단위 사업과는 달리 공동 사업과 작업을 통해 마을 전체 주민의 경제적 행동의 변화와 자조정신의 체화를 유도할 수 있었기 때문에 협동정신의 함양과 생산성 향상에 효과적일 뿐만 아니라 모두 같이 성장하도록 유도함으로써 훨씬 동반 성장 친화적이다. 이미 공인된 당시 한국의 동반 성장 경험이 또한 이를 실제로 증명하고 있다.[27]

따라서 한국의 새마을운동은 주민(농가), 마을, 그리고 정부가 삼위일체가 되어 경제적 차별화를 통해 효과적으로 마을과 주민들을 일으켜 세움으로써 농촌 근대화 사업에 성공할 수 있었다고 할 수 있다.

이런 점에서 박정희 대통령은, 시장 실패는 정부의 개입으로 해결해야 한다는 그동안의 학계의 통념을 깨고, 시장 실패를 마을이라는 조직의 활성화를 통해 해결함으로써 조직 내의 모

든 구성원을 동반 성장시키는 새로운 시장 실패 해법을 찾아낸 셈이다.

마을 조직이 민간 경제에 있어서 기업 조직과 같은 역할을, 마을지도 자들은 민간 기업가(entrepreneur)와 같은 역할을 함으로써 농어촌 경제 새마을운동을 성공으로 이끈 것이다. 이렇게 해서 새마을운동은 이미 50년 전에 경제발전의 일반이론을 성공적으로 실천한 셈이다.

여기서 추가적으로 두 가지 더 중요한 시사점에 대해 언급할 필요가 있다. 하나는 새마을운동이 개별 마을들의 변화를 이끌어 내는 데는 크게 성공하였지만 마을 간의 외부 효과가 큰 광역 사회간접자본 사업의 공동 추진에는 별로 효과적이지 못했을 것이라는 점이다.

왜냐하면 새마을운동 추진 정책이 마을 간의 외부 효과를 내부화할 수 있는 인센티브 구조를 갖추지 못했다는 점 때문이다. 말하자면 이런 협동 작업에 대한 평가와 보상 장치가 새마을운동 정책에 내재되지 못했기 때문에 마을 간에는 협동보다 경쟁이 보다 보편적인 현상이었다. 물론 일반적으로 이런 여러 마을에 걸친 광역 사업은 면, 군, 시 등 마을[里, 洞]보다 상위 광역 기관이 관리하는 것이 보다 효과적인데, 당시 이 문제는 중앙 정부의 각종 사회간접자본 공급을 위한 국토 개발 사업을 통해 성공적으로 해결했음은 주지하는 바와 같다.

한편 일찍부터 한국은 농협 조직을 활성화했는데 농민을 주주로 하는 농협과 같은 조직도 외부 효과를 내부화하는 기능을 수행할 수 있지만 농협은 마을 단위보다 더 광역화된 조직으로 오히려 농민을 묶어 조직화하는 데 거래 비용이 더 많이 들기 때문에 특별한 인센티브가 없이 경쟁 단위 역할을 하기에는 효율성이 낮았을 것으로 생각한다. 이와 관련해서 농특사업이 농협과 같은 조직의 도움 하에 수행되었지만 그 파급 효과가 마을 단위로 시행된 새마을운동만큼 못했다는 점도 주목할 필요가 있을 것이다.

3

의식개혁을 위한 새마을 교육의 중요성

마지막으로 새마을운동처럼 소위 의식개혁을 포함하는 정부의 공공 정책의 추진 전략에 대한 새마을운동 경험의 시사점을 정리하고자 한다. 무슨 분야의 정책이든 의식개혁 정책은 대상 국민의 생각과 행동을 정책 목표에 맞게 바꿔 그 지향하는 목표를 보다 효과적으로 달성하려는 의도를 갖는다. 따라서 신제도경제학적 관점에서 보면, 개혁의 실제 효과성 여부는

첫째, 생각과 행동을 정책 목표에 부응하도록 유도하는 새로운 법제도적 규칙, 즉 경기의 규칙을 도입하여 엄격하게 집행하는 일과,

둘째로는 국민이 기존의 관행에서 벗어나 새로운 규칙에 따라 생각과 행동을 보다 원활하게 바꿀 수 있도록 하기 위해 어떻게 하면 정부와 국민이 보다 긴밀하게 해당 정책이 추구하는 목표를 공유·공감할 수 있게 할 것인가에 의존하게 된다.

전자는 공식적인 경기

규칙으로서 사람의 행동을 규율하는 '공식적 제도(formal institution)'를 바꾸는 과정이며, 후자는 가치관, 관행, 관습, 전통, 이념 등 공식적인 규칙은 아니지만 문화적 요소로서 사람의 생각과 행동 습관을 제약하는 '비공식적 제도(informal institution)'를 바꾸는 일이다. 그런데 전자의 과제는 이미 논의한 바와 같이 경제적 차별화 정책을 통해 국민의 행동이 정책 목표에 부응하는지 여부에 따라 인센티브를 차별화하는 제도 구축으로 접근해야 함을 누차 강조하였다.

한편, 후자의 생각과 습관을 바꾸는 일은 국민에게 의식 개혁의 필요성에 대한 홍보와 교육을 통해 접근할 수 있다. 새마을운동의 성공과 관련하여 새마을지도자들의 뛰어난 자조적 리더십과 특히 여성들의 적극적인 참여가 중요했다는 평가가 있다.

당연히 참여자들의 적극적인 노력이 없이 일이 잘될 수는 없다. 그런 의미에서 당시 남 탓하고 하늘만 쳐다보고 가난이 운명이라던 농어민들과 이들 지도자들의 고루했던 의식을 바꿔내고 이들에게 새마을운동의 자조·자립·협동 이념을 고취시키는데 새마을 교육이 중요한 역할을 했음은 너무나 자명하다. 그러나 새마을운동이 성공하려면 이런 긍정적인 이념과 생각들을 실제 행동의 변화로 유도하여 이를 지속 가능한 의식 개혁과 생산성 향상 운동으로 정착시켜야 한다. 생각의 변화도 중요하지만 행동 혹은 습관의 변화가 없이는 아무 일도 성사시킬 수 없기 때문이다.

본서가 강조하는 것은 박정희 대통령은 자조·자립·협동 정신을 가지고 성공하는 사람들을 우대하는 성과에 따른 경제적 차별화 정책을 앞장서서 주창하고 집행함으로써 주민, 마을지도자 모두가 자조적인 행동을 할 수밖에 없도록 유도할 수 있었으며, 이것이 결국 새마을운동 성공의 마지막 고리인 자조·자립·협동정신을 행동으로 실천하게 해야 하는 어려운 과제를 푸는 열쇠가 되었다는 점이다.

경제적 차별화 원리의 엄격한 정책적 집행 없이 새마을 교육에만 의존했다면 새마을운동은 성공하기 어려웠을 것이다. 5·16 혁명 직후 주로 교육과 홍보에만 치중했던 재건국민운동이라는 의식 개혁 운동이 지속 가능한 성과를 내지 못했음을 기억할 필요가 있다. 결국 새마을운동의 성공은 경제적 차별화라는 공식적 제도 개혁과 새마을 교육을 통한 비공식적 제도 개혁이라는 두 가지 과제가 적절히 실행되어 상호 간에 시너지 효과를 내면서 얻어진 값진 결과였다.

이런 점들을 고려할 때 향후 후발 국가들의 농촌 근대화 사업이나 혹은 일반적인 지역사회 개발 사업 등을 추진함에 있어서는, 〈그림 4〉로 요약되는 주민, 마을(지역사회), 정부가 삼위일체가 되어 적극적으로

경제적 차별화 인센티브 구조를 제도 및 정책적으로 구현해야 사업의 성공 가능성을 높일 수 있을 것이다. 물론 여기에다 한국의 새마을지도자 교육과 같은 자조정신 및 습관의 변화를 유도하는 데 도움이 되는 교육 활동도 같이 진행되는 것이 보다 신속하게 가시적인 결과를 얻을 수 있는 길이 될 것이다.

요약하면 공식적 그리고 비공식적 제도가 모두 스스로 돕는 자를 돕는, "경제적 차별화" 원리를 담아내야만 빈곤 퇴치, 지역사회 개발, 그리고 경제발전 노력이 효과를 발휘할 수 있다.

성공과 실패의 정책 사례 고찰

이 장에서는 새마을운동의 성공 요인들은 물론 박정희 사후 새마을 정신을 훼손시킨 요인들의 실제 정책화 과정에 대한 사례 분석을 통해 새마을운동 경제학 모형의 현실 적합성을 재확인하고 검증해 보고자 한다.

이를 위해 우선 성공 요인으로서 경제적 차별화 정책이 실제 정책화된 사례들과 이 정책을 뒷받침한 새마을 교육의 의의를 분석·정리하고자 한다. 그리고 80년대 이후 최근까지 진행된 새마을운동의 정치화 현상이 어떻게 반 차별화, 평등주의 정책을 통해 새마을정신을 훼손하게 되었는지를 개관하고자 한다.

1
새마을운동의 성공을 견인한 정부의 차별화 정책 사례

본서는 새마을운동 성공의 가장 중요한 요인은 앞의 박 대통령의 새마을운동 지침서에서 강조했을 뿐만 아니라 앞의 이론적 분석을 통해서 누차 확인한 바와 같이 '성과에 따라 지원을 차별화한 경제적 차별화 정책'이라고 주장한다.

좀 더 구체적으로는 "자조하는 마을만 지원한 정부의 경제적 차별화 정책"이 핵심적인 성공 요인이었다고 본다.

1) 새마을 성과에 따른 차별적 지원정책 결정 비화(祕話)

이하에서는 약간의 중복 위험을 무릅쓰고 새마을운동의 추진 과정을 상술하고자 한다. 특히 당시 성과에 따른 경제적 차별화 정책의 채택 과정과 그 정책의 집행 과정을 좀 더 구체적으로 정리함으로써 앞에서 제시한 새마을운동 모델의 핵심 성공원리인 경제적 차별화 원리가 공식적인 제도로서 얼마나 보편적이었고 또한 중요한 역할을 했는지 확인해 보고자 한다.[28]

우선 운동을 주도한 박정희 대통령의 기본 철학을 들어보자. "빈곤을

자기의 운명이라 한탄하면서 정부가 뒤를 밀어주지 않아 빈곤 속에 있다고 자기의 빈곤이 타인의 책임인 것처럼 불평을 늘어놓는 농민은 몇 백 년이 걸려도 일어설 수 없다. 의욕 없는 사람을 지원하는 것은 돈 낭비이다. 게으른 사람은 나라도 도울 수 없다."[29] 이것이 새마을운동을 시작하면서 그리고 새마을운동 기간 중 계속해서 대통령을 통해 전달된 대 농민 메시지였다.

새마을운동의 첫해인 1970년에 정부는 전국의 3만 4,000여개의 마을에 평균적으로 300여 포대씩의 시멘트와 1.5톤 정도의 철근, 그리고 약간씩의 현금을 마을 규모에 따라 적절히 지원했다.

그 다음해에 그 성과를 평가한 결과 1만 6,000개의 마을은 100%의 성과를 달성했지만, 나머지 반수가 넘는 1만 8,000개의 마을은 제대로 하지 않았다. 당시 정부의 공개 및 비공개 암행 감사에 의하면 많은 마을들이 시멘트 포대를 야적해 놓고 비가와도 덮지 않은 채로 방기한 경우가 많았다고 한다. 이 결과를 놓고 제2차년도 새마을운동 사업 지원 방식에 대해 논란이 많았지만 박 대통령은 공화당과 장관들의 반대에도 불구하고 당시 소위 장기집권이라고 비판이 없지 않았던 정권의 명운을 걸면서까지 반수가 넘는 성과가 좋지 않은 1만 8,000개의 마을에는 전혀 지원하지 않았고 과반수가 안 되는 성과가 좋았던 1만 6,000개

의 마을에만 시멘트의 양을 100-200포대 정도씩 늘림과 동시에 현금
도 더 늘려 지원했다.[30]

　김정렴 당시 청와대 비서실장이 전해주는 이러한 차별적 지원을 결
정하는 과정의 비화가 대단히 흥미롭다.

　최초 국무회의 결정은 제2차년도에도 무차별 지원하는 것이었으나
대통령이 차별 지원을 고집하여 공화당의 사무총장인 길전식 의원과
내무부장관이었던 김현옥 장관이 대통령 설득에 나섰으나 실패하고,
그 후 소위 공화당의 실력자 5인방이 설득하였으나 박 대통령은 정권을
내주는 한이 있어도 차별 지원을 하겠다고 해서 이러한 결정이 내려지
게 되었다고 한다.[31]

　그리고 제2차년도를 시작하면서 정부에서는 앞
으로 어떤 마을이든 자력으로 새마을운동
에 참여해서 성과를 내지 않으면 지원하
지 않는다는 방침을 시달한 것으로 알
려지고 있다. 그러자 지원을 받지
못한 1만 8,000개 마을 중에서
6,000개의 마을이 자력으로 참
여해서 100% 이상의 성과를 내
었다. 그 다음에는 6,000개의 마
을에 대해서도 지원했다[32].

　이렇게 해서 박 대통령은 전국 마
을을 참여도가 가장 낮은 기초마을,

이보다 좀 더 열심인 자조마을 그리고 가장 성과가 높은 자립마을로 구분하고 물자 지원을 기초마을은 제외하고 자조마을과 자립마을에만 배분하게 하였다.

아마 오늘날의 한국 정치권의 상식으로는 새마을운동을 성공시키기 위해서는 잘 못하는 기초마을을 우선 지원·육성하는 것이 옳은 정책이라고 강변할 것이다. 물론 성공 여부와는 관계없이 표를 위해서도 당연히 그렇게 할 가능성이 높다고 보아야 할 것이다.

경제적 차별화 원리에 기초한 새마을운동의 필요성에 대한 박정희 대통령의 육성 지시 내용을 옮기면 다음과 같다.

"작년에 전국 3만 2,000여개 부락에 대하여 많은 금액은 아니었지만 농어민의 분발심(奮發心)을 일깨우기 위하여 지원을 해 본 결과 좋은 성과를 거둔 부락도 있었고 그렇지 못한 부락도 있었습니다.

이 경험을 살려 앞으로는 일률적인 지원 방식을 지양하고 우선 금년은 그 대상을 절반으로 줄여 1만6,000여 부락에 대하여서만 지원을 하기로 하였습니다. 금년에는 작년에 성적이 나쁜 부락은 전부 낙제, 유급을 시키고 성적이 좋은 부락만 올려 이번 2차년도에 계속 지원을 하겠다는 것입니다.

금년 1만 6,000여 부락 중에서 잘하는 부락을 다시 가을쯤에 심사해서 우수한 부락에 대해서는 내년에 3학년생으로 진급을 시켜야겠습니다.

그리고 낙제한 부락 중에서 작년에는 성적이 나빴지만 그동안에 분발을 해서 단결이 잘 되고 한번 해보자는 의욕이 왕성한 부락은 다시 선정을 해서 '내년에는 2학년생으로 진급을 시켜 금년에 지원한 정도로 지원해 준다' '거기서 또 설적이 나쁘면 낙제를 시키고 좋은 부락은 3학년생으로 진급을 시킨다' '작년에 진급한 3학년생을 다시 심사하여 4학년생으로 진급시켜 대폭적으로 지원을 한다는 것'이 새마을운동에 대한 정부 지원의 기본 방침입니다.

'왜 그렇게 해야 되느냐?'하는 이유는 간단합니다. 농어촌을 일률적으로 지원해 본 결과 기대한 만큼 성적을 거두지 못한 것이 사실입니다.

'부지런하고 잘하는 부락은 우선적으로 도와주자' 이웃하여 있는 부락이라도 한 부락은 상당한 수준으로 소득이 증대되고 부락 환경이 개선되어 살기 좋은 마을이 되는가 하면, 다른 부락은 아주 뒤떨어진 마을이 될 수도 있는 것입니다.

일은 하지 않고 노름이나 하고 술이나 마시고 게으른 그러한 퇴폐적(頹廢的)인 농어촌을, 부지런히 일해서 잘 살아 보겠다고 발버둥치는 그런 농어촌과 꼭 같이 지원해 준다는 것은 오히려 공평한 처사라 할 수 없습니다.

계속 성장한 부락은 조금만 더 지원해 주면 그 다음에는 정부에서 손을 떼어도 될 것입니다. 물론 뒤떨어진 부락들은 불평을 할 것입니다. 잘한 부락 사람들의 소리는 들리지 않고 게을러서 뒤떨어진 부락의 불평 소리는 크게 들릴지 모릅니다. 그러나 그 불평에 귀를 기울일 필요는 없습니다. '하늘은 스스로 돕는 자를 돕는다'고 하였습니다."[33]

우리는 여기서 이러한 '스스로 돕는 마을만 지원한다'는 정부의 차별적 지원정책이 새마을운동을 열화와 같이 전국적으로 퍼뜨리고 농촌 사회에도 소위 '하면 된다'는 발전의 정신을 일으키는 데 결정적으로 기여했다고 본다.

만일 두 번째 해에도 평등하게 똑같이 나누어 분배하는 식으로 지원했다면 일반이론의 원리에 따르면 새마을운동은 성공하지 못했을지도 모른다. 이러한 새마을운동의 성과는 새마을운동 시작 후 5년만인 1974년도에 농촌과 도시의 가구당 소득 수준이 같아졌다는 사실로부터도 쉽게 확인할 수 있다.

2) 새마을 공장에 대한 차별적 지원

한편 앞에서 언급한 1973년부터 시작된 새마을 공장 육성정책의 추진 과정 또한 이와 다르지 않았다. 당시 정부는 새마을운동의 일환으로 새마을 공장 육성정책을 추진하였는데, 이는 농촌의 읍, 면 지역에 농산물 가공 공장을 건설하여 수출 산업화하기 위한 전략이었다.

세금 감면 조치, 수출 지원 조치, 운영비 보조 등을 통해 지원하였다. 추진 과정을 보면 최초 73-74년간 운영 실적을 기초로 성과가 있으면 지원하고 없으면 지원을 감축한다는 지침 하에 추진하였는데, 당시 상공부의 결과 평가에 따르면 270여개의 농촌 공장 중 30%정도가 좋은 성과를 내고 나머지 70%는 성과가 미흡하였다.

이에 따라 정부는 성과를 낸 30%의 새마을 공장에만 지원을 확대하고 다른 공장에 대해서는 지원을 삭감하였다.[34] 이 또한 성과에 따른 철저한 경제적 차별화 지원정책이었다.

3) 산림녹화사업에 적용된 차별적 지원정책

박정희 대통령 시대 우리나라 산림녹화사업의 성공은 세계 경제개발사의 독보적인 성공 사례이다. 그런데 이 사업도 새마을운동과 연계하여 추진되었는데 산림녹화사업의 집행 과정을 보면 이 또한 놀랍게도 성과에 기초한 정부의 경제적 차별화 정책원리가 그대로 적용되고 있음을 발견하게 된다.

정부는 새마을운동을 농림부가 아닌 내무부가 주관하게 한 것처럼, 1973년부터 산림녹화를 치산녹화사업으로 개칭하고 농림부 산하의 산림청을 내무부로 이관하여 강력하게 산림녹화사업을 추진하였다.

이는 내무부가 새마을운동과 녹화사업을 같이 관장함으로써 식목 시 농촌의 인력을 적극 활용하여 시너지 효과를 높이기 위한 것이었다.

우선 모든 마을은 산림조합의 지도하에 산림계를 통해 녹화사업에 참여하였는데, 양묘 단계에서는 마을이 공동으로 육성한 묘목을 정부가 시장가격으로 구매해주고, 식목 단계에서는 분수(分收) 조림제도를 도입하여 정부가 묘목을 무료로 공급하고 산주(山主, 개인이나 국가)와 식목하는 산림계(원)(지역주민) 간에 1:9의 비율로 사후 수익(연료림의 경우는 현물)을 배분하도록 함으로써 주민들에게 적극적인 식목 참여 동기가 부여되었다.[35]

이 과정에서의 수익은 직접적인 가계의 소득 증대를 가져오거나 공동 사업의 수익은 마을기금에 저축되기도 했는데 앞의 제II장에서 본대로 '가구당 소득'이나 '마을기금' 규모가 바로 우수새마을 승급 기준이었기 때문에 우수마을 경쟁에 나선 주민들이나 마을들로서는 보다 적극적으로 사업에 참여하지 않을 수가 없었다.

양묘나 식목의 성과나 참여에 따른 차별적 지원과 혜택이 식목사업 추진 과정의 보편적인 인센티브 구조로 작동했고, 나아가 이것이 새마을 성과 평가에 그대로 반영되면서 농민들의 치산녹화사업에의 참여가 극대화되었다. 이렇게 새마을이 주축이 된 식목을 '새마을 조림'으로 분류하였는데 그 비중이 전국 조림의 43%에 이르렀다.

나아가 식목 후 활착과 성장을 촉진하기 위해서 내무부는 소위 '교차 검목제도'를 도입하였는데 최초 활착 여부 검목은 담당 공무원이 하여 도지사에게 보고하게 하고, 이에 대해 2차는 도지사 감독 하에 관내 군을 서로 바꾸어 예컨대 A군 검목관이 B군의 활착 상태를 검목하도록 하고, 마지막으로는 산림청의 관할 하에 도를 서로 바꾸어 A도 검목관이 B도의 활착 상태를 검목하도록 하였다.

이를 통해 상호 감시 체제를 작동시키고 활착률이 좋은 식목담당 공무원에게는 승진 기회를 제공함으로써 동기를 부여하였다. 이와 같은 성과를 중시하는 조림 관리 제도의 도입으로 활착률이 94%까지 향상되었다.[36]

4) 우수새마을에 우선 공급한 농촌 전화(電化) 사업

새마을운동의 경제적 차별화 정책의 또 다른 사례로는 차별적인 전기 공급 정책을 들 수 있다. 정부는 1970년대 농촌의 호롱불을 없애기 위해 전기를 공급하는 농촌 전화 사업을 추진하였다.

전기 없이 문명의 이기를 향유할 수는 없는 일이기 때문에 농촌 근대화를 위해 전기를 공급한다는 것은 어느 마을, 어느 가구든 차별 없이 이루어져야 할 가장 보편적 서비스라고 할 수 있다. 당시 전기에 대한 수요는 절대적이었다고 할 수 있다.

그러나 정부는 새마을운동 성과가 좋은 마을부터 전기를 우선적으로 공급하는 차별적 정책을 표명하고 집행하였다. 비용의 일부는 정부가 보조하고 농민들이 부담하는 부분은 대부분 장기 저리 융자로 공급하였으며 일부는 주민들이 현금으로 부담하였다. 여기 또한 자조하는 곳에만 하느님의 도움의 손이 뻗쳤던 것이다.

2

새마을 교육을 통해 차별화 정책과의 시너지 효과 극대화

1) 새마을교육의 의의

이 절에서는 비공식적 제도인 의식개혁을 위한 노력의 일환으로 실행한 새마을 교육의 역할에 대해 살펴보고자 한다.

이해를 돕기 위해, 신제도경제학적 관점에서 새마을운동을 축구경기에 비유하여 생각해 보고자 한다. 예컨대 축구에는 미식축구(American football)라고 해서 손으로 공을 들고 달리는 경기가 있고, 우리가 즐기는 경기인 공을 발로 차야만 하고 손을 대면 핸들링이 되는 사커(Soccer) 축구가 있는데, 다 축구라 하지만 전혀 운동 방식이 다른 이유는 바로 경기규칙이 다르기 때문이다.

만일 정책적으로 한국에 미식축구를 도입 전파하려 할 경우 어떻게 해야 할까를 생각해보면 비유적으로 새마을운동의 정책적 과제에 대한 이해가 쉬울 것이다. 우선은 미식축구 경기규칙을 도입하여 모든 사람들이 이 규칙에 따라 미식축구를 하도록 해야 할 것이다.

그러나 빠른 시간 안에 국제적인 수준으로 실력을 향상시키려 한다면, 새 경기가 도입되었으니 그냥 해보라 할 것이 아니라, 정부가 나서서

선수를 선발하고 새 규칙에 따라 연습을 통해 경기 실력을 향상시킨 후 각종 중요한 승부 전략을 습득하고 실력을 연마시켜야 한다. 이를 위해 필요하면 국내 미식축구 리그를 만들어 여러 팀 간의 경기를 통해 실력을 향상시켜야 할 것이다. 새마을운동의 경우도 이와 다르지 않다.

박정희 대통령은 새마을운동은 '잘 살기 운동'이라 했다. 잘 살기 위해서는 자조정신을 가지고 열심히 노력하여 소득 증대라는 성과를 내어야 한다. 그래서 정부는 이 일을 잘하는, 즉 소득 증대에 성과를 내는 농민 개인이나 마을과 그렇지 않은 농민이나 마을을 차별하여 전자를 더 우대하겠다는 '경제적 차별화'라는 새마을 경기규칙을 천명한 셈이다.

그런데 당시의 거의 모든 마을은 하늘 탓, 남 탓 하는 반자조적인 관행이나 가치관에 사로잡혀 별로 적극적으로 동참하지 않았던 것이다. 이에 새마을운동(경기)을 보다 효과적으로 그리고 원활히 추진하기 위해 새마을 교육기관을 설립하여 새마을운동의 목적과 이념, 새마을운동을 어떻게 하는 것이 효과적이고 능률적인지의 성공전략 등에 대한 (훈련)교육을 병행한 것이다.

이렇게 함으로써 '경제적 차별화'라는 경기규칙의 동기 부여 기능과 근면 자조 협동의 새마을운동정신과 성공 방안에 대한 교육이 서로 시너지 효과를 내면서 잘 살기 운동의 목표를 최단시간에 달성한 셈이다. 교육만으로는 취약할 수밖에 없는 새마을운동의 추진력을 경제적 차별화 경기규칙을 분명히 천명하고 엄격히 집행하여 동기 부여함으로써, 혹은 역으로 경기규칙의 변경만으로는 약할 수 있었던 추진력을 교육을 통해 동기를 더 강화함으로써, 상호간에 시너지 효과를 극대화하여 전대미문의 새마을운동 기적을 만들어 냈다고 할 수 있다.

2) 새마을지도자의 중요성

새마을 교육과 관련해서는 박 대통령의 새마을지도자 양성에 대한 특별한 관심과 애착에 대해 언급할 필요가 있다. 당시 박정희 대통령의 새마을지도자에 대한 생각은 특별하였으며, 새마을지도자를 가장 중요한 성공 요인이라고 강조하였다.

아마도 사범학교에서 교사로서 훈련받고, 군인으로서 평생 지휘관 생활을 한 경험에서 우러나온 것이 아닌가 생각한다. 훌륭한 선생님이 있어야 학생들의 교육이 잘될 수 있고 훌륭한 지휘관이 있어야 부대의 전투력이 향상될 수 있듯이 헌신적인 지도자가 있어야 새마을운동이 성공할 수 있다고 믿었던 것이다.

주변의 증언에 의하면 "박정희 대통령은 타고난 새마을지도자"였다.

육영수 여사 : "저 양반은 대통령 안했으면 구미에서 새마을지도자가 되었을 것"이라고 언급했다(곽정현 전 새마을연수원 부원장의 증언).

고병우 전 비서관 : 박 대통령께서는 마치 "새마을지도자를 자신의 분신

처럼 생각하는 듯"이 보였다고 술회한다. 그리고 다음과 같이 새마을
지도자들에 대한 박정희 대통령의 공감과 동질감을 표출했던 모습
들을 증언한다.

"박정희 대통령은 개화기 사상가 심훈(沈熏) 선생이 쓴 상록수의 주
인공처럼 새마을지도자로 태어나신 것 같았다. 또 스스로 새마을지
도자들을 그렇게 좋아하셨다.

성공 사례를 발표하는 새마을지도자를 만나면 세상에서 그렇게 반
가운 사람이 또 있을까 싶을 만큼 만면에 웃음을 띠고 예전에 친히
알던 오랜 지기를 만난 것처럼 그렇게 반가워하고 그렇게 기뻐하셨
다. 예컨대 앞의 제II장에서 언급한 1969년도 농특사업 경진대회에서
성공 사례를 발표한 하사용(河四容) 씨의 경우가 한 예이다.

대통령께서는 당시 성공 사례 발표를 들으시고는 손수건으로 눈물
을 닦으시며 연단에 올라오자마자

'저렇게 가난한 사람도 열심히 하니까 성공하지 않습니까? 하면 됩
니다.' 하고 치사를 하셔서 소위 '하면 된다'고 하는 슬로건이 나오는
배경이 되기도 했다.[37]

한편 1972년 새마을운동을 막 시작할 때 새마을을 성공시키려면
마을지도자가 유능해야 하는데 지도자를 찾기는 어렵고 전국의 자
연부락 수는 3만 4,000여개나 되니 내무부에서 3만 5,000명의 새마
을지도자 양성 계획을 만들어서 박정희 대통령께 보고 드렸다.

'한 사람의 새마을지도자를 양성하는 것도 그리 쉬운 일이 아니다.

새마을지도자가 되려면 선(禪)을 하는 수도승처럼 며칠을 눈을 감고 깊이 생각하고 내가 이 마을을 온 정성을 다해 이러이러한 마을을 만들겠다고 결심을 하고 그런 각오 하에 열과 성을 다해야 하나의 새마을을 지도할 수 있다.

한꺼번에 3만 5,000명의 지도자를 양성한다는 것은 불가능한 일이다. '20명도 좋고 30명도 좋으니 열정 있는 지도자를 찾고 교육해서 그 마을의 발전을 위해 전력을 쏟을 수 있는 지도자를 발굴하라.'고 지시하신 일이 있다. 그래서 만든 것이 새마을지도자연수원이다.

박정희 대통령의 새마을운동은 어떤 의미에서는 새마을지도자 양성 운동이었다. 새마을지도자연수원에서도 가장 중요한 강사는 단연 새마을지도자였으며 이들의 성공 사례 발표를 가장 중시했다.

경제기획원에서 한 달에 한 번 당정 최고위급 인사들이 참석하는

월간 경제 동향 보고 시에 두 명씩의 새마을지도자를 선발해서 성공 사례를 발표시켰는데 이때 가장 즐겁게 들으시는 분이 바로 박정희 대통령 자신이었다.

사실 한 마을에서 훌륭한 새마을지도자를 얻게 되면 그 마을은 새마을로 성공할 것이 기약된 마을이나 다름없었다."[38]

3) 새마을정신교육의 필요성

1970년 10월에 새마을운동을 개시한 후 새마을정신 교육의 필요성을 느낀 박 대통령은 1972년 1월에 새마을지도자연수원의 전신인 독농가(篤農家)연수원(서울근교 고양의 농협대학에서 시작했고, 이때까지는 아직도 새마을운동이 독농가를 강조한 농특사업의 연장선상에 있었음을 의미함)을 개원하였으며, 1973년 봄에 새마을지도자연수원으로 개칭하고 수원의 농촌진흥청 내 농민회관으로 이관하여 본격적인 새마을지도자 교육을 실시하였다.

당시 새마을 교육 내용을 보면 추상적인 담론보다도 새마을정신 교육, 실제 농어민들의 소득증대사업 성공 사례와 새마을운동 성공 사례 중심으로 실제 운동의 목적인 잘 살기 운동에 대한 이해와 그 목표 실현에 도움이 되도록 구성하고, 성공 사례 주인공들을 주요 강사로 참여시켰다.

그리고 교육생 구성을 보면 새마을 남·여 지도자, 읍면의 말단 공무원, 고위 지방 공무원, 중앙 부처 공무원 그리고 장차관, 대학교수, 정치인, 도시 사회 지도층, 경제단체 임원과 대기업체 회장을 포함하는 기업체 간부 등 전 사회의 지도자들이 망라되었다.

이를 통해 말단 새마을 담당 공무원들이 농어촌이 실제 필요로 하는 사항을 이해하고 공감하게 됨으로써 맞춤형으로 지원할 수 있게 되었으며, 나아가 중앙 부처 공무원들도 새마을 현장에 대한 이해를 통해 새마을지원에 적극적으로 나서게 되었고, 도시의 사회 지도자와 대기업체 간부들을 참여시킴으로써 도시와 공장으로까지 새마을운동이 확산되는 계기가 되었다.

이로써 국가 사회 전체가 농어촌에서 일어나고 있는 새마을운동을 이해하고 공감할 수 있게 됨으로써 전 국민이 새마을운동에 직간접적으로 동참할 수 있는 사회적 분위기가 조성되었다.[39]

결과적으로 하늘은 스스로 돕는 자를 돕듯이, 대통령은 성과 있는 주민과 마을을 먼저 지원할 것임을 천명하였고, 한편 이런 정책을 따른 주민들과 새마을도 또한 자조정신을 가지고 열심히 노력하면 반드시 그 만큼 더 혜택을 받고 잘살 수 있음을 몸소 체험하고 확신을 가지게 되었으며, 이 결과 주민, 마을 및 전 사회가 모두 혼연일체로 소위 '하면 된다'는 자조정신과 행동을 체화하게 된 것이다.

그러나 여기서 주의할 점은 '하면 된다'는 자조정신은 사실은 경제적 차별화 정책의 인센티브 구조 속에서 실제 체험을 통해 오랜 시간에 걸쳐 성품으로 체화되는 내생 변수, 즉 결과물이지 그냥 사전 교육만으로 쉽게 형성되는 것이 아니라는 점이다.

물론 일단 자조정신이 성품으로 체화되면 자주적으로 의사결정에 영향을 미치는 독립 변수로서 양의 되먹임효과[positive feedback effect;

자조(정신 체화) → 소득(증대) → 자조(동기 향상) → 소득(증대) → 자조] 를 통해 사회 변화의 속도를 증폭시킬 수 있다. 어쨌든 여기서 중요한 것은 자조정신의 중요성을 강조하는 정신 교육이 자조정신의 체화 과정을 촉진하는 데 도움이 될 수는 있지만 그것만으로는 충분하지 않다는 점이다. 왜냐하면 자조의 결과가 소득의 증가와 같이 긍정적인 결과로 실현되지 않고 그 정신이 체화된다는 것은 불가능하기 때문이다.

예컨대 자조하는 사람에게 불이익이 가는 공산주의나 사회주의와 같은 반 차별화 혹은 평등주의적 사회 제도 속에선 하늘이 두 쪽이 나도 자조하는 사람은 생길 수 없을 것이기 때문이다. 이하 다음 절에선 바로 한국의 반 차별화·평등주의 정책 체제가 어떻게 한국인들로부터 자조정신을 앗아갔는지 보게 될 것이다.

새마을운동의 정치적 오염과
자조 · 자립정신의 소멸

박정희 대통령은 새마을운동의 시작에서부터 새마을운동을 순수 주민자치에 기초한 "잘 살아보자"는 자발적 자조·자립운동이어야 한다고 강조하고 이 운동을 정치적으로 이용하려는 어떤 움직임도 철저히 차단하였다.

당시 야당이 이 운동을 정치운동이라 폄하하였으나 이미 언급한 제2차년도 이후의 차별적 지원 방식을 선택하는 과정이나 새마을 공장에 대한 차별적 지원 방식의 채택 등은 오히려 박정희 대통령이 새마을운동의 정치적 오염을 얼마나 경계하였었는지를 생생하게 반증하고 있다고 할 수 있다. 더구나 새마을운동의 셋째 해인 1972년 10월 유신체제가 출범하였기 때문에 대통령 간선제 하에서는 선거를 위해 정치적으로 이용할 필요 또한 없었다.

역사에 가정은 없다고 하지만, 만일 대통령 직선제가 계속되었다면 공화당이 적극 반대했던 성과에 따른 경제적 차별화 정책을 밀어붙인 대통령이 선거에서 살아남을 수 있었을까, 그리고 새마을운동은 지속될 수 있었을까를 생각해보면, 혹시 보릿고개 탈출을 위한 잘 살기 새마을운동을 적극 추진, 성공시키고자 하는 야심도 유신체제 탄생의 배경 중의 하나는 아니었을까 하는 생각도 해 볼 수 있을 것이다.

그러나 박정희 대통령 사후 5공화국 들어 새마을운동은 본래의 순수 목적을 벗어나 점차 정치화되기 시작하였다.

그 동안 대통령이 직접 관리해온 운동을 이제 소위 민간 자율로 한다는 명분하에 1980년 12월 1일에 새마을운동중앙본부라는 조직을 만들고 같은 달 13일에 새마을운동조직육성법을 만들어 전국 조직화 하였으며, 심지어 정치 권력자가 회장을 맡으면서 본래의 새마을운동은 점점 정치운동화 되어갔다.[40]

법을 만들어 법정 단체가 되면 정치의 통제를 받게 됨은 불문가지이다. 전국 조직이 되면 조직의 장에서부터 각 지역 조직의 장 등 온갖 감투가 만들어지고 그에 따른 기득권이 생기고 자리다툼이 생기며 여기에 정치적 입김이 들어오면 운동은 더 이상 순수성을 유지하기 어렵게 된다.

새마을운동 조직의 간부가 되는 것이 이제 정치권에 진출하는 소위 출셋길이 되는 시대가 되었다. 명분은 민간 주도였으나 실상은 정부나 정치권의 영향력을 더 크게 받는 관변 조직으로 변모된 것이다.

운동의 목표가 의식개혁과 경제 환경 개선 등의 순수 사회 경제적 목적에서 다목적 사회 운동으로 바뀌고, 법상 국고 및 지방비의 출연을 받고, 개인과 법인단체로부터 새마을 성금을 모금할 수 있게 하면서 자조·자립보다는 정부의 예산 확보와 민간 성금 모금 등 외부 도움에 의존하고, 관변 조직화되어 중앙조직의 지휘 하에 획일적 사업 집행으로 자발적 공동체 중심의 운동 정신은 오히려 사라져 갔다.

관변 조직이 되어 정부로부터 예산 지원을 받아 운영되면서 정경 유착과 비리의 온상이 되기도 하고, 조직의 정치적 영향력이 커지면서 민간 성금이 준조세화 되고, 조직이 점차 비대화되면서 운동은 점차 과시적 행사 위주가 되고 정치도구화 되었다는 평을 면치 못하게 되었다.

그러나 여기에서 무엇보다도 중요한 변화는 "좋은 성과를 지원한다"는 차별적 지원 전략은 사라지고 "성과에 관계없이 꼭 같이, 혹은 낮은 성과를 지원한다"는 평등주의적 지원정책이 일반화되게 된 것이다.

새마을운동 조직의 성격이 바뀐 이유도 있겠으나 정부 예산이나 성금으로 사업을 하면서부터 구성원들에게 동등하게 혜택이 가야 한다는 소위 사회 정의나 공정한 배분 원리가 강조되었으리라 생각한다.

이제 5공화국 이후 농어촌 지원에 있어 성과에 따른 차별적 지원 정책은 정부정책 논의 어디에서도 찾아보기 어렵게 되었다. 그리고 새마을운동의 성공원리인 경제적 차별화 원리도 점차 역사 속에서 잊혀지게 되었다.[41]

6공화국을 거치고 정치 민주화가 급속히 진전되었다. 그리고 1995년 WTO 가입 등 농업 시장 개방이 가시화되면서 농업 구조조정 문제가 국가적 과제가 되고 커다란 정치 이슈가 되었다.

김영삼 정부는 WTO 가입에 대비한 농업 구조조정 지원 대책으로 1992-98년간(원래 42조원을 계획했으나) 57조원 이상을 지원하였고,

김대중 정부는 농어촌 부채에 대한 이자를 획일적으로 탕감하는 등 1999-2004년간 45조원에 달하는 농업 구조조정 자금을 지원했으며,

노무현 정부는 한미FTA에 대비한다고 2004-2013년간 119조원에 이르는 구조조정 자금 지원 계획을 추진하였다.

이명박 정부도 10년간 매년 1조원 이상씩 지원하는 한미FTA 대책을 추진하였다.[42]

그런데 이러한 자금 지원의 배경에는 농업 개방에 따른 농어민의 피해를 구제해야 한다는 정치적 목적도 없지 않았지만 그럼에도 불구하고 궁극적으로 구조조정만이 농어민을 포함 국민경제의 살길이라면 이를 촉진하기 위해 구조조정 목표 달성을 위한 노력이나 성과를 유도할 수 있는 성과에 따른 차별적 지원정책을 채택하는 것이 바람직함에도 이런 논의나 정책은 찾아볼 수 없었다.

결국 농어업 생산성 향상을 위한다는 궁극적 목적은 사라지고 단지 사회적 약자를 지원한다는 정치적, 사회정책적 측면이 강조되면서, 자금 지원이 구조조정 노력이나 성과에 관계없이 무차별적으로 배분, 지원되었다.

결과적으로 이렇게 천문학적 수준의 농어촌 구조조정 자금이 지원되었으나 그 효과는 크게 기대에 미흡하여, 2000년대 이후 들어 농촌은 1990년대에 비해 가구당 소득과 빈곤율에 있어 지속적으로 도시에 비해 악화되어 왔으며, 농가교역조건(농산물 값/농가구입품 값)도 계속 악화되고 있고, 농가의 농외소득은 증가했으나 실질 농업소득은 오히려 감소하고 있다.[43]

그동안 떠들어온 구조조정은 탁상공론에 그친 것이 아닌가? 이런 역설적 결과를 어떻게 이해해야 할 것인가? 이를 한두 가지 요인만으로 설명하기는 어렵겠지만, WTO 가입으로부터 시작하여 지난 30년 가까이 진행된 농업 구조조정 정책의 집행 과정과 성공한 박정희 대통령의 새마을운동을 비교해 보면 어느 정도 그 원인을 찾을 수 있다.

박정희 대통령의 새마을운동은 변화를 이끌어 내는 차별화 전략을 쓴 반면 그동안의 구조조정 정책은 바로 위에서 언급한 대로 변화의 동기를 차단하는 반 차별화, 평등주의 지원정책을 썼기 때문인 것이다.

성과를 무시하는 획일적, 무차별적 지원이나 금리 탕감 정책은 오히려 나쁜 성과를 내거나 빚이 많은 농민들을 더 우대하고, 좋은 성과를 내거나 빚이 없거나 적은 농민들을 역차별하는 정책임을 명심해야 한다.

지난 30년 가까이 농업 구조조정 정책은 구조조정에 적극적이고 변화를 만들어내는 농민을 우대하기보다 역으로 구조조정을 하지 않는 농민들을 더 우대함으로써 농민들의 성장과 발전의 동기와 인센티브를 죽이는, 구조조정에 역행하는 방식으로 진행된 것이다. 흥미롭게도 새마을운동 이후 한국의 농업정책에 대한 다수의 뜻 있는 농업 경제학자들의 평가 또한 이와 크게 다르지 않다.

"1977년 쌀 자급 이후 약 30년간 농업정책에 실질적인 변화는 미미했다. 쌀에 과도하게 편중된 생산구조, 보조금 위주의 재정투자에 따른 농민의 자생력 약화와 정부 의존적 성향, 농민 달래기에 급급한 정치권, 보호 논리만 양산하는 농업 전문가 등이 맞물려 농업 발전의 발목을 잡고 있다."[44]

결론적으로 지난 30년 가까이 구조조정 성과가 미흡했던 것은 바로 박정희 대통령의 성공원리인 "경제적 차별화 정책"을 포기했기 때문인 것이다.

물론 여기에는 민주화 이후 표를 의식한 정치권이 정치적 고려 때문에 경제정책을 정치적으로 오염시킨 데 큰 원인이 있는데 결국 모든 것은 인기영합적인 정치 리더십의 책임이라 해야 할 것이다.

VI. 경제발전 정책으로서의 새마을운동의 의의

이 장에서는 이상 논의한 새마을운동 성공 경제학의 경제발전 정책에 대한 시사점을 도출하고자 한다. 본서는 새마을운동의 성공원리는 단순히 농촌 지역사회 개발 정책원리를 넘어 보편적 경제발전 원리를 담고 있다고 주장한다.

이런 관점에서 경제발전 문제를 고민하고 있는 선·후진국 국가들이 배울 수 있는 경제발전 정책에 대한 중요 시사점들을 정리해 보고자 한다.

1
지속가능한 정부 공공정책원리

　오늘날 세계 많은 국가들은 정부의 대국민 지원정책의 지속가능성 결여로 어려움을 겪고 있다. 복지정책이나 사회정책이 방만해져 정부의 재정에 심각한 압박이 되고 있어 이들 정책의 지속가능성이 위협받고 있다.

　그런데 한국의 새마을운동은 사회(개혁)정책으로 시작했으나 결과적으로 농촌의 발전을 유도하고 경제발전에 기여함으로써 사회정책이 경제발전 정책 기능까지 수행하여 의식개혁과 동시에 소득 증대를 이루어 궁극적으로 정부의 재정 부담까지 완화시킴으로써 사회정책의 지속가능성을 높인 획기적인 사례라 할 수 있다. 다시 말해 새마을운동은 사회 개혁과 경제발전이라는 일석이조의 결과를 달성한 것이다.

　일반적으로 경제학에서는 경제정

새마을 운동은 **일석이조** 결과 **달성**

사회 개혁

경제발전

차별화 실전

자조마을 지원

잘은 마을을 준순

좋은 기초마을 자조마을 자립마을

성과 좋은 마을에만 **지원**

책과 사회정책을 서로 다른 각도에서 접근한다. 경제정책은 지원에 대한 성과를 중시해야 하지만 사회정책은 성과보다 지원을 필요로 하는 사람들에게 소득을 보전한다는 목적이 더 중요하다고 본다. 이런 관점에서 접근하면 사실상 사회정책은 그 자체로서는 지속 가능하기가 어렵게 된다. 사회정책 자체만으로는 필요 재원을 충당할 방법이 없기 때문이다.

이것이 오늘날 세계 거의 모든 국가들의 사회정책이 안고 있는 문제점이다. 그러나 새마을운동은 의식개혁은 물론 소득 증대를 통해 자립을 도모함으로써 궁극적으로 사회정책적 지원의 필요성을 반감시킨 것이다.

어떻게 이게 가능했을까? 답은 사회정책마저도 경제발전 정책원리인 "좋은 성과는 지원하고 나쁜 성과는 지원하지 않는다."는, 즉 "자조하는 마을은 지원하고 자조하지 않는 마을은 지원하지 않는다."는 차별화 발전 원리를 엄격히 실천함으로써 사회정책이 경제발전 정책으로 전환될 수 있었기 때문이다.

특히 박정희 대통령이 전국의 약 3만 4,000여 마을들을 그 성과에 따라 기초마을, 자조마을, 자립마을로 나누고 기초마을이 아니라 성과가 좋은 자조·자립마을에만 지원하겠다는 선언과 실천이야말로 바로 사회정책을 경제발전 정책으로 바꾸고 나아가 다른 모든 경제정책마저도 발전 친화적으로 바꾼 힘이라 할 수 있다.

이 사례에서 알 수 있듯이 새마을운동은 사회정책에도 차별화 발전 원리와 전략을 적용한다면 경제발전 정책으로 전환될 수 있다는 교훈을 주고 있다.

이 점은 향후 세계 많은 국가들의 실패하는 사회, 복지정책 개혁에 좋은 참고가 될 수 있을 것이다. 사회정책이나 복지정책의 궁극적 목표가 그늘진 곳의 취약계층을 양지로 이끄는 데 있음에 동의한다면 새마을운동의 차별화 원리가 바로 최적의 사회발전정책원리가 될 수 있다.

"자조하는 자가 더 대접 받는다."는 정책원리가 오늘날 실패하는 세계 복지정책을 구할 수 있으리라 생각한다.

더구나 오늘날 포퓰리즘 민주주의가 극성을 부리면서 한국은 물론 전 세계적으로 "좋은 성과를 우대해야 할" 경제발전 정책마저도 "성과를 무시하는" 평등주의 정책으로 전락하고 있는데, 이렇게 실패하는 경제정책을 회생시키는 방법 중 새마을운동 성공원리인 차별화 원리가 큰 도움이 되리라 생각한다. 그 구체적 실천 방식은 다음의 산업정책의 집행 방식을 원용할 수 있을 것이다.

2
정부 산업정책의 성공원리

　경제발전을 위한 정부의 지원정책 중 소위 산업정책은 아직도 찬반이 대립되는 난제 중의 난제이다. 산업정책과 관련된 논쟁의 핵심은 정부가 어떻게 미리 누가 성공할 줄 알고 지원할 수 있느냐이다.

　시장중심주의자들은 정부가 사전에 승자를 잘 알 수 없으니 정부가 특정 산업이나 기업을 지원하는 것이 공정하지 않을 뿐만 아니라 이것이 자칫 정경유착, 부정부패, 지원받는 기업이나 산업의 지대추구 행위 등을 초래할 수 있기 때문에, 매사를 시장에 맡기고 정부는 개입을 해서는 안 된다고 본다.

　그래서 시장중심의 주류경제학은 산업정책과 같은 정부의 시장개입을 권장하지 않는다. 그러나 정부의 역할을 중시하는 학파는 그래도 정부가 여러 방법을 통해 잘 선택을 하면 된다는 반론을 펴지만 별로 성

공하지는 못하고 있다.

그런데 더 놀라운 것은 세계 모든 나라들이 예외 없이, 정책의 이름이나 정도의 차이는 있지만, 여러 형태의 산업정책을 펴고 있다는 사실이며, 더 놀라운 것은 그런데도 그다지 성공하는 나라가 많지 않다는 점이다. 그리고 찬반 논쟁은 결론 없이 아직도 계속되고 있다.

그러나 한국은 지난 세기, 몇 안 되는 산업정책 성공 사례이다. 새마을운동도 산업정책과 유사한 정부의 농촌육성정책인데 성공한 경우라 할 수 있다. 여기로부터 정부 산업정책의 어떤 일반론적 성공 요인을 추출할 수 있을까? 새마을운동의 성공이 바로 이 어려운 논쟁에 정답을 제시하고 있다고 생각한다. 새마을운동으로부터 얻을 수 있는 산업정책에 대한 성공의 교훈은 다음과 같다.

첫째, 자본주의 경제발전의 열쇠는 기업의 성장에 있다는 일반이론의 관점에서, 산업정책은 그 이름에도 불구하고 기업을 지원하는 "기업 정책"으로 운영되어야 한다. 정부정책은 원칙적으로 정책 대상 주체의 경제 행동에 영향을 미쳐 경제성과를 향상시키고자 하는 데 그 목적이 있다. 그런데 기업은 바로 정부의 정책인센티브에 직접 반응할 수 있지만 산업은 이와 달리 단지 기업들의 가상적인 집합에 불과하다. 따라서 정책 효과 측면에서도 기업을 대상으로 정책을 집행하는 것이 옳다.

둘째, 기업지원방식과 관련해서는, 성과에 따른 차등지원 방식, 즉 경제적 차별화 원리를 매 시장기(市場期)마다 지속적 주기적으로 되풀이 적용하여야 한다. 한번 선택되었다고 계속 지원받아서는 안 된다. 항상 새롭게 적절한 기간(일 년이나 반년 등)마다 성과를 재평가해서 지원 대상을 새로 선정해야 한다. 이렇게 해야 지대추구(rent-seeking) 행위를 차단하고 모든 대상자를 경쟁에 몰입시켜 성장의 동기와 유인을 이끌어 낼 수 있다.

　바로 새마을운동이나 새마을공장 육성정책이 지속적, 주기적으로 성과를 평가하여 지원 대상자를 재선정함으로써 모든 마을들을 시장경쟁의 장에 이끌어 내어 모두 자조 경쟁에 나서게 할 수 있었음을 상기할 필요가 있다. 박정희 대통령 시절의 수출육성 정책이나 중화학공업화 정책은 바로 이런 원리를 적용하여 성공한 사례이지만, 그 반대로 김대중 정부 시절 '한번 벤처가 영원한 벤처'가 되는 재평가 없는 벤처 육성정책이 실패한 사례를 상기하면 이러한 재평가 선택 과정의 중요성을 이해할 수 있을 것이다.

　셋째, 선택을 위한 평가 기준은 '미래 성장 가능성'이라는 애매한 기준이 아니라 항상 누구나 승복할 수 있도록 실제 달성한 성과이어야 한다. 미래 성장 가능성은 중요하지만 그 누구도 확실히 알지 못한다. 사실 미래 성장 가능성마저도 '현재' 성과를 통해 예견할 수 있을 뿐임을 잊지 말아야 한다. 기업의 경우 실제 매출 혹은 수익 등이 적절한 지표가 될 수 있다.

　이런 투명한 실적을 평가 기준으로 삼아야 정치적 고려가 끼어들 가능성을 최소화할 수 있다. 그래서 논쟁의 핵심인 '미래 승자 선택'의 문제는 '현재 시장성과에 따른 승자 선택'으로 전환됨으로써 더 이상 논쟁의 여지가 없게 된다.

　넷째, 이런 정책의 절차와 내용을 투명한 제도로 법제화해서 예외 없이 엄정하게 집행해야 한다. 또한 지원정책을 운영함에 있어 성과평가를 공명정대하게 해야 한다는 원칙은 아무리 강조해도 지나치지 않다. 이것이 바로 모두를 선택된 결과에 승복시킬 수 있는 첩경이다.[45]

3
문화, 이념, 전통을 발전 친화적으로 바꾸는 원리

경제발전은 발전 친화적 이념인 "자조정신"에서 시작된다. 새마을운동은 희망이 없다던 한국의 농촌을 단기간에 천지개벽하듯 자조정신으로 가득 찬 사회로 바꾸어 놓았다. 어떻게 이게 가능했는가? 바로 "스스로 돕는 자조하는 마을과 공장만 지원한다."는 차별화 전략이 이를 가능케 했던 것이다.

그럼 새마을운동에서 배울 수 있는 일반적 교훈은 무엇인가? 우선 자조하는 사람을 우대하는 제도와 정책, 즉 경기규칙을 만들고 이를 엄정히 집행해야 한다. 경기규칙은 그 사회의 인센티브 구조로 작용한다. 따라서 자조하는 사람에게 유리한 인센티브 정책을 엄정히 그리고 꾸준히 집행하여 사람들이 자조정신과 그에 따른 행동에 익숙해져야 자연스런 변화를 이룰 수 있게 된다. 캠페인이나 교육만으로 되는 것이 아니다. 강제로 한다고 되는 것은 더욱 아니다. 강제는 형식은 바꾸지만 내용을 바꾸는 데는 한계가 있다. 과거 중국의 대약진운동과 북한의 천리마운동의 실패원인이 바로 인센티브를 무시한 강제동원에 있었음을 명심할 필요가 있다.

결론은 자조하는 사람에 유리한 내용을 담은 법제도와 정책을 만들어내고 이를 상당한 기간 엄격히 지키게 하여 사람들이 이에 익숙해져 자연스럽게 따르게 되도록 해야 자조가 문화, 이념, 전통, 가치관으로 자리잡게되는 것이다.

그런데 오늘날 한국 사회를 자조하는 사회라 할 수 있는가? 오히려 이 사회는 정부 탓, 사회 탓, 남 탓만 하는 반자조사회(反自助社會)로 변질되어가고 있다고 생각한다. 왜 이렇게 되었을까? 바로 이 사회의 법제도와 정책, 즉 경기규칙과 그에 따른 인센티브 구조가 그 동안 반자조적인 사람과 행동을 용인, 우대하는 사회로 바뀌었기 때문이다.

정치 민주화 이후 새마을운동이나 농업지원정책이 차별화 전략을 버리고 "나쁜 성과를 용인, 우대하는" 전략을 선택했다는 사실을 상기한다면 변화의 원인을 쉽게 이해할 수 있을 것이다. 자조하는 사회를 원한다면 자조하는 사람을 우대하는 제도를 만들고 지속해서 집행해야만 성공할 수 있다. 이것이 바로 새마을운동의 교훈이다.

4

새마을운동은 '자본주의 시장화(市場化)운동'

시장 중심적 경제학은 자본주의 경제의 제도적 받침틀인 사유 재산권 제도의 정비와 경제적 자유의 신장을 경제발전을 위한 필수 과제라 하고 있으나 오늘날 북한을 제외하고, 그 제도적 완벽성의 차이는 있겠지만, 이런 제도적 장치를 갖추지 않은 나라가 없다고 해도 과언이 아니다.

그러나 2차 세계대전 이후 성공적 산업화 사례가 많지 않고, 체제 전환국들 중에도 중국 정도를 제외하고 역동적 발전 사례는 그리 많지 않다. 제도란 하나의 경기규칙으로서 인센티브 장치에 해당된다. 개인의 사유 재산권과 경제적 자유의 보장은 바로 열심히 노력하여 재물을 얻으면 자신이 소유하고 상속할 수 있는 권리가 보장된다는 경기규칙을 의미한다.

그런데 시장화에 필요한 제도, 즉 경기규칙이 들어와도 왜 열심히 움직여 부자 경쟁에 나서지 않는 것인가? 답은 과거의 규칙에 안주해온 사람들은 경로 의존성의 덫에 갇혀 새로운 규칙이 들어와도 별로 움직이려 하지 않기 때문이다. 과거의 타성과 관성에 젖어 새로운 규칙에 따라 바뀌려 하는 인센티브가 그리 강하지 않다는 것이다.

그래서 한국의 농촌도 시장화에 필요한 모든 장치가 건국과 더불어 갖추어졌지만 20여년에 걸쳐 꼼짝도 하지 않고 하늘만 쳐다보고 있었던 것이다. 그래서 체제 전환국 사람들도 자본주의에 편입된 지 20여년이 지나고 있으나 모두 아직도 사회주의 이념에서 벗어나지 못하고 있다. 이미 지적한 바와 같이 역사적으로 보면 시장이 경제발전에 필수적 장치이기는 하지만 충분조건은 아니었다. 소위 장마당과 같은 교환시장이 발전한다고 해서 농경사회가 자생적으로 산업화를 가져왔다고 주장할 수 있는 사례는 흔치 않아 보인다.

이런 시각에서 보면, 잠자는 농경사회를 깨워 자본주의 시장으로 편입시키는, 소위 경쟁시장화의 길은 산업화를 지향하는 후진국들이나 사회주의 체제에서 자본주의 체제로 전환한 체제 전환국이나 모두 거쳐야 할 필수과정이다. 그러나 주류경제학은 아직도 시장화의 성공전략을 체계화하지 못하고 있다.

그럼 과거로부터의 경로 의존성에서 벗어나 새로운 시장에 적극 참여하게 하는 길, 즉 시장화를 촉진하는 길은 무엇인가?

바로 새마을운동의 성공원리에 그 답이 있다. 우선 시장은 무엇이라 했는가? 바로 경제적 차별화를 통해 불평등의 압력을 높임으로써 동기를 부여하여 너도 나도 경쟁적으로 성장의 길, 성공의 길로 나서게 만드는 유인 장치(incentive mechanism)라고 했다.

시장의 본질은 바로 차별을 통한 동기 부여와 이를 통한 성공 경쟁의 촉진에 있다. 사유 재산권이나 경제적 자유가 자본주의 경제의 발전에 도움이 되는 이유가 바로 그 경제적 차등과 불평등을 만들어내는 인센티브 차별화 기능 때문인 것이다.

그러나 이 제도들이 수십 년이나 혹은 그 이상의 장기간 동안에 걸쳐서도 경제적 도약을 이끌어 내는 데 실패하는 까닭은 바로 소위 시장의 불완전성과 그로인한 시장 실패 때문에 이 제도들의 인센티브 차별화 기능이 미약하기 때문인 것이다. 바로 여기에 정부가 인센티브의 차별화를 강화한 경쟁의 게임규칙, 즉 경제적차별화정책을 작동시킨 것이 바로 새마을운동인 것이다.

시장경쟁에 무관심하던 농촌을 시장의 차별화 기능에 따라 새마을운동경기규칙을 만들고 집행함으로써 의식하지 못하는 사이에 너도 나도 시장경쟁에 나서도록 유도하여 전국을 성공을 향한 경쟁의 소용돌이 속에 몰입하도록 이끌어 낸 것이 바로 새마을운동의 진면목이라 할 수 있을 것이다. 새마을운동으로 경쟁이 촉진되고 성과가 향상되고 시장의 차별화 기능은 저절로 우리 모두의 의식 속에 각인되면서 경제의 시장화가 급속도로 진전되어 한국경제의 전대미문의 경제적 도약의 배경으로 작용하였던 것이다. 그래서 새마을운동은 주류경제학적 사고로는 실제적인 구현 방법을 찾기 어려운 "시장화"라는 과제를 안고 있는 후진국들, 체제 전환국들, 더 나아가 북한-물론 북한이 원한다면-의 시장화를 위해 꼭 필요한 "자본주의 시장화 운동"의 전형이라고 할 수 있다.

또한 오늘날, 2차 세계대전 이후 오랜 세월을 수정자본주의, 복지국가, 사회민주주의 이념 하에 '나쁜 성과를 더 우대하는 경제 평등주의 정책 체제' 속에서 국민의 일할 동기를 차단함으로써, '역시장화(逆市場化)'의 길을 걸어온 결과 장기 성장정체와 양극화 속에 빠진 선진국들의 재도약을 위해서도 새마을운동의 경제적 차별화 원리에 따른 시장화 운동이 필요하다 할 것이다.

물론 여기에는 한국도 예외가 아니다. 5공화국에서부터 시작된 반 차별화 평등주의 정책 패러다임 속에서 자조, 자립, 자기책임의식이 약화되기 시작한 이후 정치 민주화가 급속도로 진전되면서 이제 한국 사회는 자기 실패를 남 탓, 사회 탓하는 반자조적 의식이 팽배한 사회로 변질되었다.

이 과정에서 평등주의적 정책이 보편화되면서 빠르게 역시장화의 길을 걸어왔으며 이것이 오늘날 저성장과 분배 악화의 원인이 되고 있다. 더구나 지금의 정부는 지금까지의 정도를 훨씬 넘는 사회주의적 반 차별화 평등주의 정책을 추진하고 있어 과도하게 국민의 반자조적 의식을 조장하고 있다.

필자의 눈에는 아이러니하게도 새마을운동의 시원이었던 한국이 이제 어느 나라보다도 새마을운동 정신인 자조, 자립, 자기책임의식이 더 필요한 상황에 처해 있는 것으로 보인다. 새마을운동의 해외 전수가 아니라 오히려 국내 재 점화가 필요한 상황임을 안타깝게 생각한다.

새마을운동은 노벨상 감이다

2019년 노벨경제학상은 서로 다른 인센티브 구조 하에서 인간이 어떻게 서로 다른 행동을 하는지 관찰하는 '무작위통제실험(RCT, Randomized Controlled Trial)'으로 조그만 인센티브가 큰 변화를 초래할 수 있음을 보인 실험경제 학자들에게 돌아갔다. 이 실험이 빈곤 퇴치에 기여할 것이라는 이유에서다. 그런데 이 실험은 이미 50년 전에, 빈곤 퇴치를 넘어 한강의 기적을 일으키는 데 큰 기여를 한 '새마을운동의 축소판'에 불과하며, 창의성이나 스케일, 이미 이룬 성과에 있어 새마을운동과는 비교할 수도 없는 미미한 수준이다.

이 장에서는 새마을운동이 채택한 '경제적 차별화 정책'은 경제발전 정책의 보편적 성공원리로서 세계 후진국의 빈곤 문제 해결은 물론이고 경제 침체와 양극화에 빠진 선진국들의 동반성장 회복에 결정적인 기여를 할 수 있다고 주장한다.[46]

필자는 그동안 새마을운동을 포함하여 우리의 "한강의 기적"의 경험과 이론이 세계 후진국의 빈곤 문제 해결은 물론이고 경제 침체에 빠진 선진국들의 성장 회복에 결정적인 기여를 할 수 있다는 주장을 해왔다.

우리의 "새마을운동 성공 이론"을 공유할 수 있다면 전 세계가 향후 빈곤 문제 해결 노력에 있어 시행착오를 최소화할 수 있으리라 생각한다. 또한 새마을운동의 핵심 원리를 중심으로 새마을운동과 세계적으로 인기 있는 유사(類似) 지역사회 개발 모형들을 상호 비교함으로써 새마을운동만이 갖는 장점들을 재점검, 확인할 필요도 있다고 생각한다.

1
새마을운동에 무지한 세계 경제학계

2019년 노벨경제학상은 정확하게 우리나라 새마을운동의 '축소판 실험'을 한 실험 경제학자들에게 '세계 빈곤 퇴치에 기여할 것'이라는 이유로 수여되었다. 사실은 그동안 너무나 많은 경제학자들이 빈곤 퇴치를 위한 연구를 해 왔지만 많은 시행착오를 되풀이하고 있을 뿐 아직 '보편적인 해결책'을 찾지 못하고 있다.

2차 세계대전 이후 한국은 1960~70년대 빈곤 퇴치에 성공하고, 이를 바탕으로 선진국 대열에 올라선 거의 유일한 나라이다. 그러나 그동안 수없이 많은 새마을운동의 국제화를 위한 연구와 노력에도 불구하고 국내외 경제학계는 아직도 "새마을운동 성공의 본질"을 충분히 이해하기 못히고 있다.

본서는 앞에서 한국의 "새마을운동의 성공 요인"은 높은 성과를 보상하고, 나쁜 성과를 벌하는 "경제적 차별화 인센티브 구조"에 있었다고 주장했다. 그리고 이런 경제적 차별화가 바로 '시장의 동기 부여를 통한 경제발전 기능'이고, 나아가 정보의 불완전성에 따른 시장의 실패를 보완하려 등장한 '기업이라는 조직의 본질적 기능'이며, 더 나아가 시장과 기업이 이끄는 민간 경제의 경제발전 실패를 보정해야 하는 '정부의 경제발전 기능'이라고 주장했다.

그래서 현실의 불완전한 시장경제 하에서 경제발전은 '시장과 기업과 정부' 모두가 경제적 차별화가 원활히 작동하도록 인센티브 구조를 구축하고 엄격하게 실행할 때만 가능할 수 있다고 주장했다.

필자는 이를 "경제발전의 일반이론"이라 칭하였다. 그리고 우리의 한강의 기적은 바로 이 원리를 새마을운동, 수출육성 정책, 나아가 중화학공업화 정책, 기업 육성정책 등에 적극 응용·실천함으로써 가능했다고 논증하였다.

이러한 관점에서 보면 새마을운동은 앞의 제IV장(2절)에서 설명한 대로 "경제발전의 일반이론"의 완벽한 실천 사례이다.

즉, 새마을운동은 시장 주체로서의 개별 주민들이 기업처럼 경쟁 단위로 조직화된 마을 조직의 구성원으로 한 팀이 되어 정부가 공급한 경제적 차별화 인센티브 구조 하에서 치열한 성과경쟁을 벌인 가히 전국적 규모의 "경제발전 게임"(economic development game)이었다. 탈락하지 않고 살아남고 성공해야 하는 이 게임이 계속되면서 모두가 '자조하는 국민'으로 탈바꿈했고, 마차를 굴리던 농촌 사회는 트랙터, 자동차를 굴리는 '근대화된' 농촌으로 탈바꿈했다. 50여 년 전 10년도 넘게 홀로 새마을운동을 관리한 박정희 대통령은 바로 오늘날의 '행동경제학'(behavioral economics)과 이를 성공적으로 실천한 실험경제학의 효시이다.

그런데 흥미롭게도 최근 들어 경제적 차별화 원리와 다름없는 '손실 프레이밍'(loss framing)과 '획득 프레이밍'(gain framing)을 중시하는 행동경제학 분야가 연이어 노벨경제학상을 받았다. 앞의 제III장(5절)에서 논의한 바와 같이 여기서 '손실 프레이밍'은 무엇을 잘못하면 준다고 약속했던 것을 빼앗는 것을, 그리고 '획득 프레이밍'은 잘하면 상을 준다는 것을 의미한다. 행동경제학 분야를 개척한 대니얼 카너먼(Daniel Kahneman) 교수가 2002년에 노벨경제학상을 받고, 2017년 같은 분야를 30여 년 간 연구해 온 시카고경영대학의 리처드 세일러(Richard Thaler) 교수가 또다시 노벨경제학상을 받았다.

그런데 2019년 10월 노벨상위원회는 또다시 새마을운동의 축소판이나 다름없는 몇 개의 서로 다른 마을 군(群)을 실험 대상으로 하여 차별화된 인센티브를 제공하는 것이 어떻게 서로 다른 행동 변화 효과를 가져 오는지를 실험해 온 미국 MIT대학의 아브히지트 바네르지((Abhijit Banerjee) 교수와 에스테르 뒤플로(Esther Duflo) 교수 부부, 미국 하버드대학의 마이클 크레머(Michael Kremer) 교수 등 3인의 실험경제학자들에게 새로운 빈곤 퇴치 정책 개발에 기여했다 하여 노벨상을 수여하였다.

이들의 수상 업적으로 알려진 몇 가지 실험 사례로서는,

(1) 아프리카 케냐 등 후진국에서 학생들의 성적 향상 정책으로서 학생들에게 교과서-급식 등을 무상 제공하는 것은 성적 향상에 별로 도움이 되지 않는 반면, 학생 성적이 올라가면 교사에게 인센티브를 주는 정책이 더 효과적이라는 것을 밝혀내거나,

(2) 인도에서 예방접종률이 5%대로 매우 낮은 빈곤 지역 120곳을 선정한 뒤 30개 지역엔 달마다 방문하여 예방접종 서비스를 실시했고, 30

개 지역엔 이와 함께 렌틸콩 1㎏도 함께 지급했으며, 나머지 60개 지역 엔 아무런 조치도 취하지 않은 상태에서, 몇 달 뒤 결과를 확인해보니 아무 조치도 취하지 않은 지역 접종률은 여전히 5%대였지만 방문 서비 스를 실시한 곳은 12%, 렌틸콩까지 지급한 지역은 37%까지 올라간 걸 확인함으로써 작은 인센티브를 주는 것만으로도 큰 변화를 만들어낼 수 있다는 것을 밝혔다는 것이다.

이런 실험은 의학에서 임상실험을 하듯 실험집단을 다수로 나눠 서로 다른 조건 아래서 나타나는 서로 다른 결과를 비교·관찰함으 로써 정책 효과를 검증한 것인데, 이를 일컬어 '무작위통제실험'(RCT, Randomized Controlled Trial)이라 부르고 있다.[47]

그러나 이는 '한강의 기적'을 이끈 한 축인 새마을운동에 비해 그 독 창성이나 스케일, 이룬 성과 등의 측면에서 비교 대상이 안 될 뿐 만 아 니라 이론마저도 미비한, 때늦은 개척 연구에 불과하다.

결국 이들의 발견은 지원 자체가 문제가 아니라 어떻게 지원하느냐 하는 지원 방식, 즉 인센티브의 차별화가 중요하다는 점을 시사하고 있 는데, 결론은 박정희 식 경제적 차별화 원칙이 중요하다는 것을 재확인 한 셈이다.

이렇게 보면 사실은 이미 50여 년 전에 경제적 차별화 원리로 새마을 운동의 성공과 한강의 기적을 이룬 박정희의 새마을운동에 이미 노벨 상이 주어졌어야 했다는 주장을 할만도 하다고 생각한다.

물론 노벨상은 생존하고 있는 탁월한 학문적 성과를 낸 학자에게 수 여되기 때문에 이는 단지 비유적으로 하는 얘기에 불과하다. 그렇지만 넓게는 신제도경제학, 좁게는 분파인 행동경제학 혹은 실험경제학 분야에서는 아직도 이론과 실제 응용 측면에서 실험경제학의 효시가 된 새마을운동을 제대로 인지하지 못하고 있다.

그럼에도 실험경제학 분야가 세 번에 걸쳐 노벨상을 수상함으로써 본의 아니지만 늦게나마 새마을운동의 성공원리인 "경제적 차별화 원리"가 경제발전 원리로서 그 유용성이 공인된 것이나 다름없다고 할 수 있을 것이다.

나아가 이제 그동안 이단적으로 보던 새마을운동을 포함한 한국의 경제발전 경험은 사실상 전혀 이단적이지도 않을 뿐만 아니라 오히려 오늘날 저성장과 양극화의 함정에 빠진 인류에 동반성장을 가져다 줄 수 있는 "살아있는 한국적 경제학"이라고 충분히 주장할 만하다고 생각한다.

단지 놀랍고 안타까운 점은 아직도 세계 경제학계는 물론이고 국내 학계마저도 새마을운동은 물론 한강의 기적의 본질에 대해 충분히 이해하지 못하고 있다는 사실이다. 본서가 미력하나마 이러한 현실을 타파하는 데 도움이 되길 기원한다.

새마을운동, 박정희의 통제된 소득 증대 실험

여기서 무작위통제실험(RCT)이 등장한 배경을 이해하는 것이 새마을운동의 실험경제학적 의의를 되새기는 데 도움이 될 것이다. 경제학은 사회과학으로서 자연과학과는 달리 통제된 실험을 할 수가 없다.

이론의 가설을 검증하거나 정책 효과를 검증하기 위해서는 특정 외생적 요인, 예컨대, 정책적 개입 요인을 제외한 다른 요소의 영향을 통제해야 거기서 나온 결과를 정책결과로 신뢰할 수 있다. 그런데 경제 사회 현상은 다양한 요인들의 복합적 작용 결과이기 때문에 여기에 어떤 외생적 정책개입을 했을 때 그 효과만을 따로 분리해 내기가 어렵다는 문제가 있다. 그래서 여러 가지 통계적 분석 기법을 활용한 계량경제학이 도입되었지만 완벽할 수가 없기 마련이다. 그래서 경제학이 과학이냐 아니냐의 논쟁이 여전한 것이다.

그런데 근래 빈곤 퇴치 사업이라 해서 국제기구나 선진부국에서 후진국에 개발 원조를 하는 것이 일상화되었는데도 후진국들의 상황이 개선되기는 고사하고 더 악화되는 일까지 벌어지고 있다.

이에 따라 원조를 함으로써 빈곤 퇴치 혹은 경제개발 효과가 얼마나 있는지 혹은 실제 있기나 한 건지 따져봐야 한다는 주장이 제기되고 그 효과를 보고 지원해야 한다는 주장이 나오게 되었다. 동시에 경제학이 다양한 이론들로 경제개발 정책을 제안하고 세계은행 등, 국제개발 기구에서도 각종 자문을 해보지만, 앞에서 지적한 대로 그동안 별로 성과를 내지 못하였다.

그러면 차제에 이론보다도 실제 경제발전의 여러 현상들, 예컨대 건강증진, 교육성과 향상, 물론 나아가서 소득증대와 같은 결과들을 가져오는 요인들을 직접 현장 실험을 통해 찾아볼 수 있지 않을까 하는 아이디어들이 행동경제학이나 실험경제학의 등장과 맞물려 나오게 된 것이다. 이런 배경에서 의학에서 쓰는 통제된 임상실험 방법을 원용하되 통계학적으로 실험의 객관성을 높여야 한다는 취지하에 무작위로 실험 표본 대상을 선정하는 무작위통제실험이 등장하게 된 것이다.

물론 이런 방식은 당연한 얘기가 되겠지만 이론을 무시하게 된다거나 여전히 사회마다 그 제도적 역사가 다른데 한 사회에서 얻은 실험 결과를 다른 사회에 그대로 적용할 수 있겠는가 하는 비판이 제기될 수밖에 없다.

새마을운동에 대한 지금까지의 설명을 따라온 독자라면 박정희 새마을운동은 바로 박정희 주도하에 실행된 '통제된 소득 증대 실험'이었음을 금방 이해할 수 있을 것이다. 그런데 왜 학계에서는 지금까지 이 점을 인지하지 못하고 있었는가?

이에 대한 몇 가지 이유를 생각해 볼 수 있을 것이다.

우선은 새마을운동이 행동 혹은 실험경제학적 사고가 등장하기 훨씬 이전에 일어난 일이어서 정통 경제학적 사고로는 이해하기 어려웠을 것이다. 경제학계에서도 이를 무슨 경제개발이나 지역개발 정책의 이단아쯤으로 평가하였다.

다음으로 여기에다 이 운동이 박정희 시대의 유신체제하에서 시행되면서 정치계나 정치학계에서는 아예 이 운동이 정치운동이었고 정부의 강압에 의해 추진되었다고 평가 절하하였다.

이런 상황에서 일부 새마을운동에 관심을 가진 지역개발학계나 사회학계 등에서도 이 운동에서 "독재자" 박정희의 역할을 왜소화하려는 경향이 없지 않았다. 또한 그 동안 전 세계적인 민주주의의 보편화 추세도 이런 경향을 강화했으리라 생각한다. 이렇게 해서 점차 박정희 없는 새마을운동이 만들어지게 된 것이 아닌가 싶다. 이것이 새마을운동을 소위 "공동체 주도 개발 운동(community-driven development movement)"이라고 부르게 된 배경이 아닌가 싶다. 국제기구나 국제학계는 물론 국내의 새마을운동 해외전수 분야에서도 새마을운동은 이제 박정희 없는 공동체 주도 운동으로 변질되었다. 물론 박정희 사후 국내 정치계의 박정희 지우기도 이를 부추기는 데 기여했으리라 생각한다.

바라건대 본서가 미력하나마 새마을운동이 "박정희의 통제된 소득 증대 실험"으로 제 이름을 찾고 나아가 신제도경제학 분야의 행동경제학이나 실험경제학의 태두임을 확인하고 자리매김하는 데 기여할 수 있기를 바란다.

3

경제발전의 동인으로서
경제적 차별화 원리, 재론

경제학은 시장을 추상화하여 '주어진 자원의 효율적 배분 장치'라고 가르친다. 그러나 시장이 이런 결과를 실제로 어떻게 만들어 내는지에 대해서는 별로 깊은 논의가 없다.

애덤 스미스의 '보이지 않는 손'(invisible hand)이나 하이에크의 '발견 과정'(discovery procedure)이나 '자생적 질서'(spontaneous order)와 같은 시장의 본질에 대한 해석 또한 시장 기능의 추상화에 불과하다.

그러나 실제 시장에 참여하는 경제 주체들의 시각으로 시장을 보면 각자는 항상 자신에게 최상의 효용이나 만족을 제공하는 거래 대상자를 선택하여 상응하는 보상을 하며, 결과적으로 이들 대상자를 차별적으로 대우함으로써 이들 상대가 더 많은 경제적 자원을 향유할 수 있도록 도와주는 일을 한다. 경제 주체들은 집합적으로 거래 상대를 경제적 성과에 따라 차별적으로 선택하고 보상함으로써 스스로 도와 경제적으로 성공하는 주체들에게 더 많은 자원과 기회를 제공하는 역할을 하고 있다. 선택을 받는 주체는 성공하고, 그렇지 못하면 실패하게 되는 것이다.

이 차별적 선택과 보상 과정이 바로 효율적인 자원 배분은 물론 이를 넘어 새로운 자원을 창출하고 경제발전을 일으키는 힘의 원천인 것이다. 이를 한마디로 표현한 것이 "시장의 경제적 차별화 기능"이다. 그동안 경제학이 추상적으로 가정해 온 '보이지 않는 손'의 자원 배분 기능이나 가격의 발견 기능이나 자생적 질서의 창출 기능이나 정보의 처리 기능 등 경제학사를 풍미해 온 시장 개념들 중 어느 것도 경제적 차별화 기능이 없이는 작동할 수 없다는 것이 진화론이나 복잡성 과학의 시사점이다. 선택과 차별 기능이 없이 시장은 어떠한 경우도 작동할 수 없다.

시장은 집합적으로 스스로 돕는 적자(適者)만을 선택하는 하느님이다. 시장은 이미 수 만년에 걸쳐 이런 이치를 체화(體化)하였으며 이 기능을 원활히 수행하는 시장은 번영하고 살아남지만, 그렇지 못한 시장은 사라지게 된다는 진화의 원리를 매일 매일 실천하고 재확인하고 있는 중이다. 또한 이 이치는 앞에서 언급한 대로 서양에서는 '하늘은 스스로 돕는 자를 돕는다'는 잠언으로, 또한 동양에서도 '신상필벌'(信賞必罰)이라는 국가 운영 철학으로 인간의 삶 속에 깊숙이 들어와 있다.

그러나 완전 경쟁시장 모형에 뿌리를 둔 전통적인 시장 중심의 경제학은 주어진 모든 경제 주체가 다 행복하게 살아남는 평등한 니르바나(열반, 涅槃) 균형을 기본으로 한다. 따라서 이런 니르바나 시장균형은 경제적 차별화를 수용하지 못하며 놀랍게도 사회주의와 경제 평등주의에 친화적이다. 니르바나 시장균형을 바탕으로 하는 신고전파 주류경제학이나 신자유주의경제학은 시장 균형을 신격화(神格化)할 뿐만 아니라 경제적 차별화를 실천하는 정부의 산업정책을 자원배분의 왜곡을 초래하는 정책이라고 백안시 한다.

이런 전통적인 시장중심의 경제학은 박정희 시대의 소위 '정부 주도 경제정책 체제'는 정부의 시장개입이 과도하였기 때문에 자원 배분의 왜곡이 심했다고 단정한다. 정부가 시장의 자원배분 기능을 무시하는 바람에 자원이용의 비효율이 초래됐다는 의미이다. 그런데 늘 남는 의문은 '그러면 자원 배분의 비효율 속에서 '한강의 기적'이라는 놀라운 성장과 발전은 어떻게 가능했던 것인가?' 하는 것이다. 이는 아직도 시원한 답을 못 찾고 있는 경제학계의 난제 중의 하나이다.[48]

그러나 이제 시장기능의 본질이 "성과에 따른 차별적 선택"에 있다는 사실을 인지함과 동시에 박정희 시대의 정책패러다임 또한 동일하게 "성과에 따른 경제적 차별화 정책"이었음을 발견함으로써 오래된 난제의 답을 찾는 실마리를 찾게 되었다.

박정희 시대의 경제적 차별화 정책은 바로 당시 취약했던 시장의 차별화 기능을 강화했던 것으로 오히려 자원배분의 왜곡이 아니라 효율을 더 증진했다는 해석이 가능하기 때문이다. 그 동안 백안시 되었던 박정희 정부의 '보이는 손'이 시장의 '보이지 않는 손'과 전혀 다르지 않은 기능과 역할을 한 셈인 것이다. 여기에 경제적 차별화를 본래의 기능으로 하는 (주식회사)기업 조직이 시장실패의 제1차적인 보완 장치로서 자본주의 경제발전의 열쇠라는 새로 확인된 역사적 사실을 유기적으로 통합하면 제III장에서 제시한 '시장, 기업, 정부'의 경제적 차별화 기능을 전제로 하는 "삼위 일체 자본주의 경제발전의 일반이론"이 완성된다. 박정희 시대의 세계 최고의 "포용적 동반성장 경험"은 바로 이 이론의 실천 결과였다.

이런 새로운 해석에 따르면 박정희 시대 정책 패러다임은 시장 원리에 반한 것이 아니라 '그 원리를 충실히 따르고 오히려 미진했던 시장 기능을 더 강화하였으며', 그로 인해 "한강의 기적"도 가능했던 것이다.

그 동안의 문제는 주류경제학이, (1) 시장의 자원배분 기능의 구체적인 작동원리에 대한 이해가 부족했거나, (2) 아니면 이를 어느 정도 인지했다고 하더라도 박정희 시대 새마을운동은 물론 당시 다른 모든 경제정책을 관통하는 기본 원리가 "성과에 따른 경제적 차별화"에 있었음을 인지하지 못했거나 둘 중 하나에 있었던 것이다.

어쨌든 이제 그 동안 국내외적으로 그 성과는 높이 평가받으면서도 경제학 주류에서 벗어난 이단적 정책이었다는 평을 받아온 박정희 시대의 정책 패러다임이 경제학적으로 전혀 이단도 아니며, 또한 산업화를 추구하는 후진국은 물론 경제발전의 역동성을 회복하고자 하는 성장정체에 빠진 선진국들이 유용하게 벤치마킹할 수 있는 모델로서 인정받을 수 있는 계기가 마련된 셈이다.

나아가 "성과에 따른 차별적 지원정책"을 썼던 새마을운동도 정부의 경제 성장·발전 정책의 새로운 모델로 활용될 수 있는 논리적 바탕이 마련된 셈이다. 연이은 행동경제학 분야의 노벨경제학상 수상은 이 점을 공인하는 것이나 다름없다고 할 것이다. 다만 학계가 이 사실을 제대로 인지하지 못하고 있음이 유감일 뿐이다.

본서는 "경제발전의 일반이론"에 기초하여 앞의 제IV장(2절)에서 "새마을운동의 성공 경험"을 지역사회 개발의 '보편적인 모형'으로 일반화한 모형(《그림 4》)을 제시했는데, 이 모형이 오늘날 전 세계적으로 큰 관심을 끌고 있으나 별로 큰 성과를 내지 못하고 있는 빈곤 퇴치 운동의 실천가들이나 이론가들의 시행착오를 줄이는 데 기여할 수 있을 것으로 기대한다.

새마을운동과 유사(類似) 공동체 개발 운동과의 국제 비교

 국제사회는 그 동안 빈곤 퇴치 운동을 포함한 저개발국의 농촌개발 문제에 접근함에 있어 시장중심의 주류경제학적 사고를 바탕으로 농가 등 개별경제 주체들의 공동체 시장에 비해 정부나 마을 조직의 역할을 상대적으로 경시하는 경향이 없지 않았다. 그러나 새마을운동의 경험과 성공모델은 역으로 정부나 마을 조직의 역할이 대단히 중요함을 시사하고 있다.

 성공적인 빈곤 퇴치 운동으로서 새마을운동에서 배울 수 있는 교훈을 -앞의 논의와의 중복의 위험을 무릅쓰고- 집약해서 요약하면 다음과 같다.

 첫째, 후발 국가들의 농촌 근대화 사업이나 혹은 일반적인 지역사회 개발 사업 등을 추진할 때 앞의 〈그림 4〉로 요약되는 '주민, 마을 조직(지역사회), 정부'가 3위 일체가 되어 적극적으로 '경제적 차별화 인센티브 구조'를 제도 및 정책적으로 구현해야 사업의 성공 가능성을 높일 수 있을 것이라는 점이다.

 둘째는, 한국의 '새마을지도자 교육'과 같이 '근면, 자조, 협동' 정신 및 습관과 행동의 변화를 유도하는 데 도움이 되는 '의식개혁 운동'이 같이 진행되면 보다 신속하게 가시적인 결과를 얻을 수 있을 것이라는 점이다.

이제 여기서 새마을운동과 그 동안 국제적으로 인기 있는 유사(類似) 빈곤 퇴치 및 지역사회 개발 모형들을 비교해 보는 것이 새마을운동의 장점을 바로 이해하는 데 도움이 될 수 있을 것이다. 〈표 3〉은 이러한 모형들의 주요 특징을 요약한 것이다.

그 동안의 유사(類似) 모형들은 일반적으로 농촌 지역의 개별 가구 혹은 소수의 모델 마을들을 사업 추진 대상 혹은 사업 주체로 하는 프로그램들로서 거의가 인센티브의 차별화 없는 평등주의적 지원 시스템을 택하고 있다. 이는 개별 가구는 물론 마을 조직이 같이 사업 시행 주체가 되고 정부는 우수마을을 우선 지원하는 성과에 따른 차별적 지원 정책을 택하여 전국적 규모로 추진했던 새마을운동과 크게 대비된다. 개별 가구를 대상으로 하는 접근 방식은 특정 프로젝트를 정부나 기부자와 같은 외부 지원자와 공동으로 투자할 수 있는 경우 개별 가구가 소유권을 가짐으로써 발생하는 동기 유발 효과를 활용할 수 있다는 장점이 있지만, 시장실패로 인해 지역사회 인프라나 공공재의 공급이 어려워 프로그램의 지속가능성을 보장하기 어렵다.

평등주의적 지원정책 하에서 성과를 발휘할 인센티브가 부족한데다 인프라 공급까지 불충분한 상황에서는 개별 가구가 각종 어려움을 뚫고 사업을 지속할 수 있는 가능성은 낮기 때문이다. 많은 경우에 전기, 수도, 관계수로, 교통, 통신 등과 같은 물적 인프라의 부족과 농업 시장

[표 3] 새마을운동과 유사(類似) 지역 개발 프로그램의 비교

	새마을운동*	일반 지역사회 개발**	UN 밀레니엄 빌리지 프로젝트***	무작위통제실험 (2019년 노벨상 수상) ****
정책대상 혹은 사업 주체	- 마을 조직 (사업 주체) - 개인 가구	- 단일 마을 (place-target) - 개인 가구 (people-target)	- 농촌 마을 (village community) - 개인 가구	- 마을 - 개인 가구
운동의 규모	- 국가 규모, 모든 마을 포함	- 목표 장소 및 마을 (target-place)	- 소수마을에서 시작하여 단계별로 대상 마을 추가 확대	- 복수의 마을
운동의 규칙	- 경제적 차별화(ED) : 성과에 따른 인센티브 차별화로 마을 간의 치열한 경쟁 촉진 - 정부의 주도 하에 마을 조직이 적극 참여	- 필요에 따른 대민 지원 방식(need-based approach) : 평등주의적 지원 - 보유자원에 따른 지역 개발 방식(asset-based approach) : 경제적 차별화에 무관심	- 성과에 따른 경제적 차별화 없음 : 경쟁에 대한 인센티브 제도 없음 - 커뮤니티 기반 (community-based)	- 인센티브의 차별화 - 실험 대상자 간의 경쟁 메커니즘 부재
교육	- 자조적 의식개혁을 위한 정부의 동기 유발 교육과 프로젝트 수행에 대한 교육	- 프로젝트 수행에 대한 교육 - 동기유발적 의식개혁 교육 부재	- 프로젝트 수행에 대한 교육 - 동기유발적 의식개혁 교육 부재	- 해당사항 없음
운동 관리자	- 정부 : 경제적 차별화(ED) 규칙 설정, 시행 모니터링 및 인프라(공공재) 제공 - 마을 조직(지도자) : 개별 가구 모니터링을 통한 무임승차 방지와 프로젝트 이득의 외부효과를 내부화	- 정부 : · 필요에 따른 대민 지원(need-based people-target) : 평등주의적으로 지원 · 보유자원에 따른 지역 개발(asset-based place-target) : 평등주의적 방관자	- 국제기구(donors) : 자금 지원과 소극적 모니터링 - 정부 : 평등주의적 방관자 - 커뮤니티 기반이지만 커뮤니티의 소유권 의식이 약함	- 해당사항 없음

	새마을운동*	일반 지역사회 개발**	UN 밀레니엄 빌리지 프로젝트***	무작위통제실험 (2019년 노벨상 수상) ****
이념적 기반	- '하늘은 스스로 돕는 자를 돕는다(자조정신)' - 인센티브 경제학 - 조직(정부와 마을) 중심의 사상	- 시장 중심 경제 사상 · 대민 중심(people-target) : 평등주의 · 장소 중심(place-target) : 시장 원리에 따른 지역 개발	- 시장 중심 경제 사상과 평등주의 - 원조 중심 개발	- 실험경제학
결과	- 포용적인 동반성장(정부와 지역사회의 공동주도) *****	- 성과가 혼재	- 성과가 혼재하거나 지속 불가능******	- 경제적 차별화(ED) 효과 확인

주 : * Park(1979), Park(2005), and Jwa(2018);
   ** Kretzmann and McKnight(1993), UN HABITAT(2008), and Stoltenberg Bruursema(2015);
   *** The Earth Institute(home page);
   **** Banerje, Duflo and Kremer(2016) and The Committee for the Prize in Economic Sciences in Memory of Alfred Nobel(2019);
   ***** World Bank(1993) and Jwa(2018);
   ******Mitchell et al.(2018), Sachs(2018), and Sachs and Mitchell(2018)

및 생산 관련 정보의 부족은 저개발 농촌 지역의 보편적인 현상이기 때문에, 여기에 동기유발적인 성과에 따른 차별적 지원정책마저 부재하면 프로그램 실패의 위험은 높아지기 마련이다.

이 경우 앞의 〈그림 4〉에서 제시한 지속 가능한 농촌개발의 삼위일체 모델은 정부가 경제적 차별화 규칙에 따라 전국 규모의 '성과 경쟁 게임'을 조성하여 모든 마을 구성원들을 포함하는 마을 조직들을 공식적인 대표선수로 정하여 게임을 시행하는 것이 사업의 지속가능성을 높일 수 있을 것이라는 점을 시사하고 있다. 이 경우 정부는 물론 마을 단위 조직이 공동으로 물적 인프라 공급 등 공공재 공급을 담당함으로써 시장 실패의 위험을 줄일 수 있다.

그리고 특히 개별 가구를 사업 주체나 대상으로 하는 가구 중심 모형에서 모든 가구가 참여하는 마을 단위를 사업 주체로 하는 게임으로 전환해야 마을 조직이 개별 가구의 무임승차와 도덕적 해이를 막기 위한 감시 기능을 수행함으로써 근면·자조·협동정신이 구현되고 포용적 동반 성장의 가능성을 높일 수 있다.

이는 전 주민을 마을 조직의 구성원으로 운동에 참여하게 한 새마을 운동이 시장실패 문제를 해결하고 농촌경제의 모든 마을과 모든 주민들의 동반성장을 달성할 수 있었던 경험으로부터 얻을 수 있는 값진 교훈이다.

그러나 국제적으로 인기 있는 공동체 개발 프로그램 모형들에서는 동기 유발적인 경제적 차별화 정책 체제와 같은 게임 규칙과 시장실패 문제를 해결할 수 있는 제도적 장치가 부재하기 때문에 그 실제 성과가 투입된 자원이나 노력에 비해 그리 성공적이지 못한 것이 아닌가 싶다. 이런 관점에서 보면 2019년 노벨상을 수상한 RCT 실험이 여러 가지 면에서 새마을운동과 비교 대상이 안 되지만 이 연구가 얻은 "작은 인센티브의 차이가 큰 결과의 차이를 가져올 수 있다."는 실험 결과는 새마을운동의 차별적 지원정책의 중요성을 재발견한 것으로, 그 동안 인센티브의 차별화가 부재했던 유사 공동체 개발 프로그램에 적절히 도입

될 필요가 있다고 생각된다.

최근에, 공동체 개발 프로그램의 일환으로 시행되는 지역사회 역량 강화 프로그램들도 주변의 마을들이 모방할 수 있도록 소수의 모델 마을이나 또는 개별 프로젝트를 건설하는 데 초점을 맞추고 있는데, 이는 다른 마을들이 현대적으로 재건된 모델 마을이나 프로젝트를 보고 자발적으로 따라 배워 자기 혁신을 통해 새로운 마을로 변신할 것을 기대하고 있는 셈이다.

백문불여일견(百聞不如一見)이라고 실제 성공 모델을 보면 따라 배울 것이라는 철학이 담겨 있다 할 수 있다. 2005년부터 시작해서 2015년에 끝난 아프리카 빈곤 퇴치 운동인 '유엔 밀레니엄 빌리지 프로젝트(UN Millenium Villages Project)'도 그 한 예이다. 그러나 마을 단위를 대상으로 한 이 예에서도 다른 주변 마을들이 차별적 인센티브의 규칙에 따라 대규모 새마을 건설 경쟁 게임에 적극적으로 참여할 동기가 없다면 프로그램이 성공할 가능성은 낮다. 실제로, 성과에 따른 차별적 인센티브 정책은 과거의 게으른 타성에 젖어 오랫동안 휴면상태에 빠졌던 자조정신을 깨우기 위한 모닝콜 역할을 하는 것인데, 이런 동기유발적 정책 혁신이 없으면 성공하는 이웃 마을이 있다 해서 열심히 배워 따르리라고 가정하기는 어렵다. 많은 행동경제학 연구들이 밝히고 있는 바와 같이 인간은 과거로부터의 경로 의존에서 쉽게 벗어나기가 어렵기 때문이다.

최근 들어 이런 지역사회 역량 강화 프로그램들이 "물고기를 잡아다 주는 것보다 물고기를 잡는 방법을 가르치는 것이 중요하다."는 점을 강조하고 있는데, 이는 과거 무상 원조 등으로 인해 의타적인 인간을 양산했던 실패에서 벗어나기 위한 다행스러운 변화이긴 하지만, 여기서 문제는 "물고기 잡는 방법을 아는 것이 반드시 생산적인 어부가 된다는 것을 의미하지 않는다."는 점이다. 보다 중요한 것은 "어떻게 해야 어부가 낚싯대를 들고 산이나 들로 피크닉을 가지 않고, 바다나 호수에서 낚시를 열심히 하도록 동기를 유발할 수 있는지에 대한 답을 찾는 것이 고기 잡는 방법을 가르치는 것 못지않게 중요할 수 있다."는 점이다. 새마을운동 경험에 기초한 본서의 지역사회 개발 모형은 "고기잡이 경쟁을 일으킬 수 있는 어획량에 따른 차별적 인센티브 정책"이 이러한 동기 유발 문제를 해결하는 데 도움이 될 수 있음을 시사하고 있다(졸고, Jwa; 2018, p. 231).

〈표 3〉에서 요약한 바와 같이 저개발국가에서 관찰되는 농촌 개발 정책들은 거의가 개별 가구나 소수의 모델 마을들을 기반으로 한 자유

시장 중심적 사상에 경도된 자유방임적 접근 방식을 채택하고 있는데, 이는 농촌 경제의 시장실패 가능성을 무시하고 개별 농민 또는 마을이 새로운 변화를 쉽게 보고 배우고 자발적으로 따를 의지가 있고 또한 그럴 능력이 있을 것이라고 가정하는 것이나 다름없다. 시장의 기본 제도인 법의 지배와 사유 재산권 및 경

제적 자유가 제공되면 모두 열심히 잘 살기 운동에 나설 것이라고 기대하는 셈이다. 그러나 한국의 새마을운동 성공 경험과 그 이전의 의식개혁 운동의 실패 경험, 그리고 그 동안 후진국들의 빈곤 퇴치 운동의 빈약한 성과 등이 시사하는 바는, 경제적 인센티브 차별화 정책이 없이 시장의 힘만으로 짧은 기간에 전통적인 농촌의 빈곤 경제가 가난의 경로의존성에서 헤쳐 나와 눈에 띄는 변화를 만들어내기가 어렵다는 점이다.

결국 이러한 동기유발 문제와 관련해서는, 마을 수준의 조직이 운동의 정책 대상 및 주체로 공식적으로 지정되어 이에 상응하는 책임과 권한이 부여되고 적극적으로 운동에 참여하도록 정부가 인센티브를 제공하는 차별화 정책을 씀으로써 마을 조직이 적극적으로 시장실패를 내부화하고 마을 주민들의 도덕적 해이를 관리하고 주민들의 동기를 유발하기 위해 노력하도록 해야 농촌 개발 운동의 성공 기회를 높일 수 있다는 것이 본서가 제시하는 지역사회 개발 모형의 시사점이다.

물론 정부가 운동에 필요한 최소한의 필요한 자원을 제공하고, 농촌의 주민들에게 잘 살기 운동의 동기를 유발하기 위한 의식교육을 통해 적극적으로 운동을 독려해야 하는 것은 재론할 필요도 없는 일이다. 그런데 대부분의 해외 프로그램들은 새마을운동과는 달리 일반적인 프로그램이나 프로젝트 관련 지식 공유 교육을 제공하는 것을 제외하고는 자조적 의식개혁을 통한 동기 부여 교육 프로그램에는 많은 관심을 기울이지 않는 것으로 보인다.

요약하면, 〈그림 4〉와 〈표 3〉에 따르면, 해외의 지역사회나 농촌 개발 모델들은 개별 가구 대상, 시장 중심 모델로 특징지을 수 있는데, 정부가 동기 부여 교육 프로그램은 물론 인센티브 차별화 정책 규칙을 적극적으로 시행하지도 않고, 단순한 방관자 혹은 평등주의적 지원자로서 오히려 동기를 차단하는 역할을 하고, 마을 조직에도 적극적인 역할을 수행하도록 하지 않았기 때문에 뚜렷한 성과를 내는 데 실패하고 있는 것으로 평가된다. 이 경우 마을 공동체만의 노력으로 운동의 성과를 기대하기는 어렵고, 따라서 일반적으로 공동체 주도 모형(community-driven model)은 실패할 가능성이 높다. 그러나 한국의 새마을운동은 정부의 경제적 차별화라는 인센티브 차별 규칙과 적극적인 동기 부여 교육 프로그램 하에서 마을 조직(새마을지도자)의 주도하에 마을 주민(가구)들을 적극적으로 참여시킨, 정부와 마을 조직이 운동의 중심이 된, 시장보다 조직이 더 강조된 모델이다. 이 모델의 성공은 공동체만의 주도(community-driven)도 아니고, 정부만의 주도(government-driven)도 아니며, 정부와 공동체가 같이 주도(government- and community-driven)한 운동이었으며, 그래서 포용적 동반성장이 가능했다고 할 수 있다.

5
경제적 차별화 정책 집행상의 유의사항

끝으로, 인센티브 차별화 정책 집행상의 유의사항을 염두에 둘 필요가 있다. 경제적 차별화 정책과 관련하여 강조할 점은 이 정책이 성공하려면 성과 평가가 공정·투명하고, 차별적인 지원이 공정하게 집행되어 예외가 없어야 평가 대상 주민이나 마을들이 모두 승복하게 되고 정책의 효과성이나 지속가능성이 높아진다는 점이다.

평가가 불공정·불투명하고 차별이 공정하지 못하면 도덕적 해이, 정치적 오염과 부패가 만연되어 실패하게 된다는 점을 명심해야 한다. 경제적 차별화를 '공정, 투명, 엄정하게 집행한다.'는 것은 바로 반부패(反腐敗)와 정책 효과 극대화의 전제 조건이다. 이는 그 동안 후진국에 대한 개발 원조가 수원국의 부정부패를 조장할 뿐만 아니라 그 효과도 변변치 못했다는 비판을 받아왔음에 비추어 후진국 원조기구나 정책을 집행하는 후진국 정부들에게 중요한 메시지를 담고 있다.

아무리 좋은 뜻의 지원이나 원조라 하더라도 성과를 무시하고 평등주의적으로 배분된다면 정책 집행자는 물론 수혜자들 모두가 도덕적 해이에 빠질 수밖에 없기 때문에, 정부의 자의적 정책 집행으로 부정부패가 만연될 수 있고 수혜자들에게는 동기 부여가 미흡하여 정책성과가 제대로 구현되기도 어렵게 된다. 이것이 그 동안 후진국개발을 위한 원조나 정책과 관련된 부작용의 주요 원인 중의 하나였다고 볼 수 있다.

결국 성과를 무시하는 평등주의적 배분 정책은 정부의 도덕적 해이를 초래하여 부정부패의 온상이 될 수 있고 자원의 낭비를 초래하지만 성과에 따른 차별적 지원정책은 오히려 자원 배분 집행자와 수혜자 모두의 도덕적 해이를 방지하고 정책의 효과를 극대화하는 길이 될 수 있다.

이런 관점에서 보면 후진국의 경제개발이나 빈곤 퇴치를 위한 원조 기구나 이를 활용하는 후진국 정부 모두 새마을운동의 차별화 정책을 적극 도입·활용할 필요가 있을 것이다.

VIII. 새마을운동의 성장 기여 효과

본서의 새마을운동의 거시경제적 효과 분석은 계량경제학적 분석 방법을 활용하였기 때문에 이 분야에 비전문적인 독자들의 경우는 난해하고 읽기에 지루한 부분이 없지 않다. 따라서 이러한 독자들의 편의를 위해 여기에는 분석의 최종 결과만 간략히 요약 보고한다.

그리고 전체 내용을 보고자 원하는 독자들을 위해서는 전체 분석 내용을 〈부록 5〉에 수록하였다. 여기서는 일단 간단한 요약을 먼저 소개하고, 이 결과의 배경과 의의에 대해 또한 간단히 부연 설명하고자 한다.

1

요약

새마을운동의 거시경제적 효과 분석 결과를 요약하면 다음과 같다.

첫째, 새마을운동은 8년간(1972~1979), 기간 전체로는 9.7~10.5% 포인트에 이르는 1인당 실질소득 증가에 기여한 것으로 추정되었고, 연평균으로는 1.16~1.26% 포인트의 1인당 실질소득 증가에 기여한 것으로 추정되었다. 이는 오늘날 한국경제의 연간 1인당 실질소득 증가율(2019년 1.8%)에 근접하는 수준이다.

둘째, 새마을운동의 열기가 약화되고 그 성격도 변질된 1980년대부터는 그 효과가 유실(流失)된 것으로 추정된다. 오늘날 새마을운동 정신은 더 이상 한국인의 문화 유전자(meme)라고 하기는 어렵다.

셋째, 유신체제하에서 진행된 새마을운동 효과가 유신체제의 효과는 아닌가 하는 의문이 있을 수 있는데, 이에 대해서는 완벽하게 그 효과를 분리하기는 기술적으로 어려웠지만 몇 가지 상황을 고려해 볼 때 위의 추정 효과를 새마을운동 효과라고 보는 것이 타당한 것으로 판단되었다.

2
1인당 소득 증가 효과

그 동안 새마을운동이 한국 경제발전에 기여했다는 데 대해서는 일부의 부정적인 시각에도 불구하고 국내외적으로 큰 이의가 없어 보인다. 그러나 안타깝게도 그동안 새마을운동의 거시적 경제성장기여효과에 대한 구체적인 연구는 없었다.

이는 필자의 판단으로는 분석을 위한 계량경제학적 기법이 부재했을 뿐만 아니라 분석에 사용할 데이터(data)가 불충분하다는 데 원인이 있었다고 생각된다. 물론 새마을운동이나 박정희 시대를 비하하는 사람들의 경우는 원천적으로 이런 연구의 필요성을 인정하지도 않았을 것이다.

본서는 계량경제학적 분석 모델의 한계와 자료의 미비를 가까스로 극복하여 새마을운동의 성장기여효과를 체계적으로 분석한 결과를 〈부록 5〉에 수록하였다. 필자가 과문한 탓일지 모르나 아마도 이 분야의 최초의 체계적 계량분석이 아닌가 생각된다.

그러나 분석 기법이나 자료에 대한 내용이 상당히 전문적이고 기술적(技術的)이기 때문에 이 분야에 익숙하지 않은 일반 독자의 편의를 위해, 여기서 일단 전체 내용을 간략히 요약·정리하였으며, 전체 분석 내용은 〈부록 5〉에 수록하였다. 기술적인 분석 방법에까지 관심이 있는 독자들은 〈부록 5〉를 참조하기 바란다.

우선 새마을운동의 성장기여효과 분석 결과는 다음과 같다. 새마을운동을 대표하는 변수로 새마을운동 기간(1972-79)만을 1로 하고 나머지 기간을 0으로 하는 소위 더미(Dummy, 假) 변수와, 같은 기간인 1972-79년 기간 중에는 전체 마을 중에서 자조·자립마을의 비중을 쓰고 그 이후 기간은 0으로 하는 새마을정신 대용 변수[49], 두 가지 변수를 사용하여 분석하였다.

또한 여기서 두 변수 모두 1980-2015년간을 0으로 가정하고 있어 이 변수들의 통계적 유의성 여부에 따라서 앞의 제V장(3절)에서 제시한 '새마을운동은 박정희 대통령 사후 1980년대 들어서면서 점차 정치화되어 자조자립정신이 훼손되고 그 효과가 소멸되었다'는 가설을 검증할 수 있다. 결과는 〈부록 5〉의 〈부록 표 4〉에 보고했는데, 변수에 따라 결과에 약간의 차이는 있지만 대체로 유사한 결과를 얻었다.

우선 전자의 더미 변수를 이용한 결과는 새마을운동이 1972-79년 8년간 총 9.7%포인트의 1인당 실질 GDP 성장기여효과가 있는 것으로 추정되었는데 이를 복리로 계산한 연간 1인당 실질 GDP 성장기여도는 1.16%포인트로 추정된다. 한편, 자조·자립마을 비중 자료를 새마을 변수로 사용한 경우는 같은 8년간 총 10.5%포인트, 연간으로는 복리로 계산하여 1.26%포인트 1인당 실질 GDP 성장에 기여한 것으로 추정되었다. 더구나 이들 추정치가 99% 유의수준에서 통계적으로 유의하기 때문에, "새마을운동이 1972-79년 중에는 유효하였으나 그 이후에는 그 효과가 점차 유실되었다."는 가설을 기각하기는 어렵다고 할 수 있다.

따라서 이 분석에 의하면 새마을운동은 그 운동이 활성화되었던 1972-79년간은 연평균 대체로 1.16~1.26%정도 한국의 1인당 실질 GDP 성장에 기여한 반면, 그 운동이 변질되기 시작한 그 이후에는 효과가 유실되었을 가능성이 높다고 할 수 있다. 이 결과는 흥미롭게도 박정희 대통령이 서거한 1979년 10월 26일 이후에 전개된 새마을운동 폄하 분위기와도 일치하는 것으로 보인다.

10·26 당시 박정희 대통령을 도와 새마을운동을 추진했던 고병우 전 청와대 경제비서관(추후 김영삼 정부 하에서 건설부 장관 역임)의 증언에 의하면, 1980년도 예산안이 거의 확정된 상태에서 10·26이 발생하였는데 당시에 이미 새마을운동 예산도 마찬가지로 확정된 상태였다고 한다. 그런데 대통령의 국장 직후 개원한 국회는 이미 합의한 새마을운동 예산을 상당 부분에 걸쳐 여야 합의로 삭감하기로 결정하였다고 한다.

당시 청와대와 정부의 노력으로 아주 기본적인 사업 예산을 재확보하는 데 성공하였지만 이미 새마을운동은 정치에 의해 왜곡되기 시작하였고 그 동력을 잃기 시작했다고 봐도 과언이 아니었다. 여기에다 제5공화국 들어 제V장(3절)에서 언급한 새마을운동의 소위 공식적 제도화를 통한 정치기구화가 진행되면서 그 원래의 정신과 효과는 점차 유실되었다고 볼 수 있다.

새마을운동의 창시자인 대통령의 갑작스런 서거로 그 정신도 점차 사라지기 시작했으며, 또한 오늘날 한국 사회를 풍미하는 국민의 반자조적 행태의 만연 현상이 바로 이결과를 반증하고 있는 것이 아닌가 싶다.

한편 이 결론에 신중을 기하기 위해 추가로 새마을운동이 최소한 제5공화국 중반(1984년)까지는 효과가 있었을 것이라는 가설과 더 나아가 최근(2015년)까지도 효과가 있었을 것이라는 가설을 검증해 보았다.

결과는 〈부록 5〉의 〈부록 표 5〉에 수록하였다. 그 결과는 사용한 변수에 관계없이 두 가설이 모두 기각되는 것으로 나타났다. 따라서 새마을운동 효과는 그 창시자인 박정희 대통령 사후 그 효과가 소실되기 시작하였으며, 오늘날에는 "근면, 자조, 협동"의 새마을정신과 그 긍정적 성장기여효과가 이제 더 이상 우리 한국 국민의 유전자라고 주장하기는 어렵게 되었다고 할 수밖에 없게 되었다.

3
새마을운동 효과냐 유신체제의 영향이냐?

그런데 이상의 새마을운동 효과 검증 결과는 또 다른 흥미로운 해석상의 문제를 제기하고 있다. 본서는 새마을운동이 그 앞의 농특사업 등 농공병진 정책을 위한 선행 사업들의 연장선상에 있었음을 강조하였다.

그리고 내무부가 주관한 새마을 사업은 1970년 후반 농한기에 처음 시작되었고, 정부도 1970년 4월 22일을 새마을의 날로 정하여 기념하고 있다. 그러나 2차년도부터 시작된 차별적 지원정책이 본격적으로 새마을사업 경쟁을 촉발하기 시작하였기 때문에 본서는 이를 감안하여 1972년부터 그 효과가 본격적으로 나타났을 것으로 가정하였다.

그리고 그때부터 정부도 기초, 자조, 자립마을 분류 통계 등 새마을운동 관련 자료들을 체계적으로 정리하기 시작한 것으로 보인다. 이런 측면을 고려하면 자료가 가능한 1972년부터 새마을운동 효과가 본격적으로 나타나기 시작했을 것으로 가정하는 것에 큰 문제는 없을 것으로 판단하였다.

그런데 공교롭게도 1972년 새마을운동이 본격적으로 불이 붙기 시작한 시기는 유신체제가 시작된 해이고, 그리고 1980년 새마을운동 효과가 사라지기 시작한 해는 유신체제가 소멸된 해로서 두 사건의 시작과 끝이 모두 일치하고 있는데 이는 새마을운동 효과의 검증 결과를 해석함에 있어 또 다른 과제를 제시하고 있다.

즉 1972~1979년간의 연평균 1% 포인트가 훨씬 넘는 추가적인 1인당 실질소득 성장이 새마을운동 때문인가 혹은 유신체제의 긍정적 영향 때문인가 하는 추가적인 판단을 필요로 하고 있는 셈이다. 흥미롭지만 통계적으로 쉽게 결론짓기 어려운 과제이다.

그러나 본서는 여기서 추정한 1970년대의 추가 성장기여효과는 유신체제의 영향이라기보다는 새마을운동의 효과로 해석하는 것이 더 합리적이라고 판단한다.

그 이유는 다음과 같다.

첫째로, 추정 모형인 '기업생산함수'는 모든 정치, 경제, 사회적 사건이 경제에 미치는 영향은 바로 '기업'의 생산 활동에 대한 영향을 통해 반영된다고 가정하고 있다. 따라서 유신체제하에서 본격 추진된 중화학공업화 정책이나 관련된 방위산업 육성과 이에 따른 수출 산업 구조의 고도화 등에 따른 경제적 효과는 자연스럽게 기업의 생산능력의 증대 여부를 나타내는 전체 기업 부분의 자산 규모의 변화를 통해 반영된다고 볼 수 있다.

이와 관련해서 〈부록 5〉의 〈부록 그림 2〉에 보고한 바와 같이 1970년대가 그 이후 어느 시대보다도 기업의 자산규모 증가율이 높았던 것으로 나타나는데 이것은 결국 유신체제의 경제적 기여효과가 반영된 결과라고 간주할 수 있다. 따라서 유신체제의 경제적 효과는 이와 같이 이미 기업자산 변수를 통해 반영되었다고 볼 수 있다.

둘째로 새마을운동이 전국적인 운동으로 진행되어 농촌에서 도시로, 공장으로 전파되었지만 실제 그 가시적 효과는 주로 농촌의 생산성 증대와 소득 증대를 통해 나타났기 때문에 새마을운동이 기업의 자산 증가와 직접적으로 연결되었다고 보기는 어렵고 따라서 제대로 새마을운동의 강도를 반영하는 변수가 가용한 경우 이 변수의 효과를 유신체제 효과로 간주하기는 어렵다. 본서의 분석은 새마을운동 변수로 실제 자조·자립마을 비중과 더미 변수를 선택적으로 사용하였는데 자조·자립마을 비중은 새마을운동하고만 관련된 변수이기 때문에 새마을운동 효과라고 해석하는 데 논란의 여지는 없을 것이다.

셋째로, 따라서 논란은 더미 변수의 효과와 관련해서 생길 수 있겠는데, 더미 변수의 경우는 이게 당시 70년대의 기업 활동이나 새마을운동과 직접적으로 관련이 없는 어떤 다른 사건의 효과를 반영하는 것일 수도 있다고 주장할 수 있다.

그러나 새마을운동과 유신체제라는 사건을 빼고는 70년대 중 10여 년에 걸쳐 진행된 사건으로 기업 부문의 활동과 직접 관련이 적으면서 경제에 지대한 영향을 미친 사건을 찾기가 어렵다는 점에서 그리고 이미 유신체제의 효과는 기업자산 변수를 통해 반영되었기 때문에, 더미 변수의 효과도 결국 새마을운동 효과를 반영한다고 주장할 수 있다고 생각한다.

더구나 흥미롭게도 두 변수의 경우 모두 그 효과의 크기가 비슷하게 추정되는데 이 결과도 이런 주장을 뒷받침하는 것으로 볼 수 있다.

그러나 혹자는 그럼에도 불구하고 유신이라는 국가 운영체제 변화의 경제적 효과가 기업 부문만의 성장을 통해 나타난다고 가정하는 것이 너무 그 영향을 왜소화하는 것이라고 주장할 수도 있을 것이다. 또한 새마을운동의 현장인 농촌도 당시 유신체제의 영향력 하에 있었고 새마을운동 또한 그 체제 속의 운동으로 그 영향을 받았음을 부정하기 어렵다고 주장할 수도 있다. 이런 입장에서 보면 어떤 방법으로 추정했든 본서가 추정한 10년간 연간 1% 포인트가 넘는 1인당 실질소득 추가 성장 효과는 궁극적으로 새마을운동은 물론 유신체제의 긍정적 경제성장 효과를 반영하는 것이며, 특히 더미 변수를 통한 추정 결과는 더욱 그러하다고 주장할 수도 있다. 단지 여기서 문제는 주어진 자료와 분석 방법의 한계로 이 두 가지 대립적인 주장의 타당성여부를 명쾌하게 규명하기가 쉽지 않다는 점이다.

이 문제와 관련해서 한 가지 새로운 검증을 시도하였다. 우선 자조·자립마을 비중 변수가 새마을운동의 효과를 반영한다는 데 큰 이의가 없다고 하면, 그럼 1970년대의 경제성장 중에 기업자산과 새마을운동(자조·자립마을 비중 변수)의 효과를 다 감안한 후 더미 변수에 의해 설명되는 추가적인 성장 효과가 남아 있을 것인가 하는 질문을 던질 수 있다.

왜냐하면 이때 추가적으로 더미 변수의 효과가 유의하게 관찰된다면 이는 기업자산 변수를 통한 성장기여효과와 새마을운동의 효과에 더한 추가적인 성장기여효과이기 때문에 이를 유신체제의 추가 효과라고 주장할 수도 있을 것이기 때문이다.

이런 가설을 담은 새로운 모형의 추정 결과는 〈부록 5〉의 〈부록 표

6)에 보고하였다. 이 결과에 의하면 자조·자립마을 비중 변수와 더미 변수 모두가 유의성을 상실하고 있다. 이는 통계적으로 두 변수의 상관 관계가 0.975로 아주 높아 다중공선성(multicollinearity) 문제를 초래하고 있기 때문인 것으로 보인다. 따라서 이 변수들을 가지고는 추가적인 유신체제 효과라 할 만한 성장 효과의 존재 여부를 통계적으로 확인하기가 쉽지 않다고 할 수 있다.

결론적으로 본서의 입장에서는 계량경제학적으로 추정된 70년대의 추가 성장 효과를 새마을운동 효과라고 해석하지만, 한편으로 특히 더미 변수를 이용한 추정 결과에 대해서는 유신체제의 경제적 효과일 수도 있다는 해석에 대해서도 그 가능성을 열어 놓고자 한다.

다만, 필자는 지금 이 문제에 대한 명확한 답을 제시하지는 못하지만 적어도 앞으로 한국의 현대 경제발전사를 연구함에 있어서, 새마을운동처럼 마치 정치적 사건인 것처럼 치부하거나 유신체제처럼 정치적인 사건이라고 하여 외면하기 쉬운 중요한 역사적 사건들의 경제적 영향을 체계적으로 분석할 필요성을 제기함과 동시에 그 일의 조그만 초석이라도 놓을 수 있었음을 다행스럽게 생각한다.

새마을운동 경제학으로
제2의 한강의 기적을

1

'한강의 기적' 원동력, 새마을운동 경제학

　본서는 새마을운동의 성공원리를 규명하고 이 원리가 경제발전 이론과 정책으로 승화될 수 있는지 밝히고, 이를 통해 새마을운동이 지역사회 개발 운동은 물론 보편적 경제발전 모델로 원용될 수 있는지를 밝히고자 노력하였다.

　필자의 판단으로는 인간 행동의 가장 원초적 본능인 소유욕을 자극하여 동기를 부여하는, 동양의 법가(法家)사상인 신상필벌(信賞必罰)은 물론 서양의 '하늘은 스스로 돕는 자를 돕는다'는 동서고금 만고불변의 세상의 이치(理致)에 부합하는 새마을운동의 경제적 차별화 정책은 보편적 경제발전 모델로서 아무리 강조해도 지나치지 않다고 생각한다.

　더구나 본서는 새마을운동에 적용된 '성과에 따른 경제적 차별화' 원리야 말로 경제학이 그렇게도 강조하는 시장의 본질적인 기능에 다름 아님을 확인하였다. 따라서 이제 새마을운동의 성공 모델을 '새마을운동 경제학'이라 불러도 손색이 없으리라 생각한다.

　나아가 최근 새마을운동과 같은 원리에 기초하여 '인센티브(incentive)의 안경을 써야 세상을 제대로 볼 수 있다'고 주장하는 '행동경제학(behavioral economics)' 분야의 연구가 앞에서 언급한 바와 같이 2002년, 2017년, 그리고 연이어 2019년에 경제학 노벨상을 받았다.

그런데 이는 바로 새마을운동의 성공원리인 인센티브 차별화 정책의 경제발전 원리로서의 유용성을 공인한 것이나 다름이 없다 할 것이다. 다만 경제학계가 이 사실을 제대로 인식하지 못하고 있을 뿐이다.

박정희 대통령은 이미 50년도 더 전에 이 원리를 깨우치고 효과적으로 국가 운영에 적용하여 한강의 기적을 일으킨 셈인데, 이를 국내는 물론 세계 경제학계가 아직까지도 인지하지 못하고 있음이 안타까울 뿐이다.

이를 학계의 무지의 소치라 해도 할 말이 없다 할 것이다. 그러나 이제라도 본서와 이 연구의 바탕이 된 관련 연구들을 통해 늦게나마 '새마을운동 경제학'의 진실을 확인하게 된 데 대해 그나마 다행으로 생각한다.

이제 독자들을 위해, 특히 결론부터 미리 보고 싶어 하는 열성 독자들을 위해 새마을운동이 어떻게 성공했는지 그 핵심을 요약하고자 한다. 요점은 '버린다 하고 살려내는 박정희 대통령의 유인통치술(誘因統治術)'에 있다.

2
아직도 재현(再現)하지 못하는
한강의 기적과 새마을운동

세계를 돌아보면 박정희 대통령 시대 우리가 이룬 한강의 기적이라는 업적은 눈부시다. 인류 역사에서 30여년 정도의 짧은 기간 동안에 연평균 9% 가 넘는 성장으로 중진국 대열에 진입하고 세계 최고의 동반 성장을 이룬 국가는 찾아보기 어렵다.

대한민국 현대사의 쾌거가 박정희 대통령에서 시작되고 지속 가능한 발전으로 자리를 잡아 오늘날 한국은 열강과 어깨를 나란히 하는 경제 강국이 된 것이다.

더구나 남들처럼 단지 자원이 넘쳐 부국이 된 것도 아니고 물려받은 나라가 크고 강해서 군대를 앞세워 식민으로 남을 착취한 것도 아니고, 아무것도 가진 것이라고는 없이 무에서 유를 창출하였으니 세계가 놀랄 수밖에 없는 일이다.

2차 세계대전 이후 도시와 농촌을 포함, 사회 모든 부문이 포용적 동반성장을 이루고 중화학공업과 IT 등 지식산업을 포함한 명실상부한 종합적 산업혁명에 성공하여 근대국가를 성공적으로 건설한 유일한 국가가 대한민국이라는 사실을 우리 자신들마저도 선뜻 믿기 어려운 것이 현실이다.

그런데 세계는, 경제학계를 포함하여, 이런 한국의 도약을 한강의 기적이라 부르고 있지만 아직도 그 원인을 잘 모르고 있다. 후진국들이나 개발도상국, 심지어 선진국들에서도 박정희 리더십과 한강의 기적을 배우려 노력하지만 아직도 그 성공 요인을 충분히 이해하지 못하고 있다.

나아가 동반성장의 기적을 이끈 주요 정책 중의 하나인 새마을운동의 성공 요인 또한 오리무중이다. 최근 들어 한강의 기적은 물론 새마을운동을 해외에 전수한다고 그렇게도 많이 노력하고 광고하고 있으나 필자의 과문 탓인지 아직 한 곳도 한국의 경험을 제대로 배워 실천하여 성공했다는 나라는 없다.

3
'하면 된다' 자조정신은 어디서 왔나

　박 대통령은 어떻게 해서 가난을 하늘 탓, 남 탓으로만 돌리던 국민을 십 수 년 만에 스스로 돕고 자조하는 내탓하는 국민으로 바꿔냈을까?

　어떻게 쓰레기장에서 장미가 피기를 기대할 수 없다던 대한민국에 경제 기적을 가능하게 했을까? 한강의 기적의 원동력인 '하면 된다'는 자조정신은 어떻게 창출되었을까?

　어떻게 우리는 그 시대에 너도 나도 미친 듯이 하면 된다고 수출이나 새마을운동에 뛰어들었을까?

　그 이전에는 꼼짝하지 않다가 말이다.

　이미 누차 지적한 대로 박정희 대통령은 항상 '하늘은 스스로 돕는 자를 돕는다'는 성서에 뿌리를 둔 서양의 오래된 생활 철학과 '신상필벌 (信賞必罰)'이라는 동양의 법가사상을 기회가 있을 때마다 국민에게 강조하였다.

　그리고 더 중요한 것은 바로 이런 사상과 정신을 모든 정책 속에 구현하였다는 것이다. 항상 열심히 노력하여 남보다 더 좋은 성과를 내는 국민을 격려하고 지원하였다. 남 탓하고 제 할일은 제대로 안하면서 뒤에서 불평하는 사람들, 기업들, 마을과 마을 주민들은 항상 정부정책 지원에서 탈락시켰다.

수출만이 살길인데, 수출은 잘 하지 않고 적자 내는 기업을 지원해서 수출이 늘어날 수는 없는 일이다. 그러니 수출 우수기업들을 우선 지원할 수밖에 없는 것이고, 적자 기업들은 시장에서 도태되어 수출 우수기업에 흡수되거나 아니면 더 열심히 해서 스스로 성과를 내어 살아나는 길밖에 없는 법이다. 정부가 스스로 노력해서 일어나 성과를 내는 기업들을 열심히 뒷받침한 것은 너무나 당연한 일이었다. 그러니 수출업계에서는 모두가 열심히 노력해서 수출 우수기업이 되려는 치열한 경쟁이 벌어지고 결과적으로 모든 기업들이 다 성공하는 기업으로 변신하게 되고, 자신도 모르게 '하면 된다. 할 수 있다.'는 정신을 체화하게 된 것이다.

수출을 못하면 버린다 함으로써 역설적으로 모두 살려내는 수출 우수기업 지원정책이 바로 모든 기업인들을 '하면 된다'는 정신이 충만한 수출 성공의 전사로 변신시킨 것이다.

버린다 하고 모두 살려낸 극적인 경우가 바로 새마을운동이었다. 새마을운동은 철저하게 주민들의 자발적인 참여와 주도하에 하도록 하였지만 실제 대통령은 성과에 따른 경제적 차별화 원칙에 따라 열심히 하여 다른 마을보다 더 성과를 내는 마을만 지원하고 성과가 부진한 마을은 정부 지원 대상에서 배제하는 정책을 시행하였다. 여기에는 관이나 정치를 이용한 소위 빽이 전혀 통하지 못하도록 대통령이 새마을운동을 직접 엄격하게 관리하였다.

그 이전에 농촌 개발이라 해서 시행해온 정책들의 경우에는 성과는 무시한 채 잘하나 못하나 때가 되면 정부가 지원을 해왔지만 새마을운동에서는 졸지에 성과 없다고 지원 대상에서 탈락되는 일이 벌어졌던 것이다. 수출 성과가 나쁜 기업이 정부 지원에서 탈락되는 것과 꼭 같은 일이 생긴 것이다. 그런데 놀랍게도 성과가 없어 지원 받지 못한 마을들 중에서, 그다음 해에 정부 지원 없이도 자체 노력으로 성과를 내는 마을들이 나타났고, 정부는 이런 마을들을 적극적으로 지원하였다.

잘 못해서 버린다 하니 탈락된 마을들이 분기탱천(憤氣撑天)하여 경쟁심이 발동하게 된 것이다. 그렇게 해서 5년여 만에 전국 마을이 모두 자조·자립마을로 승격되고 모두가 성공하는 마을로 변신하게 되었다.

이제 너도 나도 하면 되는구나, 내가 열심히 하면 소득이 늘어 생활도 나아지고 국가가 인정하고 대접도 받게 되는구나 하는 것을 깨닫고 모두가 하면 된다고 신바람이 났던 것이다. 자기도 모르는 사이에 '대통령의 유인통치술'에 걸려 너도나도 열심히 하다 보니, '하면 된다'는 생각에 익숙해지고 그런 생각과 의식이 저절로 우러나게 되고, 나중에는 자연스럽게 행동하고 성품 또한 그렇게 바뀌게 된 것이다.

그래서 본서는 새마을운동을 박정희 대통령의 "통제된 소득 증대 실험"이었다고 별명을 지었다. 그리고 이는 2019년 노벨경제학상을 받은 "무작위통제실험(Randomized Controlled Trial Experiment; RCTE)"의 원조임을 밝혔다. 그래서 새마을운동은 당연히 노벨상감이라고 주장한다.

4

'버린다' 하고 살려내는 박정희 유인통치술 (誘引統治術)

기업도 새마을도 국민도 대통령의 자조하는 기업과 마을만 지원한다는 유인통치술에 걸려 마치 미친 듯이 기업들은 조국 근대화를 위해 수출만이 살길이다 외치면서 전 세계 오지를 마다않고 달러벌이에 나섰고, 새마을 주민들은 아침 새벽부터 새마을노래 부르며 빗자루 메고 나섰으며, 땅 가진 자는 땅을 내어놓아 회관 건설, 도로 건설에 나섰던 것이다.

잘한 사람에게는 상을 주고 못한 사람한테 벌을 주는 경제적 차별화 원칙하에 스스로 돕는 자를 돕는 박정희의 엄격한 정책이 바로 '하면 된다'는 박정희 정신을 만들어낸 것이다.

무슨 일을 하도록 강제하는 것이 아니라, 같이 동참하지 않으면 손해 보고 손가락질 받고 불편한 마음이 들게 함으로써, 양심의 가책으로 자발적으로 참여하도록 유도하는 박정희 식 유인통치술에 대한민국 국민 모두가 넘어간 셈이다.

야당이 아무리 따르지 말라 비판하고 반대해도 국민은 자기도 모르게 박정희 편이 되었던 것이다. 박정희는 소위 독재를 해서 강제로 수출하게 하고 강제로 새마을운동도 시켰다고 주장하는, 생각이 짧은 소위 '민주병' 환자들이 있는데 불행하게도 이런 사람들은 '박정희 유인통치술'을 전혀 이해하지 못하고 있다. 박정희 대통령은 소위 말하는 독재자가 아니라 게으른 학생을 우수한 학생으로 이끄는 국민의 자상하면서도 엄격한 훈육 선생님이었다.

사람의 생각이 말과 행동을 결정하고 나아가 성품을 결정한다고 한다. 잘못된 생각은 잘못된 행동과 성품의 어머니인 셈이다.

그러나 박 대통령은 거꾸로 경제적 차별화 정책을 통해 스스로 돕는 자를 돕는 원칙을 천명함으로써 먼저 사람들의 행동을 바꾸어내고 나아가 믿음과 생각까지 바꾸어낸 셈이다.

자조하는 사람을 앞장세우고 자조하지 않는 사람을 버린다 함으로써 모두를 자조하는 사람들로 일으켜 세웠으며, '하면 된다'는 생각까지 국민의 마음에 심어준 셈이다. 우리의 한강의 기적을 배우고자 하는 나라들이 알아야 할 것이 바로 이 점이지만 아직도 이 원리를 제대로 이해하는 나라는 없어 보인다.

그러니 제2, 제3의 한강의 기적, 새마을운동의 기적은 아직 어디서도 불붙지 못하고 있다. 더 불행한 것은 바로 기적의 주인공인 우리마저도 아직도 박정희 유인통치술의 진면목을 제대로 이해하지 못하고 지난 30여 년 간을 박정희 청산에 매달려 왔다는 점이다.

5
박정희 정신과 전략을 청산한 결과는?

오늘날 대한민국은 어디로 가고 있는가? 박정희 시대를 청산하고 선진국 간다고 애를 썼지만 성장은 이제 실제 1퍼센트대로 주저앉고 소득분배는 더 악화되고 있다. 박정희 대통령 시대의 활기차고 역동적인, 하면 된다던 국민의 모습은 온데간데없고, 요즘 국민은 입만 열면 내 불행은 내 탓이 아니고 사회와 국가 탓이라 하며 국가의 지원을 요구하고 있다.

박정희 시대이후 정치권이나 일부 지식인들은 입만 열면 대기업은 박정희 시대 유물이다 하여 물러가라 하며, 중소기업, 자영업자, 실업자 등 서민들을 돕는다고 하지만 오늘날 중소기업과 자영업자들은 더 어려워지고 실업률은 더 치솟고 있다.

도대체 박정희 시대에는 없었던 오늘날 한국 경제의 많은 문제들이 다 어디에서 왔을까? 어디에 원인이 있는 걸까? 사실상 원인은 간단하다.

오늘날 대~한 민국은 어디로 가고 있나~~~?

성장은 1퍼센트 바닥치고
소득분배는 더 악화
'하면 된다'는 어디가고
네탓 시대에
국가지원 만
요구

박정희 대통령의 전략인 경제적 차별화 원칙을 던져 버렸기 때문이다. 남보다 더 노력하여 나라에 기여하는 기업과 국민이 제대로 대접 받지 못하는 나라에 발전의 희망이 없음은 만고불변의 세상 이치이다. 그러나 우리나라의 정치 한다는 사람들은 입만 열면 열심히 하지 않는 사람들 편에 서겠다고 표를 구걸하고 있으니 나라가 온전할 수가 없는 것이다.

박 대통령 사후 우리나라는 그 동안 소위 정의, 공정, 평등, 균형의 이념 하에, 열심히 노력하여 남보다 더 성장하는 기업보다도 성과가 없는 기업을 더 우대하고, 학교에서는 성적이 나쁜 학생들이 오히려 관심과 대우를 더 받고, 나아가 경제, 사회 모든 부문에서도 성과를 존중하지 않는 획일화된 평등주의, 혹은 역차별주의가 판을 쳐왔다. 정의를 얘기하지만 진정으로 정의로운 사회란 열심히 노력하여 더 좋은 성과를 내는 사람이 더 대접받는 사회라는 평범한 진리를 잊고 있다.

그러니, 한국을 이끌고 갈 역량 있는 기업이 많이 나오지 않고, 훌륭한 인재가 양성되지 않고, 모든 부문에서 남 탓, 사회 탓, 국가 탓하는 국민만 늘어나고 있는 것이 아니겠는가.

이제 한국 사회는 정의라는 이름을 내세워 열심히 사는 사람을 역차별 함으로써 오히려 '정의롭지 않은 사회'로 질주하고 있다. 이를 일컬어 사회주의 혹은 하향 평준화로의 질주(疾走)라고 하지 않을 수 없다.

6

새마을운동 경제학의 키워드는 경제적 수월성

새마을운동 성공 경제학의 진수는 바로 경제적 수월성(excellence)을 추구함에 있었다. 복잡경제의 변화·발전의 열쇠는 어떻게 경제 사회 구성원들의 경제적 수월성 추구 동기를 살려내느냐에 달려 있다.

새마을운동의 성공과 한강의 기적을 이끈 인센티브 구조의 핵심인 경제적 차별화 원리란 바로 경제적 수월성을 이끌어 내는 원리에 다름 아니다.

새마을운동의 정신인 "근면, 자조, 협동"은 바로 경제적 수월성을 쟁취하기 위한 행동 강령이다. 사회주의 이념에 뿌리를 둔 획일적 평등주의는 바로 수월성의 적이다.

이제 바라건대 정부와 정치권이 박정희 대통령 시대의 하면 된다는 정신과 이 정신을 일깨운 정책원리인 성과에 따른 경제적 차별화라는 유인통치술이 궁극적으로 지향하는 목표가 수월성 추구에 있었음을 제대로 이해함으로써, 지금과 같이 성과를 무시하여 수월성을 죽이는 평등주의와 역차별 정책에서 하루 빨리 탈출하여 대한민국이 역동적인 선진 부국으로 재도약할 수 있기를 기대해본다. 그래서 대한민국이 한강의 기적의 역사를 다시 한 번 더 쓸 수 있기를 기원한다.

지난 20여 년 동안 늘 그랬던 것처럼 이 소원이 또다시 메아리 없는 헛된 기도가 되지 않기를 바라면서 이 책을 마무리하고자 한다.

<부록 1>

박정희 대통령의
새마을운동 지침서 친필 메모

1972년 4월 26일 전남 광주에서 열린 '새마을소득증대 경진대회'에서 치사문을 위해
미리 스스로 작성한 박정희 대통령의 친필 메모를 그대로 소개한다.

새마을 運動

1 (1) 지금 全國坊々谷々에서 새마을運動이 活潑이 展開되고 있다 (지금도 大停도 머물기를 較情)

나도 그동안 여러 部落을 찾아가보고 報告를 通하여 듣고, 우리 農民들이 우리도 한번 잘살아 보겠다고 몸부림 치는 그 모습을 보고 깊은 感銘을 받았다.

(2) 道知事以下 市長 郡守등 其他 모든 一般 公務員들이 土曜日도 日曜日도 없이 잔바 바람에 밤 낮을 가리지 않고 뛰어 다니면서 이들을 指導 하고 激勵하면서도 지칠줄 모르고 보람을 느끼는것도 우리農民들의 그 부지런 모습에 感動되었기 때문이라고 생각한다

(3) 確實히 이運動은 우리 農村社會에서 일어나고 있는 새바람이요. 曙光이요 希望이다고 본다.

우리歷史上 過去에도 이런 일은 찾아볼 수 없던 일이다.

確實히 우리民族 으도 潜在的 으로 無限한 底力을 가진 民族이다.

(4) 왜 이러한 底力을 가지고 있으면서도 底力을 發揮하지 못했느냐

亦是 여기에는 어떠한 契機가 마련되어야 하고 刺戟이 있어야 된다고 본다.

지난 10年동안 1. 2次 5個年計画을 通해서 우리 國民들이 땀흘려 이룩한 建設의 成果가. 우리 農民들로 하여금 큰 刺戟을 주었고 오랜 沈滯속에서 잠을깨고 눈을 뜰수 있는 契機를 만들어 주었다고 봐야 하는것이다.

우리도 하면 된다 하는 自信이 생겼다.

2. (1) 한民族이 沈滯에서 벗어나서 一大飛躍을 할때 가장 重要한 것이 自信이다

自信이 있으면 意欲이 생긴다.

意欲과 自信이 없는 民族은 아무리 좋은 機會가 있더라도 이것을 利用할줄 모른다. (機會捕捉 不可)

反對로 意欲과 自信이 旺盛한 民族은 逆境에 處해서도 이에 屈하지 않고 오히려 이를 轉禍為福으로 삼을줄 아는 슬기를 發揮 할 줄 안다.

(2) 우리도 그동안 數없이 많은 苦難과 試練을 겪어 왔다.

外敵으로 부터 侵略도 받아 왔고. 共產党의 數없이 많은 挑戰도 받아 왔고. 旱害나 水害다 하고 數많은 天災도 받아 왔고. 祖上으로 부터 물려 받은 가난이 뼈 서름을 뼈에 사무칠 程度로 겪어왔다

(3) 그러나 우리는 이러한 逆境에 屈하지 않았다

侵略者에 對해서는 對決해서 싸워서 이길수 있는 힘을 걸러야하고

天災는 하늘을 쳐다 보고 怨望할것이 아니라 人力으로. 이것을 克服하는 方法을 모색해야하고

가난은 부지런히 일하면 잘 산수 있다는 것을 깨달았다

(4) 過去에는 이러한 逆境을 우리힘으로는 到底히 克服할수 없는 일이라고 만 생각하고 한생각도 않았는데. 이제는 우리힘으로 해볼수있다는 自信을 가지게 되었다.

우리가 奮發하고 勸勉하고 協同하고
團結 하면 能히 克服할수 있다는 自信을
넌게 되겠다

이것이 새마을 운동이 熾烈히 일어나게 한
動機가 되고 原動力 이 되겠다.

偶然한 일이 아니다.

3. 새마을 運動 이란 뭐냐. (定義. 槪念)

(1) 俗談 에 論語를 읽고도 論語 의 뜻 을
   모른다 는말이 있다.

(2) 시멘트 와 鐵筋 가지고 農路닦고
   다리놓는 것이다 云云 ····

(3) 쉽게말 하자면   잘살기운동 이다

(4) 어떻게 사는것이 잘사는 거냐 ?
   ○ 貧困脫皮
   ○ 所得이 增大 되어 農村이 富裕해지고
     보다더 餘裕 있고 品位있고
     文化的인 生活

   ○ 이웃끼리 서로사랑하고 相扶相助 하고

   ○ 알뜰하고 아름답고 살기좋은 내마을.

◎ 当場 오늘의 우리가 잘살 겠다는 것도
重要하지만 …… 来日을 為해서
우리의 사랑하는 后孫들을 為해서
잘사는 버고장 을 만든 겠다는 데
보다더 큰 뜻이 있다 (새마을 운동에
対한 哲学的인 意義 発見하자)

어떻게 해야 잘살수 있느냐 ?

(1) 方法은 다 알고 있다.
   問題는 実践 이다.

(2) 부지런 해야 잘산다.
(3) 自助 精神이 强해야.
(4) 온마을 사람이 協同精神이 强해야

혼자 부지런 해도 안된다. —— 온집안
食口 全部가 부지런해야 한다

한집만 부지런 해도 안된다.
온洞里 사람이 全部 부지런 해야한다.

온洞里 사람이 全部 부지런하면 協同
도 잘 된다.

5. 協同의 原理.

  (1) 協同의 生產性

        $1+1 = 2+\alpha$

    ○ 能率이 오른다

        例: 農路作業. 堆肥. 지붕개량

    ○ 團結心이 强히진다.

    ○ 自信이 생긴다

        協同하면 어마어마한 힘
        이 생기므로 自信이 생김

能率 ── 團結心 ── 自信

안되는 일이 없다

6. 勤勉. 自助. 協同精神

    이것이 새마을 精神이다

이 精神이 있어야만 새마을 운동은
成功 한다 → 即 잘산수 있다.

이렇게 볼때 새마을운동 이란

    精神啓發 運動이오

    精神革命 運動 이다

同時에 이 運動은 말 만 가지고 하는 것이 아니라 行動과 實踐이 반드시 隨伴해야 한다. 行動哲学이다

이렇게 되면 우리 農村은 반드시 잘 사는 農村 이 될 수 있다

7. 어떻게 行動 에 옮기느냐 (實踐敎育)

가. 事業選定을 잘 하라 (5大 考慮事項)

　　(1) 部落民 의 總意에 依하여 快定

　　(2) 部落共同利益 에 寄與

　　(3) 部落 特殊性 考慮 (他部落 模倣
　　　　─ 쥐 (則 주의)

　　　　例: 마을 会館부터 ‥‥
　　　　　　農路부터 ‥‥
　　　　　　橋梁 부터 ‥‥
　　　　　　마을 안길 부터 ‥‥
　　　　　　簡易上水道 부터 ‥‥
　　　　　　有実樹 共同造林 부터 ‥ 等

　　(4) 部落民의 自体能力 考慮,
　　　　人口 와 労働力
　　　　資金負担 能力 ‥‥ 等

(5) 直接·間接으로 部落民 所得增大
　　와 直結.

4. 　事業의 推進 와 部落 指導者

　　(1) 計画 을 누가 짜느냐
　　(2) 部落民을 누가 說得하느냐
　　(3) 여기에 指導者 가 必要
　　(4) 이 事業은 앞장서서 推進할
　　　　推進核心体　　　（推進委員会）

다. 有能한 部落 指導者 가 있고 없고 는
　　事業成敗 의 関鍵 이다.
　　信望이 두텁고. 說得力 이 있고
　　部落 発展을 為해서 献身的이고
　　犠牲的 精神 旺盛.
　　推進力 이 있는 者.

라. 始動이 걸렸다　　　点火가 됐다.

　　⎧ 事業選定 이되고
　　⎪ 훌릉한 指導者 가 있고　　⎫ 始動
　　⎩ 部落民 의 說得 이 됐고 ⎭ 点火
※ 計画은 綿密을 세워서 施工65으로 推進

—— 이와 같이 하면 반드시 成功한다 ——

—— 이와 같이 한 部落은 반드시 成功했다 ——

—— 이와 같이 해서 成功한 部落은

　　　勸勉과 協同이 얼마나 所重

　하다는 것을 깨닫게 되고

　　自己들이 이룩한 일이 엄청나게

　巨創한 일을 했구나 하고

　스스로 놀라게 된다.

8. 이제부터는　이 事業을 어디로
이끌어 갈 것이냐?

가. 直接的인 所得增大 事業으로 이끌어

가야 한다.

　　(1) 이제까지 한 事業도 直接 間接으로
　　　所得增大에 寄與하는 事業이다
　　　그러나 本格的인 事業으로 이끌어가기
　　　爲한 始動作業이요 豫備作業이다

　　(2) 앞으로 所增에 直接的으로
　　　寄與하지 못하면. 이 運動도
　　　熱이 식어 버린다.

238

(3) 새마을 운동의 窮局的目標는

－農漁民의 所得을 增大하여 잘사
는 農村을 만드는 데 있다……
(잘살기 운동)

(4) 農繁期에 접어드는 지금부터 한일
새마을事業 今年中 上半期事業大體完了
上半은 下半期 農閑期로 돌리고
農事에 全力傾注 할것(本農事)

農事일에도 協同을 할수있는것은
協同으로 하면 더 能率이 오른다.

(모내기. 김매기. 농약살포 等)

(5) 今秋 下半期에 할일 도 이제부터 研究
하라
下半期事業 에도 政府는 約 ○○億,
程度의 財源을 마련 할 곳이다

(6) 前年期事業의 成果를 分析하여
成果가 좋은 部落에 集中投資
할 予定
可及的이면 環境整理事業 보다
는 所得增大에 直接寄與하는
事業등을 檢討하라.

9. 今日討議하는 所得增大 特別事業도
따지고 보면 우리가 하는 "새마을
운동"의 一環이다

가. 成功한 事例 不成功한 事例있으나
ⓐ 成功한 事業은 亦是
勤勉하고 自助精神 强盛하고
協同精神이 旺盛한데는 成功
ⓑ 不成功은 그렇지 못했는데다

나. 勤勉하고 協同을 잘 했는데도
成功하지 못한 例가 있다면
두가지 原因이 있을게다

하나는 ······ (農民側)

營農에 있어서 科學的인 知
識 과 技術이 不足했거나

다른하나는 ····· (政府側)

政府의 支援이 잘 못 됐다.

資金支援이 適期放出 不履行
計画生産 不履行.

農産物価格保障 不實施
販路開拓　　不斡旋 等

다. 앞으로 는

農民들 營農에 對한 科學的 知識
(머리를 써야　　) 에 安定하고

政府는 適切한 支援対策이
反이 隨伴 되어야 한다.

10. 새마을 운동을 成功的으로 發展
시켜 나가기 爲하여 留意한 事項

(1) 成果에 対한 性急한 생각을
버리라 (政府官吏나 農民들)

最小限 5年 동안을 熱心이 努
하야 成果가 난다

造林事業은 40年 50年도걸린다
(우리들 子孫에게 물려 준다고 생각)

우리 子孫 들에게 遺産으로 물
려주기 爲한 보람 있는 사업이
라고 생각하라.

(2) 새마을 운동도 반드시 農民들의
自発的인 運動으로 誘導되어야 한다.
스스로 部落民, 마음속에서 우러는
自発的 운동이 돠야 成功

官에서 이것하라 저것 하라 强要
해서 하는 事業은 成功 못한다

242

例: 部落民들의 總意에 依하여
農路를 만들기로 決定을 했
다면

郡이나 面에서는 測量設計를
도와주고 技術指導를 하는

行政支援을 해주고 技術台
務員들을 자주 出張시켜서
指導를 하는 等

(3) 반드시 生産과 直結되고, 所得增大가
結果되어야 한다.
  科學的인 營農技術과 知識이 샅두하나
이를 為하여 一線台務員이나. 農場指
導機關이나 地域社會에 있는 學校가
指導外 協調를 해야 한다.

(4) 政府는 勤勉하고 自助精神이 强하고
協同精神이 旺盛北 優秀部落을

優先的으로 支援한다는 方針을 継
続. 일고 나간다.

(5) 政府는 이 運動을 强力히 뒷받침
하기 爲하여 必要한 資金의 支援
技術指導. 計画生産 農産物의
價格保障. 流通対策 을 세워서
農民들이 땀 흘려 일한것이 決코 헛
되지 않고 失望하지 않도록 더욱
增産意欲 을 북돋아 주도록 한다

(6) 部落의 婦女会員들은 積極的으로
参与시키고 그들의 参與意識을
높여 줘야 한다.

成功한 部落은 반드시 例外없이 部落
婦女会員들의 役割이 大端히 컸다는
것을 알고 있다.
大体로 婦女들은 男子보다 더 알뜰하고 誠実
하고 積極的이다.

(7) 훌륭한 部落指導者 의 發掘 과 養成에
政府는 継續 努力 해야 한다.

한사람의 훌륭한 部落指導者 가 한마을
을 完全히 일어나도록 만든 例를 많이 보고
있다

244

이들이 이룩한 業績을 記錄에 남기고
后世 歷史에 남겨야 한다.
이들이 바로 우리 農村의 英雄이다.

(8) 이 運動은 民族의 大躍進運動이다
農村에만 該當하는 運動은 決코아니다.
況國民運動이다. 都市民들도 參與하고
積極的으로 協調해야 한다.

아무도 傍觀者가 될수 없다
그렇다고 나는 都市사람도 全部農村
에 가서 農路를 닦고 지붕改良事業을
直接해달라는 것은 아니다
都市民들은 都市民들로서 뭣인가 이눈
동을 도우는 길이 있을 것이다.
最少限 도우지 못 한다면 邪妨은 노지
않아야 하겠고. 妨害는 하지 않아야 하
겠다. 一部都市民들의 知覺없는 生活
態度는 이 運動에 찬 물을 끼어 없는
結果를 가저올수도 있다. 一最少限
이런일은 하지 않아야 하지 않겠는가 ?

(9) 이 운동 에는 勿論 여러가지 問題點도 도
었고 一部 副作用도 있다. 勿論 처음
부터 失手가 없도록 品委는 다 해야 하
겠으나 一部 副作用이 있다 해서 誹謗
만 한것은 못된다 是正해 나가면 된다.

(10) 모든 事業은 처음부터 緻密한 計画을
세워서 着手하고 하나 하나의 工事는
야무락지게 堅固하게 着實히 해야
한다 (다 해놓았대 비 한번 오니 넘어
앉는 例는 없도록)

(11) 모든 公務員들은 이 運動에 앞장서고
이 運動을 指導하고 그들 農民을
도와주는 일에 無限한 矜持와
보람을 느낄줄 알아야 한다.
                              끝

246

<부록 2>

새마을운동 정신·취지·추진 방식 관련
대통령 주요 연설문
(1970-1973) (발췌)

1
하늘은 스스로 돕는 자를 돕는다

권농일 치사(1970.6.10.)

······전략(前略)······

매년 우리가 6월 10일을 권농일로 정하고 거국적인 행사를 실시하고 있는데, 이 권농일 행사의 뜻이 어디에 있는가를 오늘 이 자리에서 한 번 생각해 보는 것이 좋겠다고 생각합니다.

나는 여기에 두 가지 의의가 있다고 생각합니다.

하나는, 금년에도 한발이나 풍수해 등 여러 가지 천재가 나지 않고 우순풍조하여 풍년이 들어서 우리 농민들이 잘 살게 해주십사 하는 염원을 비는 뜻이 있을 것입니다.

또 한 가지 의의는, 작년에는 우리가 한해·수해 기타 천재를 겪었거나 또는 영농에 여러 가지 실수를 해서 농사를 잘 못했더라도, 금년만은 보다 더 열심히 부지런하게 일하고 농사를 잘 지어 잘 살아 보겠다는 우리들의 자조적인 정신을 다짐하는 데에 커다란 의의가 있다고 생각합니다.

매년 실시하는 이 행사에 이러한 두 가지 커다란 의의가 있는데, 우리 농민들 중에는 첫 번째 의의는 대부분 알고 있어도, 두 번째 의의를 잘 인식하고 있는 농민은 그다지 많지 않다고 봅니다.

금년에도 풍년이 들어서 잘 살게 해달라는 하느님에 대한 기도라든지 소망만 가지고 농사가 잘 되는 것은 아닙니다. 그와 함께 농민 스스로가 부지런하고 열심히 일해서 우리의 운명을 우리 스스로의 노력으로 개척해 보겠다는 강인한 자조정신과 자립정신을 굳건히 가져야 합니다.

하늘은 스스로 돕는 자를 돕는다는 말이 있습니다. 스스로 잘 살아 보겠다고 노력하고, 부지런하게 일하는 농민은 하늘도 도와주는 법입니다. 그러나, 자조정신이 강하지 못한 농민은 하늘도 도울 수 없고 정부도 도울 수 없고 이웃도 도울 수가 없는 것입니다.

나는, 하늘은 스스로 돕는 자를 돕는다는 말이 결코 하나의 미신도 아니고, 어떤 종교적인 설교도 아니고 만고불변의 진리라고 생각합니다.

이것은 농사뿐 아니라 모든 일에 있어서 다 마찬가지입니다.

또한 개인에 있어서도 마찬가지고, 한 부락에 있어서도 마찬가지고, 국가에 있어서도 마찬가지입니다.

지금 우리나라에는 대단히 근면하고 자조정신이 강한 농민들도 많이 있습니다.

이러한 농민들은 매년매년 살기가 나아지고, 농가의 소득도 늘어 보다 더 잘 사는 농가가 되어가고 있는 것을 우리 눈으로 보고 있는 것입니다.

그러나, 반면에 이러한 자조정신이 강하지 못한 농민이 우리나라에는 또 상당히 많이 있습니다.

농사가 안 되어도 자기가 얼마만큼 자조적인 노력을 했느냐 하는 것은 생각지 않고, 하늘만 쳐다보고 한탄을 한다든지, 정부가 왜 도와주지 않느냐 하고 정부를 원망한다든지 이웃 사람이 왜 도와주지 않느냐 하고 이웃을 원망한다든지 하는 농민들이 우리 농촌에는 상당히 많이 있는 것입니다.

옛날에 우리나라 속담에 가난은 나라도 구하지 못한다는 말이 있습니다. 나는 그 말을 바꾸어서 부지런하지 않은 사람은 나라도 도울 수가 없다고 하겠습니다. 부지런한 농민은 정부도 도울 수 있고 이웃도 도와줄 수 있지만, 부지런하지 못하고 스스로를 돕겠다는 자조정신이 강하지 못한 농민은 아무도 도울 수가 없고, 또 아무도 도와줄 사람이 없습니다.

금년 봄에 한때 비가 오지 않아서 심어 놓은 보리가 도처에서 말라 죽는 등 한발이 심한 때가 있었습니다.

그때 지방 출장을 다니면서 보니까, 어떤 지방에서는 보리가 누렇게 말라 죽고 있는 바로 옆 저수지에 물이 가득 괴어 있기도 하고, 어떤 곳에서는 보리밭에서 멀지 않은 개천에 물이 흘러 내려가고 있기도 했습니다.

그런데도, 농민들은 그 물을 길어서 보리밭에 주려는 생각은 하지 않고, 그저 매일 하늘을 쳐다보면서 비 안 오는 걱정만 하고 있었습니다. 이건 비단 농민뿐만 아니라, 일부 공무원조차도 바로 옆에 있는 물을 길어다가 그 보리밭에 준다는 착안은 못하고 있는 실정이었습니다.

그래서, 그 당시 지방장관회의를 열어, 비오는 때만 기다릴 것이 아니라 보리밭에 물주기 운동을 한번 전개해 보고자 했습니다. 전 농민, 전 공무원, 그리고 부근에 있는 학생 기타 모든 사람이 총동원되어서 보리밭에 가까이 있는 개울에서 물통 같은 것으로 화재가 났을 때 릴레이식으로 물을 전달하는 방법으로라도 아침저녁으로 몇 번만 주면 보리라는 작물은 벼농사처럼 물을 그렇게 많이 필요로 하는 것이 아니기 때문에 며칠 동안은 견딜 수 있지 않느냐……

그 다음에도 비가 안 오면 또 이런 식으로 물을 주어 비가 오지 않더라도 사람의 힘으로써 극복하도록 노력해 보자고 했습니다. 그래서, 그때 도처에서 보리밭에 물주기 운동이 벌어져서 한발로 말라 죽어가던 보리를 많이 구한 예가 있습니다.

이것은 한 가지 간단한 예입니다만, 우리가 농사를 짓는 데에는 여러 가지로 머리를 써야 합니다. 옛날 조상들이 하던 원시적인 영농 방법만을 언제든지 답습하겠다는 사고방식은 버려야 합니다.

오늘날 인류 사회에서는 과학 문명이 급진적으로 발전해 나가고 있습니다. 인간이 지구에서 위성을 만들어서 달까지 갔다 오는 시대인 만큼 재래적, 원시적인 영농 방식은 나날이 개선해 나가아 히겠습니다.

우리 스스로 연구하고 이웃 나라의 새로운 방법도 본받고 배워서 개선해 나가려는 노력을 정부나 농민들이나 모두 똑 같이 경주하지 않으면 우리나라 농사는 나날이 뒤떨어져 갈 것입니다.

흔히 우리 대한민국은 인구는 많고 땅은 좁고 농토는 적고 …… 등등 앉아서 걱정만 하는 사람들이 많습니다.

물론, 우리나라 국토가 북미 대륙이나 호주처럼 광막한 넓은 땅을 가졌다면 좋겠지만 우리의 여건은 그렇지 못합니다.

그러나, 땅이 적어서 농사가 안 되거나, 암만 농사를 지어도 식량 자급자족이 안 된다고는 보지 않습니다. 우리가 조금만 더 노력하면 식량 자급자족뿐 아니라, 많은 농산품을 해외에 수출할 수 있는 여지도 얼마든지 있다고 생각합니다.

문제는 우리들의 노력과 연구심, 그리고 우리에게 주어진 여건을 우리 스스로 개척해 나가겠다는 자조정신, 이것만 있으면 땅이 좁다, 인구가 많다, 이런 것은 조금도 걱정할 필요가 없다고 생각합니다.

여러분! 오늘이라도 돌아가면 여러분이 사는 농촌, 또 여러분들이 사는 그 농가, 여러분들이 경영하는 농토에 나가서 한번 잘 살펴보십시오! 우리 농민들이 우리 스스로의 힘으로써 할 수 있는 일을 다 했는가 안 했는가? 하늘을 원망하기 전에, 남을 원망하기 전에 내 스스로가 해야 할 일을 했느냐, 이것부터 살펴봅시다.

작년 여름 홍수에 허물어진 제방을 금년 봄 또는 작년 가을 농한기에 왜 그 부락에 있는 농민들 스스로의 힘으로 고치지 않았습니까? 이것도 모두 정부에서 예산을 주어야 하는 겁니까?

그런 것이 바로 우리 국민들의 자조정신이 박약하다는 이야기입니다. 물론, 농민들의 힘으로 할 수 없는 일이 있습니다.

그것은 응당 정부가 도와주어야 합니다.

그러나, 자기 스스로가 할 수 있는 일도 하지 않고 모든 것을 정부가 도와 달라 하는 생각은 버려야 합니다.

그런 정신을 버리고 우리가 자조정신을 가지면 오늘날 추진하고 있는 농촌 근대화, 농촌 부흥은 모두 이루어질 수 있는 것입니다. 어떤 사람은 정부가 농촌에 투자를 적게 한다, 곡가를 더 올려 주어야 되겠다 등등 여러 가지 요청이 많지만, 그런 것만 해 준다고 농민이 잘 사는 건 아닙니다.

근본적인 문제는 조금 전에 말씀드린 바와 같이, 우리 농민들이 스스로 돕겠다는 이 자조정신입니다. 이것이 하나의 근본이 되어야만 정부가 하는 모든 시책이나 또 농민 여러분이 하는 일들이 효과를 나타내고 결실을 내고 우리 농촌이 이 잘 살 수 있게 됩니다.

나는 오늘 권농일을 기해서 우리 농민들에게 보다 더 부지런하게, 보다 열심히 우리 스스로의 운명을 우리 스스로의 힘으로써 개척해 나가는 강인한 자조정신과 자주, 자립의 정신을 가지자, 이것만이 우리 농촌을 부흥시키는 가장 근본적인 힘이 될 수 있다는 점을 다시 한 번 강조하는 바입니다.

감사합니다.

2
새마을운동은 농공병진 발전의 길
제2회 농어민소득증대특별사업경진대회 치사 (1970.11.11.)

영예의 수상자, 내외 귀빈, 그리고 전국의 농어민 여러분!

올해 농사도 이제 추수가 거의 끝나, 벼농사는 예년보다 현저하게 좋은 작황을 가져왔으며, 축산을 비롯하여 양잠·과수·수산 부문에서도 풍성한 결실을 거둔 것으로 알고 있습니다.

풍수해 등 여러 가지 어려운 일이 많았지만, 금년에 우리가 큰 수확을 올린 것은 농어민 여러분들이 자립정신을 발휘하여 땀 흘려 일한 결과라고 믿으며, 이 자리를 빌려 전국의 농어민 여러분의 그간의 노고를 높이 치사하는 바입니다.

여러분이 아시다시피, 과거 우리 농민들은 일정보다 남짓한 논밭을 가지고 쌀이나 보리를 심어 한 가족이 겨우 먹고 사는 정도에 그쳤고, 가물이나 홍수가 있는 해에는 그것마저 어려운 가난 속에 살아왔습니다.

오늘날 우리가 농촌을 하루 속히 근대화해야 하겠다 하는 것은 바로 우리 농민을 이러한 후진의 굴레에서 벗어나게 하자는 것입니다.

그 동안 우리는 조국의 근대화를 위하여 농업의 발전 없이는 공업의 발전도 어렵다는 점에서 중농 정책을 아울러 추진해 왔습니다.

우리는 1, 2차 경제개발 5개년계획에서 농업 생산의 기반을 조성하고 식량을 증산하며, 농어민의 소득을 올리기 위하여 여러 가지 시책과 노력을 기울여 왔습니다.

우선 벼농사에는 물이 중요하므로 농업용수 개발에 집중적인 투자를 하였습니다. 비료를 외국에서 사들여서는 안심하고 농사를 지을 수 없는 것이므로 비료 공장을 지어 이제는 자급하고도 남게 되었습니다.

경지 정리를 권장하여 농업 기계화의 기반을 만들고 있습니다.

우리 농민의 생산 의욕을 높이고 소득을 올리기 위하여 쌀값을 일반 물가 수준보다 높이기로 하였습니다.

그러나, 쌀이나 보리 등 주곡 위주의 농사만으로는 발전이나 소득 증대가 일정한 수준 이상을 넘을 수가 없는 것입니다.

생활수준이 높아짐에 따라 국내외로 그 수요가 급격히 늘어나게 마련인 육류나 달걀, 우유 등 축산물과 채소, 과실 등 특용 작물에 눈을 돌려야 하겠다는 생각으로, 우리는 우리나라에 알맞은 축산을 일으키고 잠업을 진흥시키는 데 힘을 써 왔습니다.

또, 우리나라 해안에는 맛좋고 값비싼 수산물을 양식할 수 있는 여지가 많다는 것에 착안하여 연안 자원의 개발도 확대해 왔습니다.

그리고, 이러한 사업들은 우리 농촌의 실정이나 농어민들의 경험에 비추어 한 농가가 개별적으로 추진하기에는 매우 어렵고, 또 비효과적이라는 점에서 작업 능률과 수익을 높일 수 있는 주산단지를 조성하였습니다.

이러한 여러 가지 사업을 통틀어서 한 마디로 말한 것이 농어민 소득 증대 사업이라고 하겠습니다.

1968년부터 71년까지 4년 동안 전국 각지에 90개의 주산단지를 조성하기 위하여, 474억 원의 투융자 지원으로 이루어지게 될 이 사업은, 일차적으로 90개 단지에 45만호의 농가와 어민을 대상으로 출발하였고, 앞으로 성공적인 사업을 전국 각지의 전 농어가에 파급시키려는 계획입니다.

이 사업은 그 동안 순조로이 추진되어 내년이면 1차 계획을 끝맺게 되는 최종 단계에 접어들고 있습니다.

그 동안 본 사업은 농어민 소득 증대에 크게 이바지하였을 뿐만 아니라, 우리 농어민에게 새로운 의욕과 희망을 주었으며, 농업 생산의 내용이나 영농 방식에 획기적인 전기를 마련하였고, 농공 병진, 수출 진흥, 지역 개발에 커다란 공헌을 해 왔다고 믿습니다.

1972년부터 시작될 제2차 계획이 이제 곧 입안되게 될 것입니다.

2차 계획에 있어서는 1차 계획의 사업 추진 결과를 토대로 잠업·양송이·굴·백합 등 수출 품목과 낙농·육우·채소·과실 등 국내 수요가 크게 늘어날 품목의 단지를 확장해 나갈 생각입니다.

이와 아울러, 이미 각 지방에 분산 발전시키고 있는 농수산물 가공 처리 공장과 연관 중소 공업을 계속 육성시킬 것이며, 고속도로를 중심으로 도시와 농촌을 연결하는 기간도로를 만들어서 생산지와 소비지, 도시와 농촌, 농어민과 도시민이 하나의 경제권 또는 일일 생활권 내에서 자유로이 생산하고 소비하고 생활할 수 있게 할 것입니다.

그러하여, 멀지 않은 장래에 도시와 농촌 간에 발전상의 격차가 없어지고, 도시민과 농어민 사이에 소득이나 생활환경상의 차이가 없고, 어디까지가 도시고 어디까지가 농촌인지를 구별할 수 없는 국토종합개발을 70년대의 막이 내리기 전에 대충 끝내 보자는 것입니다.

이것은 하늘만 쳐다보고 농사를 짓던 과거의 사고방식으로 생각한다면 거창한 꿈이라고 보는 사람이 있을지 모르나, 최근 10여 년 동안 우리 농어민들이 이룩한 농업 개발의 성과와 경험에서 본다면, 우리의 노력과 기술로 능히 달성할 수 있는 착실한 계획이요 목표인 것입니다.

문제는 우리 농어민들이 어떠한 정신과 자세로 무엇을 위해 노력하느냐에 달려 있다고 믿습니다.

자립하겠다는 의욕이 있느냐 없느냐, 스스로 돕는 자조적인 노력이 있느냐 없느냐, 무엇인가 창조하고 개척해 나가는 생산적인 기상에 불타 있느냐 없느냐!

한마디로 잘 살아보겠다는 의지와 노력만 있으면 잘 살 수 있다는 자신을 가지고 분발하느냐, 안 하느냐에 농촌 근대화와 우리 농어민의 생활 향상이 좌우되는 것입니다.

물론, 정부는 제3차 경제개발 5개년계획에서 수출 증대와 농촌 개발을 위하여 집중적인 투자와 지도를 할 것이지만, 농촌 근대화의 열쇠는 어디까지나 우리 농어민 자신들이 쥐고 있는 것입니다.

그 중에서도 고식적이며 체념에 빠진 일부 농어민들에게 신념과 용기와 희망을 주고, 자조 자립의 정신을 불러일으키는 농어촌의 개척자와 지도자들의 창의와 노력이야말로 농어촌 개발의 관건입니다.

오늘 이 자리에는 영예의 수상자들이 나와 있습니다만, 나는 이분들이 바로 우리 농어촌이 필요로 하는 개척자요 지도자며, 참다운 애국자라고 믿습니다.

이분들은 한줌의 퇴비라도 더 많이 만들어 농토를 기름지게 하고, 자라나는 작물과 가축들을 조석으로 돌보는 남달리 근면하고 성실한 노력으로 소득 증대 사업에 성공을 거둠으로써 이웃 농가의 본보기가 되고, 농촌 근대화의 선도적인 사명을 다한 참다운 일꾼으로서, 우리 농어민들은 수상자들의 경험과 교훈을 본받아 실천해야 하겠습니다.

나는 이 자리를 빌려 수상자 여러분들의 노고와 업적을 높이 치하하고 오늘의 영광을 충심으로 축하하는 바입니다.

아울러, 현재의 성과에 만족함이 없이 가일층 분발함으로써, 자조·자립·과학·협동하는 지도적인 농어촌 근대화의 역군으로서, 헌신적인 사명을 다해 줄 것을 당부하는 바입니다.

그리하여, 여러분의 뒤를 따르는 농어민이 늘어나서 전국의 모든 농어민들이 한결같이 의욕과 자신에 넘쳐 있는 날, 우리 농어촌의 근대화와 농어민의 소득 증대는 그만큼 촉진될 수 있을 것입니다.

……하략(下略)……

3

농민의식의 근대화가 필요하다

지방장관회의 지시(1971.7.30.)

······전략(前略)······

그 다음, 조금 전에 『새마을 가꾸기 운동』에 대한 종합 보고가 있었
는데, 대체로 성공한 부락이 많다고 봅니다. 이 사업은 앞으로도 계속
할 계획인데, 내무부에서 내년도에는 약 5,600개의 부락 정도를 선정해
서 하게 되면, 한 군에 40개 내지 약 50개 부락 정도가 될 것인데, 이러
한 사업을 할 때에는 무엇보다도 그 지역 주민들의 자조정신, 참여 의
식, 협동정신, 그리고 전에 이룩한 성과 등을 고려해서, 그러한 정신이
강하고 전망이 밝은 부락을 선정해서 해야 하겠습니다.

시멘트나 자재 등을 나누어 주었는데, 그 부락 주민들이 단결심도 없
고, 협동정신도 없고, 자조정신도 없이, 한 포대씩 나누어 써 버리는 그
런 부락에는 조금도 지원을 해 줄 필요가 없는 것입니다.

이것을 최대한으로 활용한 협동정신이 강하고 자조정신이 강한 그런
부락에다 우선적으로 지원해 주어야 할 것입니다. 5,600개란 숫자가 더
늘는지 줄는지 모르지만, 한 군에다 몇 곳씩 고정적으로 배정할 것이

아니라, 각 도에서 그 성적을 전부 평가해 놓는 것이 있으니까, 거기에 따라서 우량한 성적을 올린 부락에 우선적으로 지원하고, 그렇지 않은 부락은 전부 제외해야 하겠습니다.

그 동안 나는 자조정신이 있는 농민을 도와준다는 이야기를 누차 했는데, 이제 모든 시책 면에 있어서 이를 철저히 시행해야 하겠다는 것입니다. 똑같이 고루고루 나누어 주는 정책이나 행정은 지양해야 합니다.

어떤 부락에서는, 조금 전에 슬라이드에서도 나왔지만, 가정주부들이 절미 운동까지 해 가지고 자체 자금을 만들고, 부락 주민들이 나와서 같이 노력 봉사를 해서, 중앙에서 주는 시멘트 360포대를 최대한으로 이용하여, 그 부락 발전을 위해서 평소의 숙원 사업을 자기들 힘으로 완성했는데, 다리가 하나 되었다, 뭐가 하나 되었다는 그 자체도 중요하지만, 정신적인 측면으로 볼 때, 이것이 바로 근대화의 바람이 들어가는 모습이며, 농민들이 눈을 뜨는 현상인 것입니다. 이것을 할 줄 모르는 농민들한테는 돈 주어 보았자, 도와주어 보았자, 아무 소용이 없으며, 오히려 정부에 대한 의존심만 조장한다고 봅니다. 현재 정부 형편으로는 전국에 수만 개나 되는 부락을 똑 같은 수준으로 키워 올리는 재주는 없는 것입니다.

잘 살아보려고 발버둥을 치고 애쓰고 10만 원을 도와주면 결과적으로 몇 백만 원어치의 일을 해내는 부락을 우선적으로 지원해 주는 것과, 10만 원을 주면 10만 원어치밖에 못하거나, 자칫하면 10만 원어치의 성과도 못 올리는 부락에도 균등하게 지원해 주는 것과 어느 편이 더욱 효과적이겠습니까?

결국, 잘 살아보겠다는 정신이 왕성한 부락에 도와주어야 할 것입니다. 우리가 『농촌 근대화』, 『지역사회 개발』을 말하는데, 『농촌 근대화』라는 것은 역시 모든 농민들의 정신적인 근대화부터 먼저 시작되어야 된다는 것을 다시 한 번 강조하고 싶습니다.

지방에 초현대적인 공장이 하나 섰다, 또는 그 앞에 고속도로가 지나갔다고 해서, 농촌이 근대화된 것은 아닙니다. 우리 농촌이 어떤 단계에서부터 어떠한 형태로 근대화되겠느냐?

첫째, 주민들의 자각, 즉 우리의 힘으로 잘 살아보자 하는 의욕에서부터 시작되어야 합니다. 그러나, 농민들 자신의 힘만 가지고는 어렵기 때문에, 누가 앞장 서는 사람이 있어야 됩니다. 그런 사람을 우리는 지도자라 부르는데, 지도자란 앞장서서 그 동네 사람이나 마을 사람이나 고장 사람을 전부 이해, 설득시켜 이끌고 갈 수 있는 사람을 말하는 것입니다. 그래서, 온 동네 사람들을 모아 놓고 우리가 어떻게 하면 되느냐 하는 것을 의논하고 토론하는 그런 과정을 가져야 합니다.

조금 전 슬라이드를 보면 동장인지 부락 지도자인지 모르지만, 어느 집 뜰에 동네 사람들을 모아 차들을 갖다 놓고 설명을 하고, 서로 의논하고, 토론을 하는 장면이 나오는데, 그것이 바로 농촌이 근대화되어 가는 첫 단계라고 하겠습니다. 그 자리에서 주민들과 의견을 충분히 서로 토론하고, 좋은 의견을 종합해서 합의를 얻게 되면, 주민들이 자발적으로 참여를 하게 되고, 그렇게 해서 착수하는 일은 그야말로 전 부락민들이 자기 일처럼 누가 뭘 하라, 말라 하는 소리 없이 전부 자진해서 참여하게 되는데, 그것이 바로 협동·단결입니다. 그렇게 해 놓고 보니까,

자기들이 생각지도 못한 엄청난 결과와 훌륭한 성과가 나타나게 되면, 주민들이 우리도 하면 된다 하는 자신을 가지게 되고, 자신들의 힘으로 했다는 보람도 느끼게 되며, 그 일을 지도한 사람들에 대해서 고맙게 생각하게 되어, 그 사람들이 하자는 대로 으레 따라갈 수 있는 기풍이 조성되는 것입니다. 여기에 정부가 주민들 힘만으로 안 되는 문제를 조금씩 도와주면, 눈에 보이지 않는 동안에 부락이 성장해 나가는 것입니다.

이와 반대로, 부락민 모두가 가만히 앉아서 입에다 밥을 넣어 달라는 그런 농민은, 누가 정치를 해도 백년 해 봤자 구제할 방법이 없다는 것이 나의 신념입니다.

그래서, 우리가 『새마을운동』이라는 구호를 내걸고 한번 시범적으로 해 보았는데, 오늘 여기서 표창과 훈장을 받은 주민, 그리고, 또 그것을 지도한 공무원과 같은 사람들이 있는 곳은 잘 되지만, 그렇지 못한 부락은 안 됩니다. 시멘트를 갖다 주면 집집마다 한 포대씩 나누어 부엌에도 바르고 담장도 바르는 정도에 그칠 뿐입니다. 이번에 충청남도와 전라북도 일원에 혹심한 수해가 있었습니다. 정부에서 나가 모두 조사를 해서 정부에서 도와 줄 것은 도와주어야 될 것이고, 또 우리 모든 동포들은 재난을 입은 국민들한테는 동포애를 발휘해서 구호를 해 주어야 될 것입니다.

그러나, 무엇보다도 가장 앞서야 될 문제는 자력으로 복구해야겠다는 현지 주민들의 자립정신인 것입니다. 어제도 날씨가 좋으면 헬리콥터로써 현장엘 가 보려고 했었는데, 흔히 수해가 났다, 재해가 있었다 해서 가 보면 자기 집 앞에 제방이 허물어지거나, 또는 집이 허물어지거나, 농토가 수해에 일부 유실되었음에도 불구하고, 집안에 가만히 앉아 하늘만 쳐다보며, 정부에서 뭘 갖다 주겠지, 뭘 지원해 주겠지 하고 기다리고 있는 농민들이 많은데, 이런 사람들은 아무리 도와주어 봤자 복구가 안 됩니다. 우선 우리 힘으로 할 수 있는 일이 뭐냐, 우리가 재해를 당했으니까 내가 당한 일은 내가 우선 복구해야 된다, 내 힘이 모자라는 것은 2차적으로 정부가 도와주고, 이웃이 도와주고, 우리 동포가 도와주어야 한다고 생각해야지, 덮어 놓고 정부가 해주어야 한다는 사고방식을 가진 농민들은 백날 가 봤자 자립이 안 되는 것입니다.

이것과 관련되는 이야기입니다만, 농업용수 개발을 위해서 지난 몇 년 동안 정부가 상당히 투자를 하고 역점을 두어서, 관정이다, 저수지다, 양수장이다, 집수암거다 하는 것을 만들었는데, 오늘 여기 브리핑에서도 나왔지만, 그 동안 상당한 수가 못 쓰게 되었거나, 관정에 돌이 들어가고 메워졌는데, 이것은 지방 장관들이나 현지 군수들이나, 면장이나, 공무원들이 농민을 잘못 지도했기 때문입니다.

정부 예산으로 지형 정찰을 하고, 측량을 하고, 들어가기도 못하는 시세를 길까지 뚫어가며 억지로 가지고 가서 관정을 파고, 거기다 펌프를 묻고 위에다 시멘트로 뚜껑까지 해 주었으면, 그 관정에서 혜택을 보는 농민들에게 맡기고 수리계를 만들도록 해서, 농민들이 사후 관리의 책임을 지도록 했어야 할 것입니다. 한발이 왔을 때는 자기 논에 물을 대는 관정인데, 이것을 왜 농민들은 아무 관심이 없고, 공무원이 가서 점검을 해 주고, 중앙이나 심지어는 청와대 비서관들까지 가서 점검해

주어야만 됩니까? 농민들 훈련을 그런 식으로 해가지고 우리 농민들을 어떻게 끌고 나갈 작정입니까? 몽리(蒙利) 농가가 책임지고 일 년에 몇 번씩 뚜껑을 열어 보아 흙이 들어갔느냐, 돌이 들어갔느냐를 검사해서 퍼내야겠으며, 양수기와 발전기를 가지고 가서 물을 퍼내고 거기에 드는 비용은 전부 몽리 농가 자체에서 부담하도록 해야 할 것입니다.

우리가 저수지를 만들어 놓고 수리 조합을 만드는 데도 수세를 받고 있는데, 왜 관정만은 무료로 해야 합니까? 한발 때에는 농사에 관정보다 더 고마운 것이 없으며, 바로 농민이 사는 길입니다. 평소에 일 년 내내 비가 오더라도 농민 스스로 가끔 가서 들여다본다는 정신을 기르도록 지도해야 할 것입니다. 정부가 가서 관정을 파주고, 시멘트로 뚜껑을 만들어 주어, 일 년에 몇 번씩 가서 검사해서 흙이 들어갔으면 양수기를 가지고 가서 퍼 주는데, 그러면 그 농민은 무엇 하는 농민입니까?

농민을 그렇게 지도해서는 안 됩니다. 이것은 지사 이하 일선 공무원들에게 책임이 있다고 봅니다. 농민들을 어떻게 지도하느냐 하는 것을 좀 더 연구하기 바랍니다. 앞으로 농민 스스로 평소에 그것을 점검하지 않고 내버려 두는 한발 지구를 정부는 모른 체 해 버려야 할 것입니다. 그런 것까지 정부가 어떻게 다 일일이 지원해 줍니까?

그런 사람들 아니더라도 잘 살아보려고 발버둥치고 애쓰는 사람들이 얼마든지 많고, 그 사람들을 도와줄 능력이 모자라는데, 그런 게으른 농민들을 정부가 어떻게 다 도와줍니까?

그 다음에는 『농어민 소득 증대 사업』인데, 제4차 연도 계획이 금년에 대략 끝나고, 내년부터 또 새로운 사업이 시작되리라 봅니다. 이것은 각 도에서 연구를 하고 있고, 농림부·내무부에서도 검토를 하고 있는 줄 알고 있는데, 내년부터 시작할 사업을 빨리 책정해서, 금년도 예산에 반영하여 내년에 곧 착수되도록 준비를 서둘러야 될 줄 압니다.

그런데, 이 소득 증대 사업의 대부분은 성공을 하고 있는 줄로 알고 있는데, 일부 사업들은 처음에 그 사업성을 검토하는데 불충분했다든지, 사후 관리가 잘못 되어 실패한 예도 있는 것으로 압니다.

우리는 하나의 사업을 성공시키는 데 너무 조급한 생각을 가져서는 안 되겠습니다. 하나의 사업을 성공시키는데, 어떤 것은 5년 걸리는 것도 있고, 10년 걸리는 것도 있으며, 어떤 것은 몇 십 년이 걸려야 되는 사업들이 있었음에도, 지금 일선 공무원들과 농민들을 보면, 당년에 해 가지고 내년에 무슨 성과를 노리고 있지 않나 하는 생각이 듭니다.

농업이란, 그 자체가 투자를 해 가지고 당장 성과가 나는 사업이 아니기 때문에, 너무 서둘러서는 안 되며, 장기적인 안목으로 서서히 성과를 올리도록 노력해야 합니다.

너무 성급하게 성과를 올리겠다는 생각을 가지고 하다 보면, 실패를 한다든지, 예산 낭비를 하는 예가 많습니다. 처음에 시작할 때 사전에 충분히 연구를 해서 소규모로 벌여, 한 1, 2년 해 보아서 확실한 자신을 얻은 후, 그때부터 서서히 확대해 나가야 할 것입니다. 그래서, 소득 증대 사업도 작년과 금년에는 확대하지 않았는데, 왜냐 하면 정부에서 지원할 자원에도 제한이 있지만, 지금 현재의 사업을 꼭 성공시켜 보자, 일단 이것이 성공한다면, 그 다음에 보급하고 확대하는 것은 간단하기 때문입니다.

또 한편으로는 정부가 일을 동시에 많이 벌여서 그에 대한 사후 관리라든지, 지원이 따라가지 못해서 이것도 다 실패해 버렸다면, 농민들은 다시는 정부가 시키는 일에 대해서 믿지 않고 따라오지도 않을 것이기 때문입니다. 따라서, 앞으로 우리가 착수하고 확대해 나가는 사업도 이런 방향으로 해 나가야 되겠습니다.

그 다음에는 서정쇄신에 관한 문제입니다. 국무총리 훈시도 나가 있고, 각 부처, 각 도, 시 자체에서 기강 확립을 위해 여러 가지 계획을 세우고 실천하고 있는 줄로 압니다만, 각 지사나 시장들이 하는 방법에 있어서는 물론 차이가 있을 것입니다. 그러나, 근본 문제는 오늘 오전 나의 훈시 중에도 있었지만, 모든 기관의 우두머리에 있는 책임자들로부터 솔선수범해야 하겠다는 것입니다. 기어코 하겠다는 결심만 서면 간단한 문제라고 생각합니다. 이것은 어려운 문제가 아닙니다.

우리 사회에 있어 입만 벌리면 부정부패 공무원에 대해 떠드는데, 모든 공무원들이 마음과 자세를 가다듬어, 공무원으로서 참으로 훌륭한 자세로서 일해 보겠다는 자기 결심만 서면, 그러한 것은 다 된다는 것입니다. 그것이 안 되는 공무원은 앞으로 우리가 적발되는 대로 처벌하는 방법도 있을 것이고, 면직시키는 법도 있을 것이고, 자리를 바꾸는 수도 있을 것이고, 또 부정이 생기기 쉬운 자리는 한 자리에 오래 두지 않는 방법도 있을 것이고, 또 그런 자리에 갈 사람은 사전에 그 사람이 과거에 어떻게 해 왔나 하는 것을 전부 조사해 가지고 엄선해서 보내는 등, 여러 가지 방법이 있겠지만, 문제는 위에 있는 사람부터 먼저 앞장서서 솔선수범해야 하겠다는 것입니다.

시는 우선 시장, 도는 지사들부터 자기의 몸가짐을 조심하고, 모든 생각 태도에 있어서도 부하 직원들에게 모범이 되도록 해야 하겠습니다. 이것은 여러분들의 가족부터 시작해야 합니다. 지사는 상당히 검소한데 국민 학교에 다니는 지사 아들은 입은 옷이 어떻고, 쓰는 학용품은 외제만 쓰고 있다든지, 또 그 부인의 패물이 어떻고, 무엇이 어떻다는 식으로 해 가지고는 아무리 해 봤자 소용이 없는 것입니다. 우선, 우리부터 하고, 우리 가족부터 하고, 그 다음 여러분들이 데리고 있는 가까운 측근의 비서라든지, 참모들부터 먼저 해야 하며, 시나 도는 그 도청과 시청·본청에서부터 그런 기풍을 길러서, 말단 시·군·면까지 파급이 되도록 하는 동시에, 따라오지 않는 공무원은 가차 없이 처단하는 자세로 나가야 하겠습니다. 모든 공무원들이 여기에 대해서 자각을 하고 우리 공무원들이 그래서는 안 되겠다 하는 각성만 있으면, 일조일석에 되리라고 생각하는데, 이러한 정신적인 깨달음이 없으면 백날 떠들어 보았자 안 되는 것입니다. 그래서 결국은 위에 있는 사람부터 먼저 솔선수범해야 되고, 그래 가지고 따라오지 않으면, 정부에서 전부 내쫓아 법에 의해서 처벌해야 할 것입니다. 특히 오늘날 개발 도상에 있는 국가나, 후신 국가의 근대화 과정에 있어서 학생들은 「엘리트」다, 「인텔리」들은 「엘리트」들이라 하지만, 내가 볼 때는 뭐니 뭐니 해도 그 나라의 가장 핵심이 되는 「엘리트」는 국가 공무원입니다.

이 나라의 「엘리트」라는 공무원이 돈에 유혹을 받는다든지, 무슨 장사꾼이 와서 조금이라도 건드리면 현혹되는 자세를 버리지 못한다면, 언제 이 나라가 근대화되고, 재건되겠습니까? 그리고, 그러한 공무원들이 교육도 못 받고 무식해서 그러냐 하면, 그렇지 않습니다. 학벌을 보면 다 일류 대학에 대학원까지 나오고 석사 학위까지 아주 거뜬하게 받은 사람들이 멀쩡하게 엉뚱한 짓을 한다는 것입니다. 이것은 정신적인 혁명이 안 되어서 그렇습니다. 이것을 우리가 지도해 나가야 되는데, 밑에 있는 사람만 보고 야단칠 것이 아니라, 위에 있는 사람들부터 우선 앞장서서 하자는 것입니다. 앞으로 지사나 시장 여러분들에게 어떠한 이권 관계나, 인사 청탁을 가져왔을 때, 규정에 어긋나고 부정이라고 판단되면,

"안 된다!"

딱 거절할 수 있는 각오와 결심이 되어 있어야 하겠습니다. 그렇게 해야, 여러분 밑에 있는 사람들도 그런 부정을 거절하게 될 것입니다.

위에서 시장이나 지사는 적당히 하면서,

"왜 우리만 자꾸 야단치느냐?"

하는 인상을 줘 가지고는 절대 안 됩니다. 앞으로 이 문제에 대해서는 이번에 발족한 청와대 사정 담당 특별 보좌관실에서 여러분들이 여러분들 수하 직원에 대한 기강 확립, 또는 서정쇄신에 관하여 어떻게 하고 있는가 하는 것을 가서 확인을 할 것입니다. 그러나, 누가 가서 어떠한 잔소리를 하고 안하고 보다, 여러분들 스스로가 기어코 이것을 해야되겠다는 결심과 자세를 굳게 하는 것이 선결 문제인 것이며, 그렇게 해나가면 반드시 될 수 있다고 믿습니다.

4

새마을운동은 자조정신 함양의 길

벼베기대회 치사 (1971.9.29.)

……전략(前略)……

다음에 또 한 가지 여러분들에게 당부하고자 하는 것은, 우리 농촌에서는 작년부터 『새마을 가꾸기 운동』이라는 것이 벌어지고 있습니다. 전국 방방곡곡에서 이 운동이 활발히 전개되고 있고, 또 작년 1년 동안의 실적을 전부 종합하여 집계해 보니까, 대단히 좋은 성과를 올리고 있습니다. 그 중에는 아주 우수한 모범적인 농촌이 많이 있는가 하면, 그와는 반대로 별반 성과를 올리지 못하는 농촌도 많이 있습니다. 대략 반반 정도 같습니다.

금년에도 정부는 이 운동을 계속해서 추진해 나갈 방침입니다. 바로 여러분들이 사는 청원군만 하더라도 이 옆에 있는 석화리 같은 부락은 작년 『새마을 가꾸기 운동』에서 가장 모범적인 부락으로 지정이 되어서, 얼마 전에 정부에서 매달 한 번씩 실시하는 경제 동향 보고 때 그 부락의 지도자 하상봉 씨가 군수와 같이 와서 정부 각료들 앞에서 보고까지 했습니다. 어떻게 해서 그 부락이 그렇게 발전을 했느냐 하는 것을 정부에서는 연구 자료로서 검토하고 있습니다. 그 외에 다른 군에도 도처에 이와 같은 좋은 부락이 많이 나타나고 있습니다.

『새마을 가꾸기 운동』의 정신을 나는 최근에 『새마을정신』이라고 합니다. 『새마을정신』이란 뭐냐? 자조와 자립과 협동정신입니다. 내가 항시 입이 닳도록 국민들에게 당부하는 이야기지만, 특히 우리 농민들은 잘 살아보겠다는 의욕이 있어야 되겠다, 내 힘으로 잘 살아봐야 되겠다, 내가 남보다 더 노력해서 한번 잘 살아보자 하는 자조정신, 또 남한테 의지하거나 의지할 생각을 하지 않고 내 힘을 가지고 해 보겠다 하는 자립정신, 또 한 동네에 있어서 온 동네 사람들이 서로 단결하고 협동해 나가는 협동정신, 이러한 정신이 갖추어지게 되면 우리 농촌은 불과 몇 년 이내에 완전히 일어납니다. 다른 나라 어느 농촌에 비해 보더라도 조금도 손색이 없고 부끄럽지 않은 그런 농촌이 될 수 있다고 나는 확신합니다.

최근에 전국 방방곡곡에서 일어나고 있는 『새마을 가꾸기 운동』으로 성공한 부락의 예를 보면 더욱더 자신이 생깁니다. 여기 석화리 같은 부락의 경우를 보면 그 부락의 지도자가 약 10년 동안이나 그 부락에 파묻혀서 부락 주민과 고락을 같이 하면서 부락민들을 지도해서 오늘날 이와 같이 훌륭한 부락을 만들어 놓았습니다. 최근 불과 한 2, 3년 동안에 그 모습을 일변한 훌륭한 부락들이 많습니다. 그 부락에 훌륭한 지도자가 있어야 되고, 부락민들이 단결되어 있어야 하고, 그래서 부락민들의 자조·자립정신이 강한 부락은 지금 정부가 농촌에 대해서 지원해 주고 있는 이런 정도의 뒷받침만 따라 가면 그 부락은 일어날 것이고, 이런 부락이 많아지면 우리 농촌은 불과 2, 3년 내에 전부 일어날 수 있습니다. 안 일어나는 부락은 그 부락민들이 게을러서 그런 것입니다. 부락의 지도자도 없고, 어떤 사람이 주민들을 설득을 해 보았자 도무지 따라 오지도 않고, 학교 나온 젊은 친구들이 낮에는 일도 하지 않고 빈들빈들 술이나 먹고 밤에는 그저 화투짝이나 가지고 노름이나 하는 이런 부락에는 정부가 돈이 아니라 돈보다 더한 것을 갖다 주더라도 절대 일어날 수 없습니다.

그 주민들이 한번 잘 살아보겠다는 자각과 의욕과 자조정신과 자립정신과 또 부락민들의 단결심, 협동정신, 이것이 우리 농촌을 일으키는 가장 큰 원동력이 되는 것입니다. 이것은 돈보다 더 중요합니다. 현재 이 부락에 무엇을 원조해 주었느냐, 또한 얼마나 보조를 해 주었느냐, 융자를 해 주었느냐 하는 것은 문제가 아닙니다. 문제는 농민들의 자조·자립·협동정신에 달려 있는 것입니다. 앞으로 정부는 이러한 정신이 왕성한 부락을 우선적으로 도와줄 작정입니다. 그렇지 않은 부락은 정부도 도와주되 다른 부지런한 농촌을 다 도와주고 난 뒤에 여력이 있으면 도와주겠다는 것이 현재의 방침입니다.

일마 전에 전국의 도지사, 시장, 군수들이 전부 모여서 『새마을 가꾸기 운동』에 가장 성공한 부락인 경북 영일군의 어느 부락을 시범 부락으로 정하여 모두 같이 가서 견학을 했습니다. 나도 가 보았습니다. 불과 몇 년 전까지만 하더라도 농토도 산기슭에 있었고, 여러 가지 여건이 아주 불리한 가난한 부락이었는데, 이 부락에 어떤 똑똑한 지도자가 나와서 부락민들을 설득하고 지도를 하고 그래서 부락민들이 다시 눈을 뜨고 전 농민들이 단결을 해서 지금은 거의 전 부락이 기와집으로 변했습니다.

과거에는 한해가 난다, 수해가 난다 하면 전부 절량(絶糧) 농가가 되어 구호 대상자가 되었으며, 또 어떻게 해야 할지 알지 못해서 무작정 고향을 버리고 다른 곳으로 떠나가고는 했는데, 지금은 아주 기름기가 돌고 활기가 넘치는 그런 부락이 되었습니다. 천수답도 전부 바꾸어 상전을 만들고, 양잠을 해서 농가마다 소득을 올리고 있어요.

또, 어떤 농가에 들어가 보니까 막 중학교나 고등학교를 나온 처녀들이 앉아서 홀치기를 하고 있는데, 나는 그 처녀들을 보고 느낀 점이 많았습니다. 그 아가씨들이 서울이나 부산 같은 큰 도시에 있는 처녀들 같으면 요즘 유행하는 미니 옷이나 입고 멋이나 부리고 할 나이의 처녀들인데, 조그만 온돌방에 앉아서 열심히 아침부터 홀치기를 하여 하루에 몇 백 원씩 벌어서 가정에도 보태고 또 자기 용돈으로도 씁니다. 또 그 앞집 농가에서는 금년에는 동리 앞에 밤나무를 심을 계획을 가지고 있었고, 앞으로는 양송이 재배까지 하겠다는 것입니다. 그 부락 주민들은 나한테 이런 말을 했습니다.

"그 대신 우리 힘으로 안 되는 것, 도저히 할 수 없는 것만 조금 도와주면 일을 죽도록 하겠습니다."

앞으로 전국의 모든 부락은 이러한 정신과 자세로『새마을 가꾸기 운동』을 전개해야 되겠습니다. 지난 번 선거 때 정치인들이 전국을 돌아다니면서 우리 농민들한테 공연히 실현성 없는 공약을 남발하여 들뜬 분위기를 조성해 놓았다는 것을 나는 알고 있어요.

어떤 사람은 자기들이 집권하면 여러분들이 가만히 앉아 있어도 입에다 밥까지 퍼 넣어다 줄 것같이 좋은 소리만 하고 다녀서, 일부 지각 없는 농민들 중에는 공짜 같은 것을 은근히 바라는 사람들이 늘어나지 않았나 하고 생각하는데, 그런 생각은 우리 머리에서 싹 씻어 버려야 하겠습니다. 그런 생각을 가진 농민들은 영원히 잘 살 수 없습니다. 이것은 개인도 그렇고, 국가도 그렇습니다.

가난한 나라는 아마 어려울 땐 남의 신세도 지겠지만, 그저 악착같이 일을 해서, 건설을 해 가지고 남한테 신세 안지고, 남한테 큰소리하고, 남한테 구차한 소리 안하고 떳떳하게 살아보겠다는 정신이 왕성하고 단결된 국민은 아무리 어려운 환경에 부딪치더라도 몇 년 내에 일어납니다. 그렇지 못한 국민은 땅 밑에서 노다지가 쏟아져 나와도 절대 부자가 될 수 없는 것입니다. 앞으로, 정부는 3차 5개년계획 기간 동안에 잘 사는 농촌을 빨리 만들기 위해서 총력을 경주해서 여러분들의 자조적인 노력을 뒷받침을 할 작정입니다.

그럴 계획은 다 되어 있습니다. 그러나, 그것만 가지고 성과가 나겠느냐, 나는 그것만 가지고서는 절대 성과가 안 난다고 봅니다. 문제는 농민 여러분들이 따라와야 됩니다. 여러분들 스스로가 자발적으로 벗고 나서서 이 기회에 노력해서 잘 살아보자 하는 정신이 일어나지 않는 한 정부가 아무리 도와주어도 농촌이 일어날 수 없습니다.

이 기회에 이와 같은 정신 자세를 농민들에게 특별히 강조를 하고, 단 앞으로 우리가 증산과 농민 소득의 증가를 위해서 더욱 노력할 것을 당부합니다. 정부는 앞으로 더욱 여러분들의 노력에 충분히 보답할

만큼 뒷받침도 할 것이고 지원도 할 것입니다. 그리고, 여러분들이 피땀 흘려 생산한 농산물에 대해서도 절대 여러분이 손해 보지 않을 만큼 상당한 무리를 해서라도 적당한 가격을 유지해서 잘 사는 농촌이 될 수 있도록 지원해 드릴 작정입니다.

5
근면한 마을과 나태한 마을은 구별해야
지방 초도순시 후 경북도청 유시(1972.2.7.)

……전략(前略)……

금년부터 우리는 제3차 경제개발 5개년계획에 들어갑니다. 이 계획에 있어서 우리가 지표로 삼아야 할 세 가지 중점 사업은 첫째, 농어촌 근대화를 촉진하자는 것과 둘째, 수출을 증대하자는 것, 그리고 셋째로 우리의 공업을 경공업 시대로부터 중화학공업 시대로 끌어올리기 위한 노력을 해야 되겠다는 것입니다.

이 세 가지 목표 중에서 정부가 가장 관심을 가지고 역점을 두는 것은 농어촌 근대화 사업입니다.

우리가 이 사업을 성공적으로 이룩하기 위해서는 다음 세 가지 요소가 3위 일체로 하나가 되어 과감히 추진되어야 한다고 생각합니다.

그것은 첫째, 중앙 정부가 모든 정책 목표와 방침을 완벽하게 수립하고 농어촌을 지원할 수 있는 태세를 확고히 갖추어야 할 것입니다. 둘째, 중앙 정부가 아무리 좋은 정책을 세우고 시책을 다듬었다 해도 이를 집행하는 것은 일선에 있는 공무원들이기 때문에 이들의 올바른 자세와 또 이를 기필코 성취해야겠다는 시대적인 사명 의식과 열성이 없어서는 안 되겠다는 것입니다. 셋째, 정부의 정책이 잘 되고 일선 공무원들이 아무리 열성을 다 한다 하더라도 이것을 받아들이는 농어민 자신들의 자세가 올바르고 가다듬어져 있지 않으면 그 성과를 기대할 수 없다는 것입니다.

다시 말해서, 정부 시책에 대한 호응도가 높아야 되고, 이것을 받아들일 수 있는 농어민 스스로의 태도가 갖춰져 있어야 된다는 것입니다.

이 세 가지, 즉 중앙 정부, 일선에서 집행하는 공무원, 이것을 받아들이는 농어민이 3위 일체가 되어야만 농어촌 근대화 과업은 성공할 수 있습니다.

그러므로, 이번 순시 중 나는 정부에서 하는 일이나, 공무원들에 대해서 뿐 아니라 농어민들에 대해서 스스로 이를 받아들일 수 있는 태세를 갖추어야 한다는 점을 특별히 강조한 바 있습니다.

다시 말해서, 정부가 아무리 좋은 정책을 세우고, 또 지원을 많이 하고 일선 공무원들이 노력을 한다 하더라도 이것을 올바로 인식하고 적극 호응하여, 이 기회에 스스로 잘 살아보겠다고 하는 농어민 자신들의 분발심과 자조·자립정신, 그리고 온 부락이 단결해서 같이 한번 힘껏 잘 해보자는 협동정신, 즉 새마을정신 없이는 소기의 성과를 기대하기 어려울 것입니다.

결국, 농어촌 근대화 사업의 성패를 가름하는 관건은 농어민 자신들이 어떻게 이것을 받아들이느냐 하는 문제에 달려 있다 하겠습니다.

이제, 농어민 스스로가 일대 분발을 해야 될 단계에 이르렀습니다.

정부와 국민, 공무원과 특히 농어민이 하나가 되어 영광된 조국을 재건해 보겠다는 왕성한 의욕과 정열을 솟구쳐야겠다는 것입니다.

이것을 우리는 새마을운동이라 하여 작년에 전국적으로 전개한 바 있었고, 이 운동은 금년에 이어 앞으로도 계속해서 추진하겠다는 것이 정부의 방침입니다.

그러나, 정부는 어디까지나 의욕이 왕성하고 자조·자립정신과 단결하려는 협동정신이 강한 그러한 부락에 우선적으로 지원을 할 것입니다. 부지런하고 알뜰한 농어민들이 우선적으로 지원을 받아야 하는 것은 너무도 당연한 일인 것입니다.

작년에 전국 3만 2천 여 개 부락에 대하여 많은 금액은 아니었지만 농어민들의 분발심을 일깨우기 위하여 지원을 해본 결과 좋은 성과를 거둔 부락도 있었고 그렇지 못한 부락도 있었습니다.

이 경험을 살려, 앞으로는 일률적인 지원 방식을 지양하고 우선 금년은 그 대상을 절반으로 줄여 1만 6천여 부락에 대해서만 지원을 하기로 하였습니다.

이것을 학교 교육에 비유한다면, 새마을운동에 있어서 작년에 실시한 것은 전부 1학년에 입학시킨 것과 같다고 할 수 있습니다.

금년에는 작년에 성적이 나쁜 부락은 전부 낙제, 유급을 시키고 성적이 좋은 부락만 올려, 이번 2차 연도에 계속 지원을 하겠다는 것입니다.

금년 사업은 말하자면 2학년생에 해당되며, 금액도 작년보다 더 많이 지원하게 되어 있고, 또 그런 부락에 대해서는 이 밖에도 농협이라든지 기타 다른 분야에서도 앞으로 적극적으로 사업 내용에 따라 더 지원을 하겠다는 것입니다.

금년 1만 6천여 부락 중에서 잘 하는 부락을 다시 가을쯤에 심사해서 우수한 부락에 대해서는 내년에 3학년생으로 진급을 시켜야겠습니다.

그리고, 낙제한 부락 중에서 작년에는 성적이 나빴지만 그 동안에 분발을 해서 단결이 잘 되고 한번 해보자는 의욕이 왕성한 부락은 다시 선정을 해서, 내년에는 2학년생으로 진급을 시켜 금년에 지원한 정도로 지원해 준다 - 거기서 또 성적이 나쁘면 낙제를 시키고 좋은 부락은 3학년생으로 진급을 시킨다 - 내년에 진급한 3학년생은 다시 심사하여 4학년생으로 진급시켜 대폭적으로 지원을 한다 - 하는 것이 새마을운동에 대한 정부 지원의 기본 방침입니다.

왜 그렇게 해야 되느냐 하는 이유는 간단합니다.

농어촌을 일률적으로 지원해 본 결과 기대한 만큼 성과를 거두지 못한 것이 사실입니다.

부지런하고 잘 하는 부락은 우선적으로 도와주자 - 그러면, 앞으로 금년 가을쯤만 돼도 격차가 생긴다 - 이웃하여 있는 부락이라도 한 부락은 상당한 수준으로 소득이 증대되고 부락 환경이 개선되어 살기 좋은 마을이 되는가 하면 다른 부락은 아주 뒤떨어진 마을이 될 수도 있는 것입니다.

내년쯤 되면 앞선 부락은 더 앞서고, 뒤떨어진 부락과의 격차는 점점 더 커질 것입니다.

일은 하지 않고 노름이나 하고 술이나 마시고 게으른 그러한 퇴폐적

278

인 농어촌을, 부지런히 일해서 잘 살아보겠다고 발버둥치는 그런 농어촌과 똑같이 지원해 준다는 것은 오히려 공평한 처사라 할 수 없습니다.

우리 농어촌도 어느 시기에 가면 아주 근대화된 부락이 여기저기 생기는가 하면 구태의연하게 하나도 발전되지 못한 채 뒤떨어진 부락도 있을 것입니다.

계속 성장한 부락은 조금만 더 지원해 주면 그 다음에는 정부에서 손을 떼어도 될 것입니다.

그 다음 단계로 뒤떨어진 부락에 대해서 정부는 스스로 노력할 것을 촉구하고, 하겠다는 열의를 보이는 부락은 지원하고 그렇지 못한 부락은 제일 마지막으로 순위를 돌리겠다는 것이 정부의 지원 방침입니다.

이것이 우리 농어촌에 새로운 혁명을 일으키는 시책의 기본 방향이며, 이와 같은 시책은 반드시 성공하리라고 믿습니다.

물론, 뒤떨어진 부락들은 불평을 할 것입니다. 잘 한 부락 사람들의 소리는 들리지 않고 게을러서 뒤떨어진 부락의 불평 소리는 크게 들릴지 모릅니다. 그러나, 그 불평에 귀를 기울일 필요는 없습니다. 『하늘은 스스로 돕는 자를 돕는다』고 하였습니다.

왜 노력을 않고 불평만 하느냐? 이웃은 하는데 왜 너는 못하느냐? 열심히 하여라. 그러면, 정부는 지원할 것이다 하는 방침으로 밀고 나가, 부지런한 농민, 부지런하지 못한 농민, 알뜰한 부락, 게으른 부락의 차이를 스스로 느끼도록 하여야 하겠습니다. 그리하여, 정부는 부지런한 곳에 중점적으로 지원을 해서 농민들의 분발심을 일깨워 주고 자조·자립·협동의 새마을정신에 입각한 선의의 경쟁으로 더욱 잘 살아보겠다고 노력을 하는 그러한 기운이 우리 전국 방방곡곡에 가득 차게 될 때, 정부의 노력과 새마을운동은 비로소 알찬 성공을 거둘 수 있을 것입니다. 이것이 나의 기본 방침입니다.

모든 일선 공무원들도 이 방침을 충분히 인식하여 농어민들을 계도하고 분발시키는 데 전력을 경주해야 할 것입니다.

정부가 방대한 재원을 투입하여 농어촌 개발을 추진하는 데 있어서, 그 성패의 관건이 농어민 자신에 있다고는 하였지만, 이에 못지않게 중요한 것은 이를 지도하고 집행하는 일선 공무원들이 농어촌 근대화를 기필코 달성시키겠다는 열의와 집념으로 사업 선정을 엄밀히 하고, 또 선정한 사업에 대해서는 계획을 치밀히 세워 사후 관리를 잘 해서 이것이 결실을 맺을 때까지 지속적으로 끈기 있게 지도하는 일이라고 하겠습니다. 시작한 사업은 꼭 성공시켜야 할 것이며, 해보다가 흐지부지 언제 그만 두었는지 모르게 중지하고 마는 비경제적인 예산 낭비 사업은 앞으로 절대 있어서는 안 되겠습니다.

……하략(下略)……

6

새마을운동은 5·16혁명정신의 계승

5·16혁명 제11주년 및 제7회 5·16민족상 시상식 치사(1972.5.16.)

······전략(前略)······

친애하는 국민 여러분!

5·16 혁명으로 점화된 60년대의 근대화 작업이 주체적 근대화 의식을 국민 모두에게 계몽시키는 데 역점이 있었다면, 70년대의 근대화 작업은 지금까지 계발된 근대화 의식을 국민 개개인의 의식과 행동과 생활 속에서 내실화시켜 나가는 작업이 되어야 합니다.

60년대의 근대화가 기본적 국력 배양을 내용으로 하는 경제 개발에 역점이 있었다면, 70년대의 근대화는 개발의 열매가 국민 각자의 손에 골고루 놓아가고, 그것이 생활 향상에 직결되는 작업이 되어야 하겠습니다.

나는 이러한 관점에서 새마을운동은 곧 70년대의 근대화 작업을 상징하는 민족의 과업이며, 이 새마을운동이야 말로 5·16 혁명 이념을 진정으로 계승 발전시켜 조국의 근대화 작업을 알차게 마무리하려는 의욕과 희망에 가득 찬 우리 민족의 약진하는 모습이라고 강조하고자 합니다.

지금 전국의 방방곡곡에서는 이 새마을운동이 요원의 불길처럼 타오르고 있습니다.

이 새마을운동은 무엇보다도 『새마음운동』으로부터 시작되어야 하겠습니다.

우리는 농촌의 지붕을 깨끗이 개량할 때에 우리의 마음도 근면·자조·협동하는 새마을정신으로 깨끗이 개량되어야 하겠습니다.

우리가 좁은 농로를 확장 보수할 때에 우리 자신과 국가 민족의 탄탄한 앞길에 대한 불퇴전의 신념을 길러야 하겠습니다.

새마을운동은 안정의 그늘에서 싹트는 안일과 타성의 병폐를 배격하며, 성장의 이면에서 활개 치려는 낭비와 사치를 퇴치하는 정신 혁명운동입니다.

새마을운동은 조국 근대화를 위한 일사불란의 국민 총화를 이룩하는 원동력이며, 5·16 정신을 생활화하고 민족의 주체성을 토착화하는 민족의 일대약진운동입니다.

……하략(下略)……

7
근면·자조·협동의 새마을정신에 대하여
새마을소득증대 촉진대회 치사 (1972.5.18.)

오늘, 우리가 여기에서 토의하고 있는 농어민소득증대특별사업이라는 것은 지금 우리가 추진하고 있는 새마을운동과 같은 것입니다.

나는 농어민소득증대특별사업이라는 것은 새마을운동의 일부인 동시에 새마을운동의 전체다, 즉 새마을운동의 궁극적인 목표는 농어민의 소득 증대인 것이며, 우리는 이 운동을 소득 증대로 몰고 나가야 되겠다고 생각합니다.

지금부터 내가 이야기하는 것은 새마을운동 또는 새마을 사업에 대한 것이 주가 되겠습니다.

금년 연초부터 전국 방방곡곡에서 메아리치던 새마을 사업도, 농번기에 접어들면서 대략 마무리를 짓고 이제부터는 농사일에 일손들이 바쁘게 돌아가고 있는 시기라고 보고 있습니다.

그 동안 농촌에서 우리 농민들이 이룩해 놓은 이 사업의 성과를 검토해 볼 때 불과 3, 4개월 동안에 엄청난 일을 했다고 우리는 보고 있습니다.

정부가 새마을 사업 대상 부락으로 선정한 부락에 지원을 해준 것은 불과 시멘트와 철근, 돈으로 해서 18만 원 정도밖에 되지 않는데 이만한 정도의 자재를 가지고 그 부락 주민들이 자기들의 노력을 제공하고 부락민들이 서로 협동·단결하여 정부가 지원해 준 돈보다 몇 십 배의 큰일을 이룩했다고 나는 보고 있습니다.

지난 3, 4개월 동안 우리 농촌에서 우리 농민들이 이룩한 그 사업성과를 통계 숫자로 정확하게 어느 정도라고 밝히기 어렵겠습니다마는, 내가 짐작컨대 정부가 불과 한 몇 십억 정도의 지원을 해서 농민들이 여기에 적극적으로 참여를 해가지고 약 천억 원 이상의 사업을 하지 않았겠는가, 이런 생각을 합니다.

내무부 통계에 의하면 지난 3개월 동안 또는 4개월 동안에 이 새마을운동에 참여한 인원수는 1일 평균 14만 5천 명 정도라고 합니다.

연인원 약 2천만 명이란 사람들이 불과 3, 4개월 동안에 천억 원 이상의 사업을 너끈히 해낼 수 있었다는 것입니다.

우리나라 농민이 전체 인구의 절반이라고 할 때 약 1천 5백만, 거기에서 노동력을 가지고 나와서 일할 수 있는 사람을 한 3분지 1로 잡더라도 약 5백만 명 정도는 이 사업에 참여할 수 있을 것입니다.

만약, 매일 평균 5백만 명이 나와서 3, 4개월 동안 일을 한다면, 우리가 계산하기 어려울 정도로 어마어마한 천문학적인 사업성과를 올릴 수 있을 것입니다.

나는 지난 3, 4개월 동안 농촌에서 이룩된 새마을 사업의 성과에 비추어 볼 때 이것은 능히 가능한 일이라고 생각합니다.

금년도에 새마을 사업 대상 부락으로 선정된 부락은 여러분들이 아는 바와 같이 약 1만 6천여 개 부락입니다.

그밖에, 사업이 시작되고 난 뒤에 선정되지 못한 부락들 중에서 자발적으로 이 운동을 일으켜서 오히려 선정된 부락 못지않을 정도로 좋은 성과를 올리고 있는 부락이 한 5천개 부락이 된다고 합니다. 그렇다면, 전국에 약 2만여 개나 되는 부락들이 이 사업에 참여를 했다고 보겠습니다.

아직 종합적으로 정확한 집계가 나오지는 않았습니다마는, 우리는 처음에 책정했던 이 사업의 목표를 훨씬 더 앞질러서 달성을 했다고 보는 것입니다.

그 동안 나는 농촌의 많은 부락을 찾아다녀 보았고, 우리 농민들이 열심히 땀 흘려서 일하고 잘 살아보겠다고 몸부림치는 그 모습을 보고 깊은 감명을 받은 바 있습니다.

특히, 오늘 이 자리에 모인 전국의 도지사·시장·군수·읍장·면장, 기타 모든 공무원, 또 농촌 지도에 임하고 있는 모든 유관기관의 종사원 여러분들이 지난 몇 달 동안 토요일, 일요일도 없이 밤낮을 가리지 않고 잠바 차림으로서 뛰어 다니면서 농민들을 격려를 하고 지두를 하고 여러 가지 애로를 해결해 주고 농민늘과 같이 고생을 하면서 이 사업 수진을 위해서 많은 수고를 한 데 대해서 오늘 이 자리를 빌어서 여러분들에게 치하를 보내는 바입니다.

확실히 지금 우리 농촌에서 일어나고 있는 새마을운동은 우리 농촌 사회의 새로운 바람이다, 나는 이렇게 봅니다. 이것을 보고 우리 민족의 장래에 새로운 서광이 뻗쳤다, 나는 이렇게 지금 보고 있습니다.

우리 민족도 희망이 있다는 것입니다.

과거 우리의 수천 년 역사를 돌이켜 볼 때, 우리 농촌 사회에서 우리 농민들이 이처럼 의욕적으로, 이처럼 자발적으로 근면하고 서로 협동을 해서 자기 고장의 발전을 위해서 정열을 쏟아 본 예는 역사상 없다고 봅니다.

이것을 볼 때, 우리 민족도 잠재적으로 무한한 저력을 가지고 있는 민족이다 하는 것을 우리는 믿어야 합니다.

그렇다면, 이런 무한한 저력을 가지고 있는 민족이 과거에는 왜 이 저력을 발휘하지 못했던가 하는 것이 문제입니다.

개인이나 한 민족이나 아무리 훌륭한 소질을 가지고 있고 또는 무한한 저력을 가지고 있다 하더라도 여기에는 역시 어떠한 계기와 자극이 있어야만 그 소질과 저력이 발휘된다는 것을 알아야 할 줄 압니다.

그러면, 우리 농민들이 어떠한 자극, 어떠한 계기를 맞이해서 이러한 운동이 일어났겠는가, 나는 지난 60년대의 1차, 2차 경제개발계획을 통하여 우리 모든 국민들이 땀 흘려 일해서 이룩한 건설의 성과를 우리 농민들이 직접 자기들 눈으로 보고 우리도 하니까 저만큼 되더라 하는 데서 우리 농민들이 크게 자극을 받았다고 봅니다.

이러한 자극을 받아서 우리 농민들이 오랜 침체에서 비로소 잠을 깼다, 눈을 떴다, 그렇게 해서 우리도 한번 분발을 해보자는 계기가 마련되지 않았겠는가 나는 이렇게 보고 있습니다.

『우리도 하면 된다』하는 이러한 자신감이 우리 농민들 마음속에 생겼던 것입니다. 자고로 한 민족이 오랜 침체에서 벗어나서 한번 크게 발전을 하고 비약을 할 때에 있어서 가장 중요한 것이 뭐냐? 그 민족들이 가지는 자신입니다. 자신감입니다.

자신이 없어 가지고는 민족이 발전할 수 없습니다.

자신이라는 것은 그 민족들이 발전할 수 있는 모든 힘의 원천입니다. 하면 된다 하는 자신이 생기면 그 다음에는 왕성한 의욕이 생깁니다.

자신과 의욕, 이 자신과 의욕이 없는 민족은 비록 아무리 좋은 여건이 갖추어져 있다 하더라도 또는 좋은 기회가 목전에 도달했다 하더라도 이것을 포착할 줄도 모르고 이용할 줄도 모르는 법입니다.

그와 반대로 자신과 의욕이 왕성한 민족은, 동서고금의 역사를 훑어보더라도, 비록 역경에 처해서도 여기에 굴하지 않고 오히려 이것을 거꾸로 역이용을 해서 전화위복의 전기로 삼을 수 있는 그러한 슬기를 가지고 자기 민족 발전의 발판을 삼는 것입니다.

우리 민족은 그 동안 수없이 많은 고난과 역경과 시련을 겪어 왔습니다.

우리 역사에서 볼 것 같으면 우리 민족이 지난 4천년 역사에 있어서 외적으로부터 침략을 받은 것이 약 9백여 회가 된다고 합니다.

큼직큼직한 것만 해도 한 270여 회나 됩니다. 이것은 역사가들이 이야기하는 것입니다.

먼 옛날이야기는 고사하고라도 20세기에 들어와서 우리가 겪은 여러 가지 고난과 역경만을 회고해 보더라도 20세기 초기에 우리는 왜적의 침략을 받아서 나라를 빼앗기어, 나라 없는 백성의 설움을 겪었습니다.

그 다음에는 공산당의 침략을 받아 가지고 전 국토가 완전히 잿더미가 되는 처참한 전란의 참화를 우리는 겪었습니다.

그밖에 하늘도 우리에게 여러 가지 시련을 주었습니다.

몇 년만큼 한해가 오고 수해가 오고, 특히 우리 이 호남 지방은 가장 우심한 피해를 받은 지방의 하나입니다.

이러한 천재를 우리는 수없이 겪어 왔습니다.

그 뿐만 아니라, 우리는 조상 대대로 물려받은 이 가난이라는 설움을 우리들 뼈에 사무칠 정도로, 골수에 사무칠 정도로 겪어 보았습니다.

안 겪어 본 것이 없다시피 우리는 골고루 다 겪어 보았습니다.

그러나, 다행히도 우리 민족은 여기에 굴하지 않았습니다.

침략자에 대해서는 그냥 굴복한 것이 아니라 우리가 살기 위해서는 침략자와 대결해서 싸워야 되겠다, 싸우기 위해서는 힘이 있어야 된다, 그러기 위해서는 힘을 길러야 한다는 것을 우리는 깨달았습니다.

천재를 당해서는 하늘만 쳐다보고, 하늘을 원망하고 땅을 치고 아무리 한탄을 해 보았자 소용이 없다는 것을 우리는 알았습니다.

과거에는 물은 하늘에서만 떨어지는 줄 알았는데 이제는 물은 하늘에서만 떨어지는 것이 아니라 땅 밑에도 물이 있다는 것을 알고 우리는 지하수를 개발하고 땅 밑에서 물을 뽑아 올렸습니다.

결국 천재라는 것은 숙명적인 것이다, 사람의 힘으로는 어떻게 할 도리가 없는 것이라고 체념할 것이 아니라 우리 스스로가 우리의 노력으로서 극복하고 이겨 나가겠다는 굳은 결의를 가지고, 그 방법을 모색하고 찾아내야지 하늘을 원망해 보았자 별 도리가 없다는 것을 우리는 깨달았습니다.

가난도 마찬가지로 팔자소관이 아니라 우리가 부지런히 일하고 알뜰히 일하면 이를 물리치고 잘 살 수 있다는 것을 우리는 알게 되었습니다.

그러나, 과거에는 이러한 것이 모두 안 된다, 불가능하다, 이렇게만 생각했던 것입니다. 안 된다고만 생각하고 그러한 체념 속에서 우리는 오랫동안 살아 왔습니다. 지금 와서는 어떠냐, 우리 힘으로 우리가 노력만 하면 된다, 반드시 해낼 수 있다 하는 자신을 우리는 가지게 되었습니다. 우리가 새로이 분발을 하고 근면하고 서로 협동을 하고 단결한다면 이 세상에 안 될 일이 없다는 자신을 가지게 되었습니다.

지금 우리 농민들은 이러한 자신감에 가득 차 있습니다.

이것이 곧 우리 농촌에서 새마을운동이 일어나게 된 동기요 그 근본 원인이라고 나는 보는 것입니다.

새마을운동은 결코 우리 농촌 사회에서 우연히 일어난 것은 아닌 것입니다.

그렇다면, 이 새마을운동이라는 것은 뭐냐?

옛날 속담에 논어를 읽고도 논어의 뜻을 모른다 하는 말이 있습니다. 이와 마찬가지로 요즈음 새마을, 새마을 하는 것은 어린애들까지나 아는 얘기인데 막상 새마을운동이란 뭐냐? 이렇게 물어 보면 그 참뜻을 올바르게 알고 있는 사람은 그다지 많지 않은 것 같습니다.

어떤 사람은 새마을운동이라는 것은 정부에서 주는 시멘트하고 철근을 가지고 마을 앞에 다리 놓고 농로 뚫는 것, 이것을 새마을운동으로 알고 있는 것 같습니다.

물론, 그것도 새마을운동의 일부분입니다.

그러나, 그것이 새마을운동의 전부는 아닙니다. 그러면 뭐냐, 쉽게 말하자면 새마을운동이란 잘 살기 운동이다. 우리가 잘 살기 위해서 하는 운동이다, 이렇게 말하면 가장 알기 쉽다고 생각합니다.

그러면, 그것만 가지고 잘 사는 것이라고 할 수 있겠느냐, 그렇지 않다고 본다, 우리가 밥 먹고 옷 입고 하는 것뿐만 아니라 우리가 인간으로서 보다 더 여유가 있고 품위가 있고 보다 더 문화적인 생활을 할 수 있게 되어야 하겠다, 그것도 나 혼자만 그렇게 잘 살아서는 안 되겠다, 내 이웃 사람은 지금 밥을 못 먹고 굶고 있는데 나만 잘 먹고 잘 입고 여유 있고 품위 있는 문화적인 생활을 하는 것, 이것은 잘 사는 것이 아닙니다. 우리 이웃끼리 서로 서로 사랑하고, 서로 돕고, 상부상조 할 수 있는, 우리나라 옛날부터 내려오는, 이웃 간에 인정과 미풍이 넘쳐흐르는 고장을 만들어야 되겠다, 이런 것이 진짜 잘 사는 것이라는 것입니다.

이를 위해서는 뭐니 뭐니 해도 가난을 추방해야 되겠고 빈곤을 추방해야 되겠습니다.

우리나라 속담에 금강산도 식후경이라는 말이 있는데, 금강산 구경이 아무리 좋더라도 배가 고파 가지고는 아무리 좋은 경치도 좋게 보이지 않는다는 것입니다.

가난을 추방해야 됩니다.

가난을 추방하기 위해서는 어떻게 해야 되느냐, 우리가 노력해서 소득 증대를 해서 우리 농가나 우리 마을에 수입이 더 늘어나야 되겠다, 이렇게 해서 우리들 당대에도 잘 살아야 되겠고 만약에 이런 노력을 해서도 우리 당대에 잘 살 수 없다면 우리 자손들 대에 가서라도 잘 살도록 해야 되겠습니다.

또, 우리가 이렇게 가꾸어 놓은 것을 자손들한테 떳떳한 유산으로서 물려주어야 되겠습니다. 또, 우리가 늘 우리 고향이나 우리나라의 무엇을 보고 과거에 우리 조상들은 뭐했느냐, 그저 당파 싸움이나 하고 무슨 쓸데없는 짓이나 하지 않았느냐고 조상 원망을 많이 합니다.

이제 우리는 조상 원망할 그런 단계가 지났습니다. 우리 스스로가 정신 바짝 차려서 이 나라를 잘 만들어 우리들 후손들에게 떳떳한 것을 물려주기 위해서 우리가 전력을 다 해야지, 그렇지 않으면 요다음에 우리들 자손들한테서 우리가 또 원망을 듣게 됩니다.

이것이 정말 잘 사는 길인 것입니다. 그러면 어떻게 하면 잘 살 수 있느냐, 그 방법이 뭐냐, 방법은 우리가 다 알고 있습니다. 이 자리에 있는 여러분들도 다 알고 있습니다.

문제는 그것을 우리가 어떻게 실천하느냐, 실천 문제가 남아 있는 것입니다.

잘 살자면 첫째 부지런해야 됩니다. 이것은 동서고금의 철칙이요 진리입니다. 부지런하지 않고 게을러서 잘 살았다면 그것은 뭐가 잘못된 것입니다.

또 자조정신, 자립정신이 강해야 됩니다.

언제든지 남에게 기대야 되겠다, 의지하겠다, 의존하겠다, 이런 정신 가진 사람은 잘 살 수 없는 것입니다. 이런 정신 가진 민족도 잘 살 수 없는 것입니다.

또, 서로 협동해야 됩니다. 온 마을 사람들이 힘을 모아서 협동을 해야 됩니다.

어떻게 하면 잘 산다는 그 방법과 원칙은 우리가 다 알고 있습니다. 문제는 이것을 우리가 실천하느냐 못하느냐 하는 데 있습니다.

부지런해야 된다고 그랬는데 부지런한 것도 한 사람만 부지런해서는 안 됩니다.

⋯⋯중략(中略)⋯⋯

온 집안 식구가 전부 다 부지런해야 됩니다. 그래야 그 집은 잘 살 수 있습니다. 동시에 한 부락에 한 집만이 그렇게 부지런해도 안 됩니다. 온 동네 사람이 전부가 부지런해야 됩니다. 전부가 부지런하면 자연적으로 여기서 협동심이 일어나는 것입니다.

우리가 요즘 협동, 협동하는 얘기를 많이 하는데 협동이라는 것은 뭐냐, 협동의 원리가 뭐냐, 여러분들이 아시는 바와 같이 협동이라는 『협』자는 한자로 마음 심 변에 힘력 자를 셋을 썼습니다. 마음과 힘을 여러 사람이 합친다, 이런 뜻인데 협동을 하면 세 가지 득을 볼 수가 있는 것입니다.

이번 새마을운동을 통해서 우리 농민들이 이것을 직접 체험을 통해서 느꼈으리라고 나는 생각합니다.

협동을 하면 모든 일에 능률이 오르는 것입니다.

이번 새마을운동에 있어서도 여러 부락들이 농로를 만든다, 교량을 만든다, 등등 여러 가지 공공 이익 사업을 많이 했는데 이것은 한두 사람 힘을 가지고는 안 되고 전 마을 사람이 단합을 해 가지고 협동을 해야만 될 수 있는 일입니다.

한 사람의 능력을 가령 1이라고 평가를 했을 때 두 사람의 힘을 합치면 얼마나 나오느냐, 산술적으로는 1 더하기 1이니까 2입니다.

그러나, 두 사람의 힘을 합쳤을 때는 1 더하기 1은 2 더하기 「알파」, 즉 $1+1=2+a$다 이겁니다. 이 알파라는 것이 엄청난 힘을 발휘한다는 것을 우리 국민들은 잘 인식을 해야 되겠고 우리 농민들은 이것을 점차 깨닫게 된다고 생각합니다.

예를 들면, 부락 앞에 길을 닦는데 지금 내 앞에 있는 테이블 같은 큰 바위가 하나 있다고 합시다. 한 사람이 이것을 백날 떠밀어 보았자 혼자 힘 가지고는 안 됩니다. 두 사람, 세 사람, 네 사람, 마을의 젊은 장정들이 몇 사람 와서 우 달려드니까 불과 몇 분 동안에 저쪽으로 벌떡 집어 던질 수 있습니다. 1 더하기 1 더하기 1해서 다섯 사람이면 다섯밖에 안 되지만 다섯 사람이 합친 힘이라는 것은 어마어마한 힘을 나타냅니다.

우리 농민들이 이런 것을 알게 되었습니다.

우리 농촌에서 뿐만 아니라 우리 사회의 모든 분야에서 협동이라는 것은 가장 중요한 것입니다.

그 다음에 이 협동을 통해서 부락민들의 단결심이 강해지는 것입니다. 같이 서로 힘을 써서 땀 흘려 가지고 일을 하고, 이래서 이룩한 그 결과를 보고 서로 흐뭇하게 보람을 느끼는 데에서 부락민들의 단결심이 생깁니다.

처음에는 우리 부락에 아무 기계도 없는데 부락민들이 맨주먹으로 삽과 곡괭이만 가지고 저런 일을 어떻게 하겠느냐 했는데, 실제 해 놓고 난 뒤에는 스스로도 깜짝 놀랄 정도로 어마어마한 일을 했다는 것을 알게 됩니다.

이렇게 될 때 부락민들이 힘을 합치면 무슨 일이라도 할 수 있다 하는 자신이 생깁니다.

협동을 통해서 우리는 일의 능률을 올릴 수 있고 단결심을 더 강화할 수 있고 자신력을 가질 수 있습니다. 능률·단결·자신 이것을 합치면 못하는 것이 없습니다. 근면하고 자조·자립정신이 강하고 또 협동정신이 왕성해야 되겠다는 것이 바로 새마을정신입니다.

이러한 정신이 왕성하면 새마을운동은 반드시 성공을 합니다. 그리고 우리는 반드시 잘 살게 된다고 믿습니다.

이렇게 볼 때 새마을운동이라는 것은 아직도, 이야기했듯이 어떤 사람이 무슨 시멘트나 철근을 가지고 다리를 놓고 마을 안길 다듬는 것만이 아니라, 하나의 국민정신 계발 운동이며 정신 혁명 운동인 것입니다.

새마을운동이나, 우리나라의 농촌 근대화나, 소득 증대나, 모든 것이 이러한 정신 운동이 선행되어야만 비로소 일이 이루어질 수 있습니다. 또한, 이 새마을운동이라는 것은 하나의 행동 철학입니다. 말만 가지고는 안 됩니다.

아는 것만 가지고는 소용없습니다.

직접 행동을 하고 실천을 해야 됩니다.

새마을운동은 정신 계발 운동이요, 정신 혁명 운동이요, 행동 철학입니다.

이러한 정신, 이것이 우리 농촌에 충만할 때, 그리고 우리 농민들에게 이런 정신이 왕성할 때, 우리 농촌은 불과 멀지 않은 장래에 전부 다 잘살 수 있는 농촌이 될 수 있고 또 우리 농촌의 근대화가 이룩될 수 있다고 나는 확신합니다.

한편, 이러한 정신 자세가 확립이 되었다 하더라도 역시 그 다음에 우리가 행동에 옮기는 단계에 있어서는 치밀한 계획을 세워야 하고 여러 가지로 조심성 있게 이 사업을 밀고 나가야 되는데 그 행동 단계에 있어서 우리가 무엇을 조심해야 되겠느냐, 우선 이번에 농촌에서 하고 있는 여러 가지 사업을 보고 느낀 종합적인 소감을 몇 가지 지적하고자 합니다.

마을 사람들이 지금 부지런하고 자조정신도 강하고 협동하겠다는 정신도 왕성하다면 그 다음에는 부락에서 무슨 사업부터 해야 되겠느냐 하는, 사업 선정을 잘 해야 되겠다는 것입니다.

오늘 이 자리에 오신 시장·군수 여러분들도 새마을운동을 지도하면서 이런 것을 직접 느끼고 경험을 했으리라고 봅니다.

사업을 선정하는 데 우리가 무엇을 주의해야 되겠는가, 첫째는 그 부락주민들의 총의에 의해서 사업을 선정해야 됩니다. 다시 말하면, 민주적인 방법으로 해야 한다는 것입니다. 예를 들면 이번에 정부에서 시멘트 5백 몇 십 포대와 철근이 1톤 나오고, 우리 부락에 자체 기금이 얼마 있으며, 우리 동네의 젊은 일꾼들이 나와 일할 사람들이 얼마나 되는데 무엇을 우리가 먼저 해야 되겠는가를, 한두 사람 의견으로 결정할 것이 아니라 온 동네 사람 전체의 의견을 들어 보아서 결정하라는 것입니다.

만약에, 전 부락민의 의견 일치가 안 될 때에는 설득을 해서 총의에 의해서 그 사업을 선정해야 됩니다. 그래야만 이 사업은 반드시 성공하게 되는 것입니다.

우리나라 민주주의는 농촌에서부터 훈련을 해야 된다, 나는 이렇게 생각합니다.

그 다음에는 총의에 의하는 방법의 한 가지라고 보지만 부락 공동 이익에 기여할 수 있는 사업을 해야 됩니다.

부락에서 다리를 놓는데, 놓아 보았자 마을 저쪽 끄트머리에 있는 몇 집만 덕을 보지 대부분 부락 주민들에게는 그 다리 있으나 없으나 마찬가지다, 아무 소용없는 것이라면 그런 사업을 선정해서는 안 됩니다.

부락민 전체에게 공동 이익을 줄 수 있는 그런 사업을 선정해야 되겠다는 것입니다. 그렇게 하지 않으면 하다가 주민들이 모두 열의가 식고 흥미가 안 나서 흐지부지 되는 것입니다.

그 다음에는 그 부락의 특수성을 잘 감안해야 됩니다.

남이 농로를 만드니까 우리 부락도 농로, 다른 부락에서 간이 상수도 하니까 우리도 간이 상수도, 이렇게 획일적으로 남을 모방만 하는 방법 가지고는 안 됩니다.

우리 부락에서는 무엇이 가장 시급하고 무엇이 가장 중요한가를 판단해서 해야 합니다. 이번에 성공한 새마을 부락 지도자들의 경험담이 신문에서도 요즘 보도되고 행정기관을 통해서 보고도 되었지마는, 어떤 부락에서는 부락 지도자가 이번에 정부에서 준 자재를 가지고 무엇을 만들었느냐 하면 마을 회관을 제일 처음에 만들었어요. 물론 어떤 사람이 볼 때에는 그까짓 마을 회관 만드는 것보다는 다른 딴 일 하는 것이 좋지 회관이 먼저 있어야 되느냐 하는 얘기를 하는 사람도 있겠지만, 그 부락 사정에 따라서 이 지도자는 마을 회관부터 먼저 만들었는데 그것이 가장 성공적이었다고 합니다.

왜냐하면, 그 부락에는 박 씨도 있고, 이 씨도 있는데 한 동네에서 몇백 년 동안 조상 대대로 살아오면서도 부락 사람이 전부 모여 앉아서 부락의 개발과 발전을 위해서 토의를 하고 의견 교환을 해본 일이 없다는 것입니다.

따라서, 이 동네를 앞으로 발전시키고 근대화하는 데 있어서는 동네 사람이 한 장소에 모여 서로 토론하고 의견을 교환할 수 있는 대화의 광장이 가장 필요했다는 것입니다. 마을 회관을 만드는 것이 다리 하나 놓고 농로 하나 만드는 것보다도 더 앞서야 했던 것입니다. 그 부락의 실정으로 보아서는 회관을 만든 것이 성공적이었습니다마는, 그렇다고 해서 모든 부락이 마을 회관부터 시작해야 하느냐, 그런 것은 아니라는 것입니다.

그 부락의 지도자가 마을의 특수성을 잘 판단해야 됩니다. 어떤 부락에서는 농로를 개설해야 되겠고, 어떤 부락에서는 마을 앞에 다리를 가장 우선적으로 놓아야 될 것입니다.

우리는 다리도 있고 농로도 되었고 마을 회관도 있으니까 간이 상수도부터 하자, 우리는 음료수가 가장 곤란해서 부녀자들이 물을 길러 다니는데 5리나 10리를 오가기 때문에 우리 부락에 가장 중요한 것이 상수도다, 간이 상수도다, 그럴 때에는 그 부락 주민들 의사에 따라서 간이 상수도를 먼저 할 수도 있는 것입니다.

또, 우리는 이것저것 다 되어 있다. 그런데 이 자재로 무엇을 할 것이냐?

당장 어떤 소득을 올리는 공동 이익 사업을 시작할 수도 있습니다. 이렇게 그 부락의 특수성을 잘 감안해야만 이 사업이 성공적으로 추진될 수 있다는 것을 말씀드립니다.

그 다음에 또 한 가지는 그 부락의 능력을 잘 고려해야 되겠습니다. 너무 욕심을 내서는 안 되겠습니다. 이번에 성공한 부락이 많이 있는가 하면 너무 의욕이 지나쳐 부락의 능력을 잘 감안하지 않고 욕심을 부려서 성공하지 못하고 실패한 부락도 있었습니다.

다른 부락이 다리를 놓으니까 우리 부락도 다리를 놓자, 그 다리가 필요하다면 놓아야 되겠지마는 그것은 시작하기 전에 우리 부락의 호수가 몇 호나 되고, 사람이 여기에 몇 명이나 살고, 그 사람들 중에서 나와서 일 할 수 있는 근로자가 몇 명이나 되며, 다리를 놓는 데 정부에서 보조받을 수 있는 자재는 얼마고, 우리 부락 자체가 여기에 대해서 나머지 돈을 내고 노력 봉사를 해야 되겠는데 돈과 노동력이 얼마나 드느냐를 계산해야 하는 것입니다.

그리하여, 우리 부락민들이 그것을 부담할 수 있느냐 없느냐는 것을 잘 검토해서 할 수 있는 범위 내에서 해야지 범위를 너무 초과해서 이런 일을 시작해 놓고 하다가 보면 무슨 수가 나겠지 하는, 이런 방법으로 하다가는 실패하는 것입니다.

모처럼 주민들이 나와서 새벽부터 땀을 흘려 열심히 했는데, 하다가 중단 상태가 되면 그 부락민들의 의욕이 좌절될 우려가 있습니다.

사업 선정에 있어서 또 한 가지 마지막으로 우리가 조심해야 될 것은 직접이든 간접이든 우리가 노리고 있는 부락 소득 증대에 기여하는 사업을 선정해야 된다는 것입니다.

마을 회관도 나는 간접적으로 소득 증대에 기여한다고 봅니다.

첫째는, 부락 사람들을 단합시키고 설득 시키고, 때로는 거기에 부락 사람을 모아 가지고 영농에 대한 기술을 강습하고, 또 어떤 때에는 가내 공업이라든지 부업을 가지고 와서 부락 부녀자들이 회관을 이용해서 낮으로는 작업장으로 이용하는 등등 소득 증대에 기여합니다. 여하튼 그 부락 주민들이 소득 증대에 직접, 간접으로 기여할 수 있는 이러한 사업을 선택해야 될 것입니다.

만약에, 여러분들 관하에서 이번에 한 사업들 중에 실패하고 성격이 부진한 사업이 있다면 반드시 어딘가 처음에 검토가 잘 안되었거나 미진한 사업일 것입니다.

그 다음에 사업 선정이 됐다면, 누가 이것을 앞장서서 밀고 나가느냐 하는 것이 대단히 중요합니다.

부락의 일부 완고한 노인들이 반대하는 것을 설득하고 이해를 시키고 거기에 대한 계획을 짜고 하는 일을 누가 하느냐! 지도자가 해야 합니다.

새마을운동에 있어서 가장 중요한 것은 부락에 훌륭한 지도자가 있어야 되겠다는 것입니다.

우우 모여 가지고 좋소, 합시다 해도, 부락민들의 앞장에 서서 밀고 나가는 훌륭한 지도자가 없어가지고는 그 일을 성취할 수 없다는 것을 우리는 알고 있습니다.

이번에 성공한 부락은 전부가 이러한 훌륭한 지도자가 있었습니다. 지도자는 한 사람이 있는 경우도 있었고 두 사람, 세 사람이 복수로 그 부락의 지도자로서 앞장서서 일한 예도 있었습니다.

그 부락 지도자가 되는 사람은 그 부락민들에 대한 신망이 두텁고, 또 설득력이 있고, 창의적이고, 헌신적인 그러한 지도자라야만 부락민들이 따라 간다는 것을 우리는 이번 경험을 통해서 알았습니다.

이 훌륭한 부락의 지도자를 우리가 얻느냐 못 얻느냐 하는 것은 앞으로 이 새마을운동이 성공하느냐 못하느냐 하는 성패의 관건이라고 나는 생각을 합니다.

지도자까지 결정됐다면 이 부락은 벌써 불이 붙은 것입니다. 자동차로 말하면 시동이 걸렸다, 점화가 된 것입니다. 이렇게 된 부락들이 이번에 모두 좋은 성과를 올렸다고 봅니다.

그러면, 앞으로 이 새마을운동을 우리는 어떠한 방향으로 이끌어 나가야 되겠느냐 하는 것이 문제입니다.

아까도 얘기를 했지마는, 모든 사업이 주민들의 소득 증대와 직결되게끔 모든 것을 유도해 나아가야 되겠습니다.

이것이 안 되면 처음에는 상당히 열을 올려 농로도 만들고, 다리도 놓고, 지붕도 개량하고, 마을 안길도 고치고, 등등 했는데 뒤에 가서 보니까 소득 증대는 아무 것도 없더라, 수입이 더 올라가는 것, 돈이 더 벌리는 건 없더라, 이렇게 되면 농민들이 그 다음에는 열의가 식어 버립니다.

이런 일을 해 보니까 부락도 아담하고 깨끗하고 살기도 좋고 동시에 소득도 늘게 되더라, 이런 정도가 되면 이 운동은 그냥 앞으로 계속 전진하는 것입니다. 하지 말라고 누가 말리더라도 이것은 그대로 나간다고 나는 믿습니다.

따라서, 모든 사업은 처음 시작부터 간접, 직접 모두 소득 증대에 직결시켜 나가야 되겠습니다.

거듭 강조해 두거니와 우리의 이 새마을운동의 궁극적인 목표는 소득 증대에다 두어야 되겠습니다. 그렇게 함으로써 우리가 잘 살 수 있는 것입니다.

지금 우리는 농번기에 접어들었습니다. 이제부터는 뭘 해야 되겠느냐! 금년 봄에 시작한 새마을 사업은 대부분 벌써 매듭을 짓고 농사일에 모두 전념하고 있을 줄 압니다마는 아직 매듭을 짓지 못한 사업은 빨리 매듭을 짓고 농사일에 전념을 해야 되겠습니다.

벼농사를 잘하고, 보리농사를 잘 하는 것이 결국은 소득 증대입니다.

우리 농민으로서는 아직까지는 소득 증대 사업 중에 가장 대종을 이루고 있는 사업이 이것이기 때문에, 다른 새마을운동 때문에 이 농사일에 등한히 한다든지 해서는 안 되겠다는 것을 여러분들이 확실히 인식해야 되겠습니다.

또, 봄에 하던 사업은 매듭을 지어가는데, 그러면 지금부터는 이 새마을운동을 지도하는 공무원들이나 그 부락의 지도자들은 무엇을 해야 되겠느냐?

금년 가을의 농한기에 해야 할 사업을 지금부터 계획을 세우고 여러 가지 준비를 서둘러서 가을에 농사 일이 끝나고 농한기에 접어들자마자 우리는 이 사업을 밀고 나가야 되겠습니다.

금년 가을, 내년 봄, 내년 가을, 이것을 계속 밀고 나가야 되겠습니다.

정부에서는 금년 추기 사업에도 금년 봄에 농촌에 지원해 준 정도의 자금을 지금 마련하려고 여러 가지 노력을 하고 있습니다.

그러나, 부지런한 부락에 대해서, 잘한 부락에 대해서, 우선적으로 지원한다는 정부의 이 방침은 추호도 변동이 없습니다. 전부 골고루 도와준다 하는 그런 방식은 쓰지 않겠습니다.

올 봄에 지방장관회의 때도 그런 얘기를 한 기억이 납니다마는, 골고루 정부가 도와준다 하는 것은 공평하지 못하다는 것입니다. 열심히 하고 부지런히 하고 잘한 부락은 더 도와주고 그렇지 못한 부락은 뒤로 돌려서 천천히 도와주는 것이 공평하다는 것입니다. 부지런한 사람이나 게으른 사람이나 똑같이 주는 것은 가장 불공평한 행정입니다. 이렇게 나간다면 우리 농촌은 내가 보기에 앞으로 수년 내에 상당히 격차가 생기리라고 봅니다.

어제도 서울서 내려오는 비행기 위에서 보니까 새마을운동을 열이 올라서 잘 하고 있는 부락과 그렇지 못한 부락은 그 높은 공중에서도 벌써 빛깔로 어느 정도 구별을 할 수 있게 되어 가고 있었습니다.

금년 가을, 내년 봄, 내년 가을, 앞으로 몇 번 겪어 가면 이러한 차이는 엄청나게 생기리라고 나는 봅니다.

농촌에 그런 격차가 생길 것이라는 것입니다. 그래야 게으르고 뒤떨어진 부락은 자극을 받아서 따라올 것입니다.

오늘, 여기에서 우리가 토의하는 이 소득 증대 촉진 사업, 이것은 아까도 말한 바와 마찬가지로 새마을운동입니다.

새마을운동의 궁극적인 목표는 역시 소득 증대에 두어야만 이 사업이 성공적으로 추진될 수 있고, 우리 농민들이 계속 의욕을 가지고 따라 올 수 있으리라고 봅니다.

그 동안 제1차 농어민소득증대특별사업, 즉 68년부터 71년에 끝난 제1차 농어민소득증대특별사업 4개년 계획이 끝나서 그 성과가 조금 전에 여러분 앞에 발표되었습니다마는, 이것을 보면 대부분이 다 성공적으로 잘 되었습니다.

그러나, 그 가운데 성적이 과히 좋지 못한 부실 사업도 몇 가지가 있는 것으로 알고 있습니다.

여기에 있어서도 역시 주민들이 근면하고 자조·자립정신이 강하고 협동심이 강한 부락에서는 성공을 했습니다. 그렇지 못한 부락은 정부가 모처럼 소득 증대 특별 사업으로, 농특사업 단지로 지정을 해 주었지만 성공을 하지 못했습니다.

혹 이런 소리를 하는 데도 있을지 모르겠습니다.

『우리는 열심히 했다. 우리 부락이 아주 단결도 잘 되어 있고 협동심도 왕성한데 결국은 성공을 못했다』

왜 못했느냐, 거기에는 두 가지 이유가 있다고 봅니다.

하나는 농민들에게 책임이 있고, 하나는 정부의 책임이 있는 것입니다.

농민들의 책임이라는 것은 무엇이냐, 열심히 한 것도 좋고 적극적으로 잘 한 것도 좋은데 농민들도 이제부터는 농사에 머리를 써야 되겠다는 것입니다.

좀 더 현대 경영에 대한 다각적인 지식과 기술을 알고 경영에 대한 기술을 좀 더 연구하고 배워 가면서, 머리를 써 가면서 농사를 지어야지 옛날처럼 막연한 그런 농사 가지고는 성공할 수 없습니다.

동시에 정부에도 잘못이 있다고 나는 봅니다.

그것을 하나하나 어떤 경우라는 것을 일일이 지적할 수는 없지만 한 가지 예를 들면, 정부에서 자금을 적기에 방출해서 지원을 해 주지 않았습니다. 최근에도 양송이 재배 사업에 그런 일이 있다는 여론이 지방에서 올라 온 것을 나는 듣고 있습니다.

또, 정부가 생산을 하라, 증산을 하라, 이렇게 권장은 했지만 계획적인 증산이 아니었습니다. 계획 생산을 안 한 데에 큰 문제가 있다고 봅니다.

지난 군정 때 우리가 한번 실패한 것을 여러분들도 잘 알고 있을 것입니다.

그 때에 혁명 정부가 경험이 없어서 그랬겠지만, 우리 농촌에다 돼지를 많이 치라고 권장을 했습니다. 그래서, 농촌에서는 돼지를 많이 쳤습니다. 1년 동안 돼지를 열심히 쳐서 살을 찌워가지고 시장에 갖다가 팔려고 하니까 처음에 새끼돼지 사왔을 때보다도 값이 더 떨어져 버렸습니다.

그래 농민들의 불평이 굉장했습니다. 따라서, 앞으로는 농민도 그런데 대해서 머리를 써야 되고 정부도 머리를 써야 됩니다.

농민들이 생산한 물건에 대한 가격 보장, 즉 어떻게 하면 농산물의 값이 떨어지지 않고 적정한 가격을 유지할 수 있느냐 하는 것을 연구해야 합니다. 돼지뿐 아니라 앞으로 무슨 고등 채소다, 비닐 채소다, 또는 다른 특용 작물이다, 하는 것도 모두 다 마찬가지라고 생각합니다.

이런 것은 아마 정부가 잘못 했을 것입니다. 가격에 대한 보장을 안해 주었다, 계획 생산을 못했다, 이런 것은 우리가 깊이 반성을 하고 금년부터 시작하는 제2차 농어민소득증대특별사업 5개년 사업에 있어서는 이런 전철을 다시 밟지 않아야 되겠다는 것을 우리 모든 공무원들과 농민들, 농촌 지도자 여러분들에게 당부를 합니다.

마지막으로, 새마을운동으로 우리가 지금 추진하고 있는 사업을 반드시 성공시키고 유종의 미를 거두기 위해서 지금부터 우리가 유의해야 할 사항을, 그 동안에도 여러 번 단편적으로 나갔습니다마는, 종합해서 몇 가지 이야기하고자 합니다.

첫째, 우리 공무원들과 이 운동에 참여한 우리 농민들이 꼭 생각해야 될 것이 너무 성급하게 생각해서는 안 되겠다는 것입니다.

새마을운동을 했다고 해서 이제까지 수백 년 동안 가난하던 그런 부락이 1년 동안에 또는 2년 동안에 갑자기 부자가 된다, 하루아침에 부자가 된다는 그런 기적은 없습니다.

특히, 우리 농촌 사회에 있어서는 그런 것이 있을 수 없는 것입니다.

성과에 대해서 너무 성급한 생각을 해서는 안 됩니다. 공무원도 그래야 하고 우리 농민도 그래야 하고 적어도 우리가 몇 년 동안 꾸준히 노력을 해야만 수천 년 묵은 가난의 때를 벗겨낼 수 있다는 끈기를 가지고 밀고 나가야 되겠습니다. 적어도 5년은 해야 된다고 생각합니다.

물론, 사업에 따라서는 한 1년 동안에 소득이 늘어서 당장 부자가 되는 부락도 있을지 모르지만 전체적으로 보아서 4, 5년 또는 사업에 따라서는 약 10년 동안 우리가 꾸준히 해야 됩니다. 우리가 수천 년 묵은 때를 벗기는데 그렇게 간단히 벗겨질 것 같으면 벌써 벗겨졌지 이제까지 남아 있을 리가 없는 것이 아닙니까?

특히, 조림 사업과 같은 사업에 있어서는 지금 나무를 심더라도 그 나무가 성장을 해서 용재림이 되어 돈이 될 때까지는, 좋은 용재림에 속한 나무는 적어도 한 40년, 50년, 또는 30년 40년, 이렇게 걸립니다. 그렇다면 이미 우리가 늙어서 죽고 난 뒤라야만 그 나무에서 소득이 생깁니다. 그런 사업도 우리는 해야 하겠습니다.

왜! 우리가 죽고 난 뒤라도 우리 자손들을 위해서 해야 되겠다는 것입니다. 과거에 우리 조상들이 이런 일을 안 했기 때문에 조상들한테서 우리가 물려받은 산림 재산이 하나도 없다는 것입니다.

아까도 누차 얘기 했지만 새마을운동으로 우리들 당대에 잘 살아야 되겠다는 것도 물론 중요합니다. 그러나, 우리 대에 그 성과를 꼭 못 보더라도 우리들 자손 대에 가서는 반드시 꽃을 피울 수 있도록 해야 되겠다는 정신을 가지고 해야 됩니다.

새마을운동의 철학적인 의미를 우리는 여기서 발견해야 되겠습니다.

『우리 당대에서는 아무런 소득을 못 보더라도 우리들 자손 대에 가서 반드시 꽃이 핀다, 그것을 위해서 우리가 오늘날 땀 흘린다.』

그 다음에 두 번째, 새마을운동은 아까도 강조한 바와 마찬가지로 반드시 농민들의 자발적인 운동으로 계도되어야 하겠습니다. 공무원들이 가서 이것해라, 저것해라, 이렇게 강요해서는 절대로 성공하지 못합니다. 이것은 아마 여러분들이 다 잘 알고 있을 줄 압니다.

그렇다고 해서 우리 일선 공무원들이 가만히 방관만 하고 있으란 얘기냐 하면 그것은 아닙니다.

우리 공무원들의 역할이 대단히 중요합니다. 무엇을 하느냐! 한 가지 예를 든다면 어느 부락에서 그 지도자가 부락민 회의를 열어 가지고 부락민 총의에 의해서, 이번에는 농로를 뚫는 사업을 하자 결정을 했을 때에 일선 행정 기관이나 공무원들은 무엇을 도와주어야 되겠느냐? 가령 농로를 만드는 데도 측량이라든지 설계가 필요할 것입니다. 부락민들이 그런 것은 못할 것입니다. 이런 것을 기술자들이 나가서 해 줘야 합니다. 또, 그 중간에 무슨 조그만 교책(橋柵)을 놓고 하는 이러한 문제에 대한 기술 지도를 해 주어야 하며, 행정 지도를 해 주어야 합니다. 요즘 올라온 보고를 보면 농로를 만드는네 농민들의 땅이 많이 들어간다는 것입니다.

따라서, 여기에 대한 지목 변경, 지적 변경, 등기 사무 등도 빨리 정리해야 되겠습니다. 어떤 사람은 부락민 총의에 의해서 자기 땅을 몇 백 평 내놔 그 땅이 전부 농로에 들어갔는데, 그 땅에 대한 세금이 그대로 나온다, 땅 내놓고 세금 물고, 이런 불공평한 일이 어디 있느냐 하는 얘기도 있는데, 이런 것은 우리 행정 기관에서 모두 잘 도와서 농민들이 수속하기 위해서 군이나 읍에 왔다 갔다 하고 애쓰지 않도록 도와줄 그러한 책임이 있는 것입니다.

또, 부락민들 힘으로 안 되는 것은 정부가 도와주어야 합니다.

부락민들의 애로를 물어서 이것을 해결해 주는데 우리 공무원들이 노력을 해야 됩니다. 또, 잘 한 것은 격려도 해주어야 됩니다. 부락민들 힘으로 안 되는 것을 도와준다고 하는 문제, 이것은 우리 공무원들이 잘 판단을 해야 할 줄 압니다.

······중략(中略)······

그 다음에는 반드시 생산과 직결되어야 하겠고, 또 소득 증대가 반드시 결부되어야 합니다. 이것은 누차 강조한 얘기입니다. 이것을 위해서는 우리 공무원들과 일선에 있는 농촌 지도 기관 또는 그 지역사회에 있는 모든 학교에서 적극적으로 협력을 해야 되겠습니다. 지역사회의 농촌 학교 같은 데서는 농민들의 여러 가지 기술 지도와 경영에 대한 지도에 이르기까지 여러 가지 면에 있어서 협동을 해야 될 줄 압니다.

그러면, 정부는 앞으로 뭘 하겠느냐, 농민들이 이렇게 열심히 일하면 정부도 가만히 있지 않겠습니다. 농민들을 도와주기 위해서 최선을 다 하겠습니다. 이 운동이 앞으로 계속 강력히 추진이 되도록 뒷받침을 하겠습니다. 필요한 자금의 지원을 하겠습니다.

또, 기술 지도도 할 것이고 계획 생산을 지금부터 해야 되겠습니다. 농민들이 모처럼 땀 흘려 일했는데 생산해 놓고 보니까 값이 떨어져서 손해를 봤다는 그런 일이 있어서는 안 되겠습니다.

이것은 정부가 앞으로 잘 지도해야 되겠습니다. 정부가 권장해서 생산된 물건은 절대 정부가 책임을 져야 됩니다. 정부가 권장하지 않았는데 제멋대로 해 가지고 값이 떨어졌다면 농민들도 책임을 져야 되는 것입니다. 농산물 가격 보장과 유통 대책, 이것이 앞으로 정부가 해야 할 이 사업에 대한 뒷받침 중에서도 가장 중요한 일이라고 나는 보고 있습니다.

그 다음에는 이번 이 새마을운동을 보고 내가 또 한 가지 느낀 것은 우리 농촌의 부녀 회원들이 이 운동에 적극적으로 참여해서 큰 역할을 했다는 것입니다.

이번에 성공한 부락은 예외 없이 그 동네의 부녀 회원들의 역할이 컸습니다. 부녀 회원들이 앞장을 섰던 것입니다. 앞으로도 이 운동에 우리 부녀 회원들을 적극적으로 참여를 시키고 또 그분들이 여기에 적극적으로 참여할 수 있는 분위기를 만들어 주어야 되겠습니다.

그리고, 훌륭한 농촌 지도자를 양성하는 데 지속적으로 노력을 해야 되겠다는 것입니다.

또 한 가지는, 아까 얘기한 바와 마찬가지로 정부는 앞으로도 부지런하고 자조정신이 강하고, 협동심이 강한, 그런 우수한 부락을 우선 지원하겠다는 이 방침을 그대로 밀고 나가겠습니다.

새마을운동은 우리 민족의 일대약진운동입니다.

지금 주로 농촌에서 이 운동이 활발히 전개되고 있지만 이것은 결코 농촌에만 해당된 운동은 아닙니다.

범국민적인 운동이 되어야 하겠습니다. 지금 전국에 보면 도시 지대에는 아직까지 바람이 활발히 불지 않는 것 같습니다. 서울이나, 부산이나, 대구나 마찬가지입니다. 그러나, 어제 내가 광주에 몇 달 만에 와 보니 광주 시내에도 벌써 저 농촌에서 일어나고 있는 새마을 바람이 서서히 들어오고 있다 하는 것을 피부로 느꼈습니다.

여러분들도 아침에 이 회의장에 오면서 보셨겠지만, 이 앞에 흘러 내려가는 내가, 이름이 무엇인지는 잊었습니다마는, 아마 몇 달 전에만 해도 부락 사람들이 쓰레기다, 뭐다, 막 갖다 버렸었는데 오늘 보니 말쑥하게 전부 청소가 되어 있는데 이것을 보면 광주 시내에도 새마을 바람이 슬슬 불기 시작한 것 같습니다. 그러나, 아직까지 농촌에 따라 가려면 멀었습니다.

이 운동에는 우리 모든 국민들이 아무도 방관자가 될 수는 없습니다. 전부 참여해야 됩니다. 자기의 위치에서, 여러 가지 처지에서, 형편에 따라서 모든 사람이 참여해야 됩니다. 이 운동은 하나의 민족적인 일대약진운동인 것입니다. 그렇다고 해서 도시에서 봉급생활하는 도시민들이 농촌에 가서 농민들과 함께 농로를 뚫고 노동을 하라는 그런 얘기는 아닙니다.

자기가 처해 있는 위치에서 이 운동에 무엇을 도울 수 있고 협력할 수 있느냐 하는 것을 생각해 보라는 말입니다. 우선 그렇게 생각하는 것 그 자체만 해도 도시민들이 이 운동에 대해서 협력을 하는 것입니다. 하다못해 농촌에다가 농민들에게 필요한 책을, 영농 기술에 관한 책을 한 권 보내준다면 이런 것만이라도 얼마나 고마운 일이겠습니까! 이런 것조차도 못하는 사람이, 생각조차도 안 하는 사람이 오히려 뒷전에 앉아서 빈정대거나 비방을 하는 경우도 있습니다. 이런 자세를 가지고는 안 되겠다는 것입니다. 최소한 협력을 못하면 방해는 하지 말라는 것입니다.

……중략(中略)……

마지막으로 한 가지 더 얘기할 것은, 이 새마을 사업은 반드시 처음부터 계획을 잘 세워서 튼튼하게, 야무지게 하라는 것입니다.

가령, 모처럼 온 부락 사람들이 전부 나와서 훌륭한 농로를 만들어서 트럭이나, 리어카가 들어가게 되어 있는데 그 일을 허술하게 해서 올여름에 소낙비가 오니까 다 허물어져 버렸다, 모처럼 다리를 하나 놨는데 장마가 져서 개울물이 조금 불으니까 떠내려가 버렸다, 이래 가지고는 그 주민들이 의욕을 완전히 잃어버리게 됩니다. 이런 것은 우리 공무원들이 처음부터 기술면에 있어서 잘 지도해야 되겠으며, 그렇게 해서 모처럼 우리가 땀 흘려서 이룩한 것이 길이길이 보람 있게 남도록 해야 되겠습니다.

……하략(下略)……

8

농업 부문이 공업 부문의 성장률을 추월하다

벼베기대회 치사(1972.9.29.)

전국의 농촌 지도자 여러분! 농민 여러분!

금년도 그 동안 여러 가지 수해와 폭우, 기타 천재를 많이 겪었습니다마는 역시 오곡이 무르익은 풍성한 가을을 또다시 맞이하게 되었습니다.

8월 중순경까지는 전례 없는 대풍작이 될 것이라고 모두 큰 기대를 가졌습니다마는 8월 19일부터 중부 지방에 예년에 없던 대호우가 있었고, 그 얼마 후 남해안 지방의 폭우와 최근의 동해안 지방의 해일 등 여러 가지 예기치 않았던 천재를 많이 겪었습니다. 그러나, 우리가 처음 기대했던 대풍작까지는 이르지 못했지만 천재를 겪고도 평년작을 훨씬 상회하는 풍작을 가져오게 되었습니다.

이것을 오로지 우리 농민 여러분들이 천재를 당하고서도 이에 굴하지 않고 기필코 이를 극복하겠다는 굳은 의지와 이러한 재해를 자기 스스로의 힘으로 극복해 나가겠다는 자조정신, 이웃끼리 서로 협동하는 협동정신, 거기에 전 국민들이 뜨거운 동포애로서 온정과 격려를 보낸 결과라고 나는 생각합니다.

이것은 곧 우리들이 늘 이야기 하는 새마을정신의 발로인 것입니다. 어려운 국면에 부딪쳤을 때는 남의 힘보다도 우선 자기 스스로의 힘으로 이를 극복해 나가겠다는 자조의 정신, 자립정신, 또 이웃끼리 서로서로 힘을 모으고 합쳐서 모든 것을 극복해 나가겠다는 협동의 정신이 우러날 때에는, 정부와 국민들이 여러분들의 그러한 노력과 의지에 대해 절대 방관하거나 외면하지 않는다, 있는 힘을 다해서 여러분들을 뒷받침해주고 도와준다는 것입니다.

나는 하느님은 스스로 돕는 자를 돕는다는 말의 뜻이 바로 이런 데 있다고 생각합니다.

이번 재해를 당했을 때 우리 모든 국민들의 따뜻한 온정과 동포애는 그야말로 눈물겨울 정도로 충분히 발휘되었다고 봅니다. 심지어 어린 국민 학교 아동들에서부터 멀리 해외에 나가서 공부를 하고 있는 유학생들까지 자기의 얼마 되지 않는 학비에서 일부를 떼어 국내에서 수재를 입고 이를 극복하려고 힘겨운 노력을 하고 있는 우리 농민들에게 의연금을 보내 왔습니다.

또한, 월남이나 독일 같은 데 나가서 일하고 있는 우리 근로자들이 자기들이 받는 보수 중에서 비록 액수는 적다할지언정 정성어린 성금을 국내에 부쳐왔고, 외국 인사들도 따뜻한 우정을 표시해 왔습니다.

이와 같은 사실을 결국 우리 농민들이 자기가 당한 이 천재와 재해를 스스로의 힘으로 극복해 나가겠다는 그 강렬한 의지와 노력, 불굴의 정신, 자조정신에 대해서 이웃의 모든 사람들이 감격해서 도와주고 싶은 생각이 스스로 우러났기 때문인 것입니다.

내가 늘 우리 농민 여러분들에게 이야기 하는 『스스로 돕는 자를 정부도 돕는다, 남도 돕는다, 이웃도 돕는다, 하늘도 돕는다』는 것입니다.

말하자면, 이러한 새마을정신이 있었기 때문에 우리가 금년에 수십 년 내에 처음 겪는 유례없는 큰 수재를 겪었으면서도 조금도 용기를 잃지 않고 이를 너끈히 극복하여 풍년을 가져오게 되었다고 말할 수 있습니다.

최근 금년도 상반기에 경제 성장률에 대한 통계를 보니까, 예년에는 언제든지 공업이 농업보다 훨씬 더 성장률이 앞서고 있었고 반대로 농업과 수산업은 뒤떨어져 있었지만, 금년에는 종전과는 정반대로 공업 부문보다도 농업 부문이 훨씬 더 성장률이 높았습니다.

과거의 예를 들면 공업은 1년에 15~20%, 때로는 25% 정도의 고도성장을 지속한 반면에 농수산 부문은 기껏 해봤자 한 4~5% 때로는 금년처럼 천재나 재해를 겪었을 때에는 오히려 마이너스 성장을 한다는 것이 지금까지의 예였었는데, 금년 상반기에는 오히려 공업 부문은 5~7%의 성장을 한 데 비해서 농업은 7%라는 유례없는 성장을 가져왔다는 것입니다.

이 원인이 어디 있겠는가, 그것은 두 말할 나위도 없이 금년 봄부터 우리 농촌에 불붙기 시작한 새마을운동 때문이라고 나는 생각하고 있습니다.

과거에는 농촌에 가령 100만 원 투자를 하면 실제 이루어진 성과는 100만 원 본전보다도 더 적은, 기껏 해봤자 8십만 원, 9십만 원 또 어떻게 잘못 하면 그것의 절반 정도로, 투자하는 액수보다도 성과는 훨씬 적은 예가 많았던 것입니다.

그러나, 금년에는 대체로 봐서 정부가 가령 100만 원을 투자하면 성과는 500만 원, 1,000만 원으로 다섯 배, 열 배가 되었고 심지어 50배라는 어마어마한 성과를 올렸습니다.

이것은 지금 우리 농촌에서 농민들이 일대 분발을 해서 추진하고 있는 새마을운동의 결과인 것입니다.

우리 농촌에는 아직 할 일이 많습니다. 식량 증산도 해야 되겠고 여러 가지 가내공업, 부업 등 우리 농민들의 소득 증대를 위한 여러 가지 사업을 해야 하며, 또 재해의 복구와 이것을 우리가 미연에 방지할 수 있는 수리 관개, 치산치수, 하천 보수 산림녹화 그리고 도로라든가 특용작물 재배 등 여러 가지 할 일이 한없이 많습니다.

이런 사업을 수행하는 데 앞으로 우리가 가장 유의해야 할 점은 우리 농민들이 스스로 참여하고 스스로 자기 자신이 잘 살아보겠다는 의욕과 자조정신을 가지고 서로 협동하고 열심히 일해야 한다는 것입니다.

그렇게 하면 정부가 우리 농민들에게 지원하는 투자액보다도 몇 십 배나 많은 성과를 매년 올려 나갈 수 있게 될 것이며, 그의 같은 누력을 계속한다면 나는 우리 농촌도 불과 몇 년 이내에 선진 국가들 농촌에 조금이라도 뒤떨어지지 않는 모습이 나타나리라고 나는 확신해 마지않습니다.

지금 벌써 그런 모습이 우리 농촌과 시골에는 도처에서 나타나기 시작했습니다. 물론 그런가 하면 아직도 구태의연하게 과거 10년이나 20년 전에 비해서 별반 달라진 것이 없는 농촌도 있지만 그와는 대조적으로 아주 놀라울 만한 성과를 가져온 농촌도 많다는 것입니다.

나는 이와 같은 차이는 오로지 농민 여러분들의 마음가짐과 노력에 정신 여하에 달려 있다는 사실을 특별히 여러분들에게 강조합니다.

······중략(中略)······

내가 전에도 이야기했지만 새마을 사업은 간단히 말해서 우리가 잘 살기 위한 운동입니다. 잘 살기 운동이라는 것은 결국 여러분들 농가의 소득이 늘어나도록 하는 것입니다. 앞으로 새마을운동은 하나에서 열 가지까지 전부 우리 농가 소득 증대와 직결되는 사업이 되어야 하겠습니다.

정부에서도 그렇게 계획하고 있습니다. 농민 여러분들도 지금 추수가 끝나고 나면 무엇을 하겠다는 사업 계획들이 다 서 있으리라고 나는 믿고 있습니다. 추수가 끝나면 곧 전 농민들이 총동원하여 거국적으로 이 새마을 사업을 전개해야 하겠습니다.

9

공장 새마을운동은 노사관계의 개선에 기여
제10회 수출의 날 치사(1973.11.30.)

······전략(前略)······

끝으로 나는 우리 전체 상공인과 업계 여러분들에게, 업계에서도 새마을운동을 보다 더 적극적으로 전개해 줄 것을 당부하는 바입니다. 그렇다면 업계에서 새마을운동을 어떻게 하느냐 하는 것입니다. 회사나 공장에서 하는 새마을운동도 별다른 것은 아닙니다.

근본정신에 있어서는 역시 근면, 자조, 협동입니다.

회사는 사장 이하 전 종업원이 일치단결하여 낭비를 없애고 능률을 올리며 생산성을 향상시키는 데 전력을 다 해야 하는 것입니다.

그리고 노사가 서로 협동하여 사장은 사원들과 종업원들의 처우 개선과 복지 향상에 최대의 성의를 다 해야 하는 동시에, 또한 종업원들은 자기들이 맡은 일에 대하여 책임과 열성을 가지고 공장 일을 자기 일처럼, 공장을 자기 공장처럼 아끼면서 열심히 일해야 하는 것입니다.

이러한 회사는 하나의 가족적인 분위기 속에서 능률도 오르고 근로자들의 복지도 향상될 수 있는 이상적인 회사가 될 수 있다고 나는 생각합니다.

이것이 곧 내가 말하는 회사와 공장, 그리고 우리 업계에 있어서의 새마을운동인 것입니다.

이와 같이 여러분들이 성실하고 능률적으로 운영하는 기업에 대하여는 정부도 앞으로 최대한의 지원과 협조를 아끼지 않겠다는 것을 이 자리를 빌려 약속하는 바입니다.

전국새마을지도자대회 대통령 유시(諭示)
(1973-1979) (발췌)

1

후손에 가난을 물려주지 말자

1973.11.23.

전국 새마을지도자 여러분!

독농가(篤農家), 독림가(篤林家) 그리고 일선에서 수고하시는 일선 교육자, 관계 공무원, 농촌 유관기관(有關機關) 직원 여러분!

우리 농촌에서 새마을운동의 새 바람의 불기 시작한지 3년이 되었습니다. 이 바람은 요원의 불길처럼 전국 방방곡곡에 번져가고 있습니다.

새마을운동을 시작한지 3년 남짓한 동안에 우리 농촌은 여러 가지 면에 있어서 놀라울 만큼 변모해 가고 있습니다.

그것은 외모적으로도 여러 가지 변화가 일어났을 뿐만 아니라 우리 농민들의 생각, 우리 농민들의 사고방식, 우리 농민들의 의식구조에까지 많은 변화를 가져 왔다고 우리는 보고 있습니다.

작년 5월 18일, 바로 이 자리에서 열린 전국 새마을소득증대 추진 대회에서 나는 여러분들에게 우리나라에서 특히 우리 농촌에서 새마을운동이 일어난 그 원인과 동기를 설명한 바 있습니다.

······중략(中略)······

오늘 제3차년도 새마을운동의 성과를 평가하고 또한 내년도 사업을 검토하는 이 자리에서 나는 새마을운동이 무엇이냐 하는 것을 다시 한 번 되풀이하여 강조를 하고자 합니다. 우리나라 옛말에 "온고지신(溫故知新)"이란 말이 있습니다. 이 말은 옛날에 아는 지식을 다시 한 번 우리가 되새겨 보고, 생각해 보고 옛날 배운 책을 다시 한 번 읽어보고, 생각을 해보면 새로운 지식을 얻을 수 있다는 뜻입니다.

새마을운동이란 무엇이냐? 나는 작년 이 자리에서 여러분들에게 간단히 쉽게 말하여 "잘 살기 운동이다."라고 풀이를 했습니다.

이 "잘 살기"라는 것이 대단히 문제가 되는 것입니다.

우리가 어떻게 사는 것이 잘 사는 것이냐 하면 나 혼자 잘 먹고 잘 입고 고대광실 좋은 집에서 사는 것만이 잘 사는 것이 아니라 부지런하고 자주심이 강하고 서로 협동을 하여 서로 서로 도와서 땀 흘려 가면서 나도 잘 살고 우리 이웃도 잘 살고 우리 고장도 잘 살고 우리나라도 잘 사는 그런 사회를 만들어야 되겠다, 이것이 참되게 잘 사는 것이다, 이렇게 나는 강조했습니다.

그것만 가지고도 안 되는 것입니다

우리들 세대뿐만 아니라, 우리들 후손들에게 자랑스러운 유산을 물려줄 수 있는 부강한 나라, 살기 좋은 나라를 만들어서 자손들에게 물려주는 것, 이것이 참되게 잘 사는 것입니다.

우리는 우리 후손들에게 다시는 가난이라는 유산을 절대 물려주어서는 안 되겠습니다.

이것이 새마을운동의 궁극적인 목표라는 것을 작년에도 강조했고 오늘 이 자리에서 다시 한 번 여러분들에게 또 우리 온 국민들에게 나는 재강조를 하는 바입니다.

우리는 다시는 가난한 나라, 가난한 나라의 백성, 못사는 나라의 국민, 못난 백성이라는 소리를 들어서는 안 되겠습니다.

과거 일제 강점기 또는 해방 직후 그리고 6·25전쟁을 전후하여 우리나라 사람들이 해외에 나가면 외국 사람들이 우리를 보고 "당신 어느 나라 사람이요?" 이렇게 물을 때 자주정신과 주체의식이 없는 사람들 가운데는 "나는 한국 사람이요."라고 대답하는 것을 부끄럽고 떳떳하지 못하게 생각하여 말을 못한 사람들이 많이 있었습니다.

……중략(中略)……

앞으로는 어디 나가서 "당신 어느 나라 사람이요?" "나는 대한민국 사람이요." 하고 떳떳하게 가슴을 펴고 자랑스럽게 이야기할 수 있는 그런 나라를 만들어서 물려주자, 이것이 우리가 노리고 있는 새마을운동의 궁극적인 목적인 것입니다.

이러한 것이 참되고 보람 있는 삶이라고 생각합니다.

그렇다면 이처럼 살기 좋은 사회를 만들자면, 또 살기 좋은 우리 고장을 만들자면 어떻게 해야 하겠습니까?

첫째는 부지런해야 합니다. 즉 근면(勤勉)입니다.

옛말에 "일근(一勤)은 선지장(善之長)이요" "일태(一怠)는 악지장(惡之長)"이란 말이 있습니다. 한문입니다만, "일근(一勤)"한 일자 부지런할

근자, 한번 부지런한 것은 선지(善之), 착한 것의 으뜸가는 것이다. 부지런한 것이 모든 선의 으뜸가는 것이다.

"일태(一怠)는 악지장(惡之長)"이라, 한 일자 게으를 태자, 게으르다는 것은 나쁜 것 중에서도 가장 으뜸가는 것이다. 이런 옛말이 있습니다.

내가 잘살고 우리 고장이 잘살고 나라가 잘 사는 그런 사회를 만들기 위해서는 우리는 첫째 부지런해야 하겠다. 근면해야 한다는 것입니다.

근면하지 못한 사람이 백 마디 말을 해 보았자 그것은 소용없는 것입니다.

그 다음에는 자조(自助)정신이 강해야 되겠습니다.

서로 협동(協同)을 할 줄 알아야 하겠습니다. 협동심이 강해야 하겠습니다.

근면(勤勉), 자조(慈鳥), 협동(協同), 이것이 새마을운동의 행동강령입니다.

따라서 이 운동은 조국 근대화를 위한 일대약진운동(一大躍進運動)이요, 동시에 범국민적인 정신 혁명 운동이라고 나는 확신합니다.

따라서 이 운동은 반드시 행동과 실천이 뒤따라야 합니다.

이론이나 말만 가지고는 될 수 없는 것입니다.

따라서 새마을운동은 하나의 행동 철학입니다.

또한 이 운동은 반드시 주민의 소득 증대와 직결되어야 한다는 것을 강조해 둡니다.

소득 증대를 수반하지 않는 운동은 처음에는 모두 열을 올려서 하지만 시간이 흐를수록 그 열의가 식어버리고 주민들이 흥미를 느낄 수 없게 되는 것입니다.

이 운동이 계속 불길이 타오르고 불이 꺼지지 않게끔 식지 않게끔 하기 위해서는 소득 증대와 직접적으로나 간접적으로 직결되어야 하겠습니다.

새마을운동은 이제 전국 도처에서 불이 붙어 활활 타오르고 있습니다.

우리 농촌에서도, 어촌에서도 또는 직장에서도 공장에서도 그리고 우리 군에서도 이 운동의 불길은 세차게 타오르고 있습니다.

그러나 아직도 불이 붙지 않은 곳도 많이 있다는 것을 우리는 알고 있습니다.

이 운동에 대하여 방관하거나 그 취지는 알지만 여기에 참여하기를 주저하고 있는 사람들도 많이 있다는 것을 우리는 알고 있습니다.

그러나 새마을운동의 거센 불길은 이를 방관하거나 주저하고 있는 사람에게도 또 그러한 구석구석까지도 머지않아서 반드시 붙어 닥치리라는 것을 우리는 확신하고 있습니다.

우리 주위에서 타고 있는 불길이 워낙 거세고 열이 뜨거우면 옆에 있는 사람에게까지도 반드시 불이 번지게 마련입니다.

이미 다 아는 바와 같이 우리나라 전체 농촌의 3만 4,600여 개 부락을 우리는 편의상 "기초(基礎)마을", "자조(自助)마을", "자립(自立)마을"의 세 가지로 구분을 하고 있습니다.

우리가 노리는 것은 빨리 이 3만 4,600여 개의 부락을 자립(自立)마을로 끌어올리자는 데 1단계 목표가 있는 것입니다.

73년도 새마을 사업의 성과를 평가해 본 결과 현 단계로서 자립(自立)마을이라고 평가를 받을 수 있는 부락은 전체 부락의 10%가 약간 미달한 숫자입니다.

그러나 우리는 이 자립(自立)마을이 아직까지 숫자가 적다고 하여 조금도 실망을 하거나 걱정을 할 필요는 없다고 나는 생각합니다.

왜냐하면 지금 추진하고 있는 이 운동이 그대로 꾸준히 계속이 되면 해마다 이런 자립(自立)마을 수준에 올라갈 수 있는 부락이 도처에 있고 조금만 더 노력하면 그 수준까지 올라갈 수 있는 부락이 얼마든지 있다는 것을 잘 알고 있기 때문입니다.

1년에 수백 개 수천 개 마을씩 계속 자립(自立)마을에 올라갈 수 있는 것입니다.

따라서 우리가 이 사업을 추진하는 데 있어서는 절대로 그 성과를 너무 조급하게 기대해서는 안 되겠습니다.

우리 농촌의 가난이라는 것은 5천년래의 가난입니다.

이것은 우리가 아무리 노력하더라도 1, 2년 또는 2, 3년 동안에 완전히 때를 벗을 수는 없는 것입니다.

여기에는 우리가 이 운동에 대한 뚜렷한 방향과 목표를 올바로 설정하고 꾸준하게 노력하는 그 길 밖에는 없는 것입니다.

그리고 자립(自立)마을이 되는 것은 정부의 도움만 가지고는 결코 안 되며 절대 될 수 없다는 것을 나는 다시금 강조합니다.

잘 살아보겠다는 의욕. 다시 말하여 우리도 빨리 자립부락(自立部落)이 되어야 하겠다는 의욕(意欲)과 노력이 왕성할 때에 이 부락은 빨리 부자마을이 될 수 있는 것입니다.

또 정부는 이러한 부락에 대하여는 최우선적으로 지원하겠다는 것을 나는 오늘 이 자리에서 다시 한 번 다짐을 하는 바입니다.

예컨대 무거운 짐을 싣고 손수레를 끌고 고개를 올라가는 사람들이 있다고 합시다. 앞에서 끄는 사람들이 어떻게 하든지 자기들 힘으로 고개까지 올라가려고 애를 쓰고 있는 사람들은 뒤에서 조금만 밀어주고 도와주면 쉽게 올라갈 수 있는 것입니다.

그런 부락에 대하여는 정부에서 얼마든지 지원을 하겠다는 것입니다.

자기들이 끌고 올라가겠다는 생각은 없고 남이 뒤에서 밀어주거나 앞에서 끌어주기만 바라고 있는 사람들은 뒤에서 아무리 밀어주더라도 올라갈 수 없는 것입니다.

따라서 정부는 어느 부락이 지금 올라가려고 분발하고 노력하고 있는가 하는 것을 찾아서 그러한 부락을 우선적으로 지원을 하겠다는 것입니다.

그리고 지금 현재 자립(自立)마을, 자조(自助)마을, 기초(基礎)마을이라고 하여 1차 마을, 2차 마을, 3차 마을이라는 관념을 가질 필요도 없다고 생각합니다.

지금 비록 자립(自立)마을 수준에는 도달하지 못했지만 현재 자립(自立)마을이 된 부락 이상으로 부락민들이 집결하고 협동하여 노력하고 있는 부락민들이 얼마든지 있습니다.

그러나 그 중에서 과거에 그 부락의 모든 여건이 워낙 불리했기 때문에 노력을 남 못지않게 오히려 남보다도 더 하지만은 아직 그 수준에까지 못간 부락이 상당수 있다는 것을 나는 잘 알고 있습니다.

따라서 지금 우리가 자립(自立)마을이 되겠다고 노력하는 것은 좋지만 지금 자립마을이 되지 않았다고 하여 실망할 필요는 없고 여러분들이 계속 노력하면 반드시 그런 수준까지 올라갈 수 있다는 것을 말씀해두고자 합니다.

그러면 지금 자립(自立)마을로 인정된 부락은 이제 스스로의 힘으로 자립하게 되었으니까 정부에서 지원해 주지 않느냐 하면 그것은 아닙니다.

정부는 앞으로 이 자립(自立)마을을 제일 우선적으로 지원을 하고 적어도 이 자립(自立)마을의 농가 소득이 평균 약 140만 원 정도 -우리가 지금 노리고 있는 80년대 초의 농가 소득은 140만 원을 목표로 하고 있습니다- 그 수준까지 올라갈 때까지는 최우선적으로 정부는 지원을 하겠습니다.

그 수준까지 올라가면 그 다음에는 일반 부락과 같이 지원을 하고, 그 부락은 자기들 힘으로 노력해서 나가며, 정부는 또 다른 부락을 도와나가는 방침이라는 것을 여러분들이 잘 알아주시기 바랍니다.

이 운동이 전개된 지 3년여 동안에 우리 농촌에서나 어촌에서나 또는 도시에서는 여러 가지 수많은 미담과 가화(佳話)가 꽃을 피우고 있습니다.

조금 후에 모범적인 두 마을지도자가 이 자리에 나와서 여러분들에게 성공 사례를 이야기하게 되겠습니다.

이것은 시간관계로 두 마을을 선택한 것이고 그러한 마을이 전국에 얼마든지 있습니다.

훌륭한 새마을지도자 아래 온 부락민들이 일치단결하여 남녀노소 할 것 없이 잘 살아보겠다고 몸부림치는 피눈물 나는 노력의 모습, 눈물 없이는 들을 수 없는 가슴이 뭉클한 미담, 가화 등 성공 사례담은 얼마든지 있습니다.

이러한 마을들은 머지않아 반드시 부자 마을이 된다고 나는 확신합니다.

우리 정부에서는 이러한 성공한 부락, 또 그 부락이 성공할 때까지 앞장서서 노력한 새마을지도자, 그리고 부락에 공이 많은 사람 등 이런 분들이 지금까지 해온 업적을 기록으로 작성하여 역사를 만들려고 합니다.

그리하여 우리는 이것을 후세에까지 남기기로 방침을 세웠습니다.

오늘 이 자리에서도 여러분들에게 73년도 판 성공 사례집, 두툼한 책이 한 권씩 배포될 것입니다. 이것은 내년도에 가면 '74년도 판, 다음해는 '75년도 판, 이렇게 앞으로 계속 우리 농촌 근대화 과정에 있어서 하나의 역사로서 편찬하여 후세에 남기려고 합니다.

후세에 우리 자손들이 이 책을 읽어서 우리의 조상들이 이처럼 훌륭한 마을을 만들고 나라를 건설하기 위하여 이만큼 피땀을 흘려가면서 노력했구나 하는 그 사실을 우리 후손들이 알게 될 때 과연 그들이 어떠한 느낌을 가지겠는가? 조상들에 대한 고마움과 감사를 느끼는 동시에 우리도 노력해야 하겠다고 분발을 하게 될 것입니다. 나는 이것이 민족의 얼이라고 생각합니다.

……중략(中略)……

우리가 옛날 희랍의 역사를 읽어보면 이러한 이야기가 있습니다. 트로이 전쟁에 참전한 아테네의 시민들이 그들이 죽을 때 후손들을 불러 놓고 유언을 하기를 "후세의 너의 조상이 누구냐고 묻거든 너는 서슴지 말고 우리의 조상은 트로이 전쟁에 참전한 용사였다고 떳떳이 일러주라." 이렇게 말했다는 것입니다.

트로이 전쟁에 참전한 그 용사들이 자기가 죽으면서 손후들에게 "누가 너를 보고 너의 조상이 누구냐고 묻거든 나는 트로이 전쟁에 참전한 용사의 후손이다." 이렇게 자랑스럽게 대답하라는 이야기입니다.

우리도 앞으로 나이가 들어 늙으면 죽을 때가 올 것입니다. 그렇다면 우리가 죽을 때 자손들에게 무슨 유언을 남겨놓고 죽는 것이 가장 보람되겠습니까?

나는 우리 후손들에게 "후세에 너의 조상이 누구냐고 묻는다면 나의 조상은 1970년대에 새마을운동에 앞장서서 알뜰하게 일한 바로 저 마을의 농민이었다고 대답하라."는 유언을 남기는 것이 가장 보람된 것이라고 생각합니다. 이 얼마나 인생으로서 자랑스러운 일이며 또한 후손들에게 남겨줄 수 있는 떳떳한 유언이겠습니까?

나는 새마을운동은 우리들 세대가 앞장서서 해야겠고 또 우리 후손들 대에까지도 반드시 물려주어야 할 사업이라고 생각합니다.

또 그만큼 보람 있는 일이라고 확신합니다.

나는 오늘 이 자리에서 결론적으로 몇 가지를 여러분들에게 말하고

자 합니다.

첫째로, 새마을운동은 "한국적 민주주의의 실천 도장이다." 나는 이렇게 강조하는 바입니다.

즉 새마을운동은 우리나라에 한국적인 참다운 민주주의를 뿌리박기 위한 하나의 실천 도장입니다.

왜냐하면 새마을운동은 한두 사람이 모여서 되는 것이 아닙니다.

온 부락 사람들이 전부 참여해야 하는 것입니다.

우선 부락 사람들이 한자리에 모여 그 부락에서 가장 신망이 높고 창의적이며 헌신적인 부락 지도자를 전체 의사에 따라 뽑아야 합니다.

그리고 그 부락의 발전을 위하여 모든 사람의 좋은 의견을 들어 종합을 하고 모든 사람의 동의를 얻어서 해야 하는 것입니다. 결코 한두 사람의 의견을 가지고 이것이 추진되는 것은 아닙니다.

모든 사람의 의견을 듣고, 모든 사람의 동의를 얻은 다음에는 그 부락 전체의 이익이 될 수 있는 사업을 선택하고 그 다음에는 남녀노소 전부가 참여하여 서로 협동하고 땀 흘려 이 일을 추진해야 할 것입니다.

여기에서 얻어진 성과, 여기에서 얻어진 소득은 부락민들에게 골고루 공평하게 돌아가야 되고, 또 부락민들에게 동의를 얻어 일부 소득을 부락 공동기금으로 저축을 해야 합니다.

그 저축한 것이 어느 정도 축적이 되면 또 다시 부락 사람들의 전체 의견을 모아서 부락 공동 이익사업을 결의하여 이를 추진해 나가야 하는 것입니다.

이것이 새마을운동입니다.

그렇다면 이런 과정이야말로 가장 훌륭한 민주주의적인 방법이며 참다운 민주주의가 아니고 무엇이겠습니까?

흔히 우리나라 사람들은 민주주의 하면 과거의 선거를 연상합니다. 막걸리 고무신 가지고 표 얻고 하는 그것만을 연상합니다.

그것은 참다운 민주주의가 아닙니다.

건전하고 참다운 민주주의라는 것은 새마을운동과 같은 과정을 밟아야 하는 것입니다.

나는 우리나라의 민주주의는 새마을운동과 같이 점차적인 훈련과 실천을 통해 하나하나 뿌리를 박아나갈 때 비로소 정착할 수 있다고 믿습니다.

따라서 민주주의도 그 실천 과정에 있어서는 근면과 자조와 협동정신이 있어야 합니다.

이것이 결여된 민주주의는 참다운 민주주의가 아닙니다.

우리가 민주주의를 앉아서 놀고먹고, 선거 한 번 치르고 나면 전부 정부에 의지하면 된다는 의존심만 양성하고 여야, 아랫동네, 윗동네, 이 마을, 저 마을이 전부 분열하여 서로 싸우고 욕하는 것으로 착각하여서는 안 되겠습니다.

나는 이런 민주주의가 오래가면 그 사회는 멸망한다고 생각합니다.

다음에 두 번째로 우리가 지금 추진하고 있는 이 새마을운동은 "참다운 애국심을 기르기 위한 실천 도장이다."라고 강조하는 바입니다.

살기 좋은 내 고장을 만들어 보자는 이 애향심은 곧 애국심과 직결되는 것입니다.

우리가 살기 좋은 내 고장을 만들기 위하여 땀 흘려 일하는데 보람을 느낄 줄 알고, 또 그 보람을 느끼는 사람은 나라를 위해 애국하는데에 참다운 삶의 보람을 느낄 줄 아는 사람이라고 나는 생각합니다.

이런 사람이 진정한 애국자입니다.

나라가 잘 살아야만 나도 잘 살 수 있는 것이며, 나라가 잘 살자면 나 자신부터 근면하고 자립하고 협동할 줄 알아야 되겠습니다.

애국이라는 것은 이론이나 관념만을 가지고 될 수 있는 것이 아닙니다.

그러나 우리 사회에는 왕왕 말과 입만 가지고 애국하는 사람들이 적지 않습니다.

애국이란 것도 그 실천 과정에 있어서는 반드시 근면·자조·협동이 뒤따라야 하며 그것이 없는 애국은 참다운 애국이 아닌 것입니다.

근면·자조·협동을 통해 땀과 노력이 쌓이고 쌓여서 영글어진 그 열매가 바로 참다운 애국이라고 나는 확신합니다.

다음에 세 번째로 우리가 지금 추진하고 있는 이 새마을운동은 "10월유신을 실천하는 생활 철학이요, 또 그 실천 도장이다."라고 나는 강조하고자 합니다.

나는 금년 봄 연두기자회견 때 "10월유신"의 목적과 기본 이념은 우리가 서로서로 도와서 땀 흘려 일하고 민족의 안정과 번영을 이룩하여 복지국가를 건설하자는데 있으며 나아가서는 조국의 "평화적 통일"을 촉진하자는 것이 그 궁극적인 목적이라고 풀이한 바 있습니다.

그렇다면 우리가 이 "10월유신"의 이념을 구현하기 위해서는 어떻게 해야 하겠습니까? 모든 비능률과 비생산적 요소를 과감히 시정하고 근면하고, 자조하고, 협동하고, 단결하여 국력 배양과 국력의 조직화에 우리의 모든 힘을 집중해야 한다는 것입니다. 따라서 "새마을운동은 곧 10월유신이요, 10월유신은 곧 새마을운동이다." 또한 "새마을운동은 이 이념을 구현하기 위한 실천 도장이다."라고 말할 수 있는 것입니다.

즉 "새마을운동은 한국적 민주주의의 토착화를 위한 실천 도장이요, 참다운 애국심을 함양하기 위한 실천 도장인 동시에 10월유신의 이념을 구현하기 위한 실천 도장이다."라고 나는 결론을 짓고자 합니다.

······하략(下略)······

2
새마을운동은 10월유신 실천도장
1973.12.18.

……전략(前略)……

금년도의 혹심했던 수해와 불리한 자연조건 속에서도 쌀 30,867,000석이라는 사상초유의 기록적인 생산 실적을 올렸다는 사실입니다. 그리고 새마을 사업도 알차게 추진되어 정부 지원 자금 48억 원의 여섯 배가 훨씬 넘는 놀라운 성과를 올렸습니다. 그리하여 우리 농촌도 이제는 괄목하리만큼 크게 발전되어가고 있으며 「자립(自立)마을」의 수도 대폭 늘어났습니다.

……중략(中略)……

우리가 우리 스스로의 힘으로 안정과 번영을 이룩하고 조국의 평화적 통일을 촉진하는 길은 우리의 국력을 한시바삐 배양하고 이것을 알차게 조직화하는 길밖에 없습니다.

그리고 그 유일한 길이 곧 새마을운동인 것입니다.

우리는 이미 지난 4년간의 경험과 성과를 통해 이것을 웅변으로 실증했습니다.

따라서 나는 새마을운동이야말로 우리가 앞으로도 계속 범국민적으로 추진해나가야 할 구국애족의 실천운동이요, 민족중흥을 굳게 뒷받침하는 일대약진운동이라는 것을 다시 한 번 강조해 두는 바입니다.

그리고 나는 이 자리를 빌려, 우리가 앞으로 새해에도 새마을운동을 대대적으로 전개할 것을 밝히고, 75년도 새마을운동의 기본 방향을 제시해 두고자 합니다.

지금 우리에게 가장 시급하고도 중요한 것은 당면한 세계적 경제 위기를 어떻게 하면 남들보다도 더 빨리, 그리고 더 슬기롭게 극복해 나가느냐 하는 것입니다.

나는 우리가 이 난국을 극복하기 위해서는 정부와 국민이 혼연일체가 되어 근검절약을 생활화하고 합심협력(合心協力)하여 국력 배양에 헌신하는 길밖에는 다른 길이 없다고 확신하고 있습니다.

따라서 75년도 새마을사업의 기본 방향을 식량 증산에 기여하고 고용효과를 올릴 수 있는 대규모의 취로사업(就勞事業)을 전개하는 데에 두고 이를 대대적으로 추진해 나가겠습니다.

즉 지금까지 추진해 왔던 영세민 취로사업을 이제는 새마을운동의 일환으로 포함시켜서 우선 식량의 자급(自給)체제를 확립하기 위한 야산과 유휴지(遊休地) 개간 등 새로운 농지 조성에 인적·물적 재원을 집중 동원해 나갈 것입니다.

그리고 고용증대의 효과가 높은 공공사업을 대대적으로 전개함으로써 영세민의 생활 안정에도 아울러 기여할 수 있도록 해 나갈 것입니다.

······중략(中略)······

따라서 새마을지도자 여러분들과 관계 공무원들은 이와 같은 75년도 새마을 사업의 특별한 의의와 중요성을 확실히 인식하고 금년에 추진해 온 취로사업의 시정(是正)점을 정확히 분석 파악한 뒤 내년에는 보다 치밀한 사업계획을 세우고 사후관리에 만전을 기하여 소기의 성과를 거둘 수 있도록 최선의 노력을 기울여야 하겠습니다.

그리하여 내년에는 기필코 정부 목표인 쌀 생산 3,200만 석을 돌파하고 여러분 마을마다 추진하는 소득 증대 사업에 온갖 노력을 경주(傾注)하여 잘 사는 마을을 만드는 데 획기적인 전기를 마련해야 하겠습니다.

그러나 이와 같은 우리의 노력이 소기의 성과를 거두려면 무엇보다도 도시·농촌 할 것 없이 모든 국민이 근검절약하는 생활 자세를 갖추어야 하고, 또한 이것을 실천해야만 하는 것입니다.

아무리 증산(增産)을 한다 해도 우리 사회에 낭비와 사치풍조가 남아 있는 한, 땀 흘려 노력한 보람은 아무 소용이 없게 되는 것입니다.

따라서 나는 우리 국민들이 의·식·주생활의 모든 면에서 더욱 근검절약할 것을 당부하고, 특히 사회 지도층이 이에 앞장서야 한다는 것을 강조하는 바입니다.

이것이 곧 도시에서의 새마을운동이라 할 수 있겠습니다.

우리 모든 국민들이 농촌과 도시에서 근면(勤勉)·자조(自助)·협동(協

同)의 새마을정신을 생활화하여 생산과 소비절약에 공동의 노력을 기울일 때, 오늘의 세계적인 경제 위기는 말할 것도 없고 앞으로 이보다 더 큰 도전과 시련이 닥쳐오더라도 우리는 능히 이를 극복할 수 있다고 나는 확신합니다.

……하략(下略)……

3

새마을운동은 근대화 촉진제

1975.12.10.

친애하는 전국의 새마을지도자 여러분!

그리고 오늘 이 자리에 참석하신 농촌 관계 공무원 여러분!

기타 유관계자 직원 여러분!

우리가 근면(勤勉)·자조(自助)·협동(協同)이라는 기치를 높이 들고 새마을운동을 시작한 지 벌써 5년이 되었습니다.

처음에 운동이 시작될 때, 과연 얼마만큼 오래 지속될 것인가, 또는 얼마만한 성과를 올릴 수 있겠는가에 대해서 적이 회의적인 생각을 가진 사람들도 없지 않아 있었다고 봅니다.

그러나 새마을운동은 일반의 이 같은 예상을 뒤엎고 그동안 꾸준히 또 착실히 추진되어 왔고, 우리 농민들의 절대적인 호응을 얻어서 해를 거듭할수록 하나하나 그 성과를 나타내기 시작하였습니다.

처음에 이 운동은 농촌에서 불이 붙어서 서서히 도시로 전파되어 가기 시작했고 또 우리 가정으로, 직장으로, 학교로, 최전방의 군부대에까지도 확산되었습니다.

저 두메산골에 있는 작은 부락 또는 벽지나 낙도(落島)에서도 새마을운동은 지금 활발히 추진되고 있습니다.

그리하여 이제 새마을운동은 범국민적 정신 혁명 운동으로서 또는 조국 근대화의 촉진제로서 그 역할을 다하고 있다고 믿습니다.

나는 그동안 이 운동을 통해서 이룩해 놓은 눈부신 성과에 대해서 우리 모든 국민들과 더불어 자랑스럽게 생각합니다.

또한 그동안 이 운동에 앞장서서 불철주야 헌신적으로 일해 온 우리 새마을지도자 여러분들과 또 유관기관의 직원 여러분들의 그동안의 노고에 대해서 충심(衷心)으로 위로와 치하의 말씀을 보내고자 합니다.

전국의 새마을지도자 여러분!

인류의 발전사라는 것은, 우리 인류가 대자연과 그들의 환경과 싸워서 이를 극복하고 개척해 온 승리의 기록이라고 말할 수 있습니다.

지난 5년 동안 새마을운동을 통해서 이룩한 이 성과는 우리들이 역경에 도전해서 이를 극복해 온 우리들의 의지의 승리라고 생각합니다.

5년 동안에 우리나라의 모습은 크게 변모했습니다.

특히 우리 농촌에 가장 큰 변화를 가져왔습니다.

우리 농촌의 생활환경이 달라졌고, 농민들의 생활태도가 달라졌고 생각하는 사고방식이 달라졌고 또 의식구조가 달라졌습니다.

지난날 가난을 하나의 숙명처럼 생각하고 체념 속에서 살아오던 위 농민들이 이제 와서는 왜 지금까지 우리가 가난하게만 살아야 했는가에 대한 이유를 알게 되었습니다.

그리고 어떻게 하면 우리가 가난에서 벗어나서 잘 살 수 있느냐 하는 것도 깨닫게 되었습니다. 우리가 부지런히 일하고 남에게 기대거나 의지

하겠다는 생각을 버리고 자조 자립의 정신을 가지고 이웃끼리 서로 협동하고 단결만 한다면 우리는 반드시 잘 살 수 있다는 것을 알게 되었습니다.

알기만 해서도 안 되며 실천을 해야 하고, 땀을 흘려서 일을 해야 합니다.

새마을운동은 하나의 행동 철학입니다.

말이나 이론만 가지고 되는 것이 아니라 여기에는 반드시 실천과 행동이 따라야만 하는 것입니다.

피와 땀이 필요한 것입니다.

지난 5년 동안 새마을운동의 실천을 통해 땀 흘려 가면서 열심히 일한 결과 오늘날 우리 농가의 소득은 급속히 늘어났습니다.

그리하여 80년대 초 우리의 전국 농민 평균 소득 목표인 140만 원을 훨씬 초과한 마을들이 해마다 늘어나고 있는 실정입니다.

과거 우리나라에서는 도시는 잘 살고 농촌은 못 산다, 도시와 농촌의 소득은 격차가 크다는 말이 많이 있었습니다.

그러나 작년 말 통계를 보면 도시 근로자의 소득을 100으로 했을 때에, 우리 농촌의 농가 소득은 104퍼센트로서 도시를 4퍼센트나 더 앞질렀습니다.

이것은 불과 몇 년 전만 하더라도 도시를 100으로 했을 때 우리 농가 소득은 60~65 정도였는데 이제는 꾸준히 따라와서 오히려 도시를 앞지르게 된 것입니다.

농가 소득이 도시 근로자의 소득을 앞지른 것은 아시아 지역에서는 일본을 위시해서 한두 개 나라가 있을까 말까 한 정도인 것입니다.

그뿐만 아니라 지난 5년 동안에 우리나라의 국력은 5년 전에 비해서 약 배 이상으로 늘어났습니다.

이것은 경제 분야뿐 아니라 모든 분야를 종합해서 평가할 때 나는 5년 전에 비해서 우리 국력이 배 이상으로 늘어났다고 평가합니다.

솔직히 말해서 지난 5년은 우리나라로서는 가장 어려운 시기였습니다.

우선 석유파동이나, 경제 불황, 또는 금년 봄 인도차이나반도가 공산주의자들 수중에 떨어진 그 무렵만 하더라도 우리나라로서는 주변 정세의 급변과 국가 안보 면에서 여러 가지로 큰 충격을 받았던 시기였습니다.

그러나 우리는 이 어려운 시기를 단결된 힘으로 슬기롭게 극복을 해 나왔습니다,

공산분자들의 무모한 불장난을 미연에 막기 위해서 우리는 나라의 울타리를 더욱더 튼튼하게 다져놓았고, 국력을 배 이상으로 증대시킬 수 있었습니다.

그렇다면 이 어려운 시기에 우리가 이처럼 국력을 증대하고 나라의 기틀을 보다 더 튼튼하게 만든 힘의 근원이 어디에 있었느냐, 이러한 저력이 어디서 나왔겠느냐 하는 것을 다시 한 번 생각해 볼 필요가 있습니다.

그것은 다름이 아니라 유신체제하에서 우리 국민들의 총화단결(總和團結)로서 또 새마을정신으로써 모든 도전과 시련을 극복해 나왔다고

나는 생각합니다.

즉 새마을정신이 있었기 때문에 우리가 이러한 여러 가지 어려움을 극복하고 나라의 힘을 키우고, 나라의 기틀을 보다 더 튼튼히 만들 수 있었던 것입니다.

우리는 새마을정신을 여러 가지로 해석을 합니다.

새마을정신이 무어냐, 잘 살기 운동입니다.

어떻게 하면 잘 사느냐, 부지런해야 하고, 자조·자립정신이 강해야 하고, 협동단결을 해야 됩니다.

이것이 새마을정신입니다.

그러나 또 우리가 다른 각도에서 새마을정신을 풀이를 한다면, 새마을정신이란 나라를 사랑하고 민족을 사랑하는 정신입니다.

또 내 고장과 내 이웃을 사랑하는 애향 정신, 나와 내 가족을 사랑하는 자조자립의 정신이 새마을정신입니다.

나라가 위기에 처했을 때 나라를 구할 생각은 하지 않고 자기만 살겠다는 그러한 정신은 새마을정신이 아닙니다.

나라가 위급했을 때에는 목숨을 바쳐서라도 나라를 지키겠다는 애국정신, 이것이 바로 새마을정신입니다.

또한 우리 주변에 불우한 이웃이 있는 것을 보고도 모른 체하는 것은 새마을정신이 아닙니다.

어려운 이웃이 있을 때에는 이것을 남의 일처럼 생각하지 말고 자기 일로 생각하고 이웃끼리 힘을 모아서 도와주고 보살펴 주는 인보(隣保)의 정신, 이것이 새마을정신입니다.

나 자신을 사랑하는 정신이란 무어냐?

결국은 부지런해야하고 성실해야 하고 자기가 맡은 일에 충실해야 합니다.

그래서 이웃끼리 서로 협동하고 단결해서 나도 잘 살고, 우리 이웃도 잘 살고, 우리 고장이 모두 다 잘 살 수 있도록 하는 자조자립의 정신, 이것이 즉 나 스스로를 사랑하는 정신입니다.

이것이 새마을정신입니다.

이러한 정신이 하나의 원동력이 되어서 지난 5년 동안 우리나라는 국내외적으로 여러 가지 어려운 상황 속에서도 꾸준히 국력을 신장해 왔고 나라의 기초를 튼튼히 다져 놓았습니다.

그 힘의 원천이 즉 새마을정신입니다.

오늘 전국의 새마을지도자 여러분들이 이 자리에 모인 것은, 지난 1년 동안 우리들이 해온 일과 또 지난 5년 동안의 새마을운동에 대한 성과를 평가하고 반성해 보자는 데 그 목적이 있다고 생각합니다.

지난 1년 동안도 우리는 많은 일을 했고 훌륭한 성과를 올렸습니다.

우리가 땀 흘려 일하고 노력한 결과, 하늘도 우리를 도와서 금년은 예년에 없는 큰 풍작을 이룩했습니다.

"하늘은 스스로 돕는 자를 돕는다."는 격언이 있습니다.

이것은 동서고금을 막론하고 만고의 진리입니다.

하늘은 땀 흘려 노력하는 사람을 도와주지, 노력하지 않고 게으른 사람을 도와주는 법은 없습니다.

그러나 오늘의 이 시점에서, 우리가 추진하고 있는 새마을운동에 대해 평가를 할 때 앞으로 여러 가지 고쳐나가야 하고 더욱 노력해야 될 점, 반성해야 될 점이 많다고 생각합니다.

그동안 나는 국도변(國道邊)과 고속도로변(高速道路邊), 그리고 어제는 서울에서 대구까지 기차를 타고 오면서 연도에 있는 우리 농촌을 유심히 보았습니다.

그런데 새마을운동을 열심히 잘 한 부락은 불과 몇 년 동안에 부락의 모습이 완전히 탈바꿈을 했습니다.

지나가면서 먼빛으로 보기만 해도 그 동네에 윤기가 흐를 정도로 살기 좋은 마을이 되었는가 하면, 또 어떤 부락은 아직까지도 개발이 되어 있지 않고 뒤떨어져 있는 부락도 많이 눈에 띄었습니다.

앞으로 시간이 가면 갈수록 잘 사는 부락과 뒤떨어진 부락의 차이가 크게 벌어질 것입니다.

다시 말해서 잘 사는 부자 마을이 자꾸 늘어나는가 하면, 그 반면에 노력하지 않고 낙후된 부락은 자꾸만 뒤떨어지게 된다는 얘기입니다.

물론 뒤떨어진 부락도 그 동안에 노력을 하기는 했을 것이나 그 방법이 잘못되었거나 또는 실패를 했을 것입니다.

따라서 이런 부락들은 왜 자기 부락이 이웃에 있는 다른 부락에 뒤떨어져 있느냐하는 데 대해서 다시 한 번 그 사업 내용을 분석해보고 반성해볼 필요가 있습니다.

실패를 했다고 해서 결코 실망을 하거나 사업을 포기해서는 안 됩니다.

조금 전에 성공한 부자 마을의 지도자들이 나와서 성공담을 이야기

했습니다마는, 성공한 부락을 보더라도 한두 번의 실패는 있을 수 있는 것입니다.

문제는 실패를 하더라도 절대로 실망하거나 좌절하지 않고 다시 용기를 내어서 재기한 부락들은 성공을 하는 법입니다.

한번 실패를 했다고 실망을 하거나 좌절감에 빠져서 사업을 포기해 버린다면, 그런 부락은 다시는 일어날 수 없습니다.

왜 실패를 했느냐 하는 것을 따지고 보면 거기에는 반드시 원인이 있을 것입니다.

부락에 훌륭한 지도자가 없었다든지, 또는 지도자가 앞장서서 열심히 일했는데도 부락민들의 단결심이 약해서 일을 추진하지 못했다거나, 또는 처음부터 그 부락의 실정과 능력을 무시한 사업계획을 세웠기 때문에 실패했을 것입니다.

또는 기술적인 문제를 충분히 검토하지 않고 했기 때문에 사업을 성공시키지 못했다든가 일을 추진해놓고 보니까 경제적으로 채산(採算)이 맞지 않았다는 등 여러 가지 요인이 있을 것입니다.

때로는 그야말로 인력으로는 불가항력적인 천재(天災)가 있어서 실패를 거듭한 일도 있을 것입니다.

이런 것을 우리가 세밀히 분석해서 어떻게 하면 앞으로 이를 시정하고 부락민들이 단합할 수 있느냐 하는 것을 연구해서 부락민들의 적극적인 동의와 협조를 얻어가지고 밀고 나가면 반드시 성공할 수 있다고 나는 믿습니다.

또 자기 이웃의 성공한 부락에 가서 이 부락이 어떻게 해서 성공을 했는가 하는 경험담을 듣고 그것을 교훈삼아 자기 부락도 반드시 성공할 수 있다는 확신과 용기를 가지고 일을 추진해 나아가야만 합니다,

다음에는 도시 새마을운동입니다.

전반적으로 도시가 농촌에 비해서 새마을운동이 부진한 것은 사실이지만, 도시에서도 그동안 상당히 활발하게 전개되고 있으며 성공한 예도 많이 있습니다.

확실히 도시는 농촌보다도 그 여건으로 보아 새마을운동을 추진하기가 어렵다는 것은 사실이지만, 그렇다고 해서 도시 새마을운동이 불가능하냐 하면 그렇지는 않습니다.

며칠 전에도 경제동향보고회에서 서울시 관악구에 있는 어느 새마을지도자의 성공 사례담을 들었는데, 역시 도시의 새마을운동도 농촌이나 그 이치는 마찬가지라고 나는 생각합니다.

왜냐하면 도시에서도 그 마을에 발 벗고 앞장서서 뛰는 헌신적인 지도자가 있어야 된다는 것입니다.

또한 도시의 부락민들이 그 지도자를 중심으로 해서 단결하고 뭉칠 줄 알아야 되고, 사업을 추진하는 데 있어서도 손쉬운 일부터 시작해야 성공할 수 있다는 것이 그 새마을지도자의 경험담입니다.

확실히 옳은 얘기라고 생각합니다.

그리고 마을 주민 전체의 공동 관심사인 사업을 택해야 되며, 만일 몇몇 사람들만 관심 있는 사업을 하면, 전 주민들이 호응을 하지 않게 될 것입니다.

그 부락 전 주민들이 모두 관심을 가지고 있는 사업, 모두에게 혜택

이 돌아갈 수 있는 사업을 선택해서 쉬운 사업부터 하나하나 추진해 나간다면 도시도 반드시 성공할 수 있고 또 성공한 사례도 얼마든지 있습니다.

새마을운동은 곧 "잘 살기 운동"이라고 했습니다.

도시 사람이라고 해서 잘 살자는데 그것을 외면할 이유가 없을 것입니다.

다만, 그 주민들을 이끌어 갈 수 있는 헌신적인 지도자가 있느냐, 지도자를 중심으로 그 부락민들이 단결할 수 있느냐 없느냐, 그리고 적정한 사업을 선택해서 주민들이 그 사업을 통해서 뭉칠 수 있느냐 없느냐 하는 것이 문제가 된다고 생각합니다.

그 다음 일반 직장이나 공장에 있어서도 지금 새마을운동이 활발히 전개되고 있습니다.

오늘 이 자리에도 직장 새마을운동에 성공한 지도자들이 여러 분 나와서 수상한 것으로 알고 있습니다.

특히 공장의 경우 새마을운동이 잘 추진되면, 첫째 그 직장의 분위기가 아주 명랑해지고 능률도 올라가고 생산성이 높아집니다.

자연적으로 거기에 있는 근로자들에 대한 처우와 복지도 향상이 될 것입니다.

이렇게 되면 노사 간의 문제도 모든 것이 원만하게 잘 처리가 될 것이며, 이렇게 해서 성공한 직장이 여러 군데 있습니다.

따라서 아직까지 새마을운동을 하지 않고 있는 직장이나 부진한 직장은 앞으로 더 분발해야 된다고 생각합니다.

전에도 여러분께 말씀드린 바와 같이 앞으로도 정부는 잘살아보겠다는 의지가 강렬하고 부락민들의 단결심이 강하고 근면한 부락에 대해서는 우선적으로 지원을 하겠습니다.

1980년대 초에 가면 우리나라는 중화학공업 국가가 될 것입니다.

지금 추진하고 있는 모든 중화학공업 계획이 80년대 초에 가면 거의 완성이 됩니다.

우리 농촌도 그때는 대부분 자립(自立)마을이 되어서 잘 사는 농촌이 될 것이며, 국민소득은 1,000불을 훨씬 넘을 것으로 내다봅니다.

이렇게 되면 우리도 남부럽지 않게 잘 사는 나라가 될 수 있을 것입니다.

다만, 이 대열에는 근면하고 자조하고 협동하는 농민, 그러한 농촌만이 낄 수 있는 것입니다.

80년대 초에 가서 농가 소득 평균 140만 원이란 것은 전국을 평균(平均)했을 때 140만 원이 된다는 얘기입니다.

그렇다면 그때 가서 잘 사는 부락은 200만 원, 300만 원 또는 그 이상의 소득을 올리는 부락이 많이 나올 것이고 반면에, 100만 원도 못 올리는 뒤떨어진 부락도 있을 것입니다.

이처럼 낙오 부락이 있어서는 안 되겠으며 우리 모두가 골고루 잘 사는 농촌이 되어야 하겠습니다.

그러기 위해서는 특히 지금 부진한 마을, 뒤떨어진 마을, 한 번 하다가 실패해서 실의에 차 있는 마을들이 보다 더 분발해야 할 것입니다.

국외에서도 우리나라의 새마을운동에 대해서 비상한 관심을 가지고 있고 우리나라에 와서 새마을운동을 배우겠다는 사람들이 계속 늘어나고 있습니다.

앞으로 이 같은 외국 사람들이 많이 찾아올 것이고 또 농촌에 가서 여러분들하고도 자주 만나게 될 것입니다.

후진 국가에 있어서 농촌이 불과 몇 년 사이에 이처럼 획기적인 발전을 가져왔다는 사실에 대해서 이 분야를 연구하는 외국 학자들이나 전문가들은 우리나라 농촌, 특히 새마을운동에 대해서 비상한 관심을 가지고 있는 것입니다.

외국 사람들도 우리나라의 새마을운동에 대해 이처럼 관심을 가지고 있는데도 불구하고 우리 농촌에서 불과 몇 년 전만 하더라도 자기들과 마찬가지로 못 살던 이웃 마을이 몇 년 사이에 부자가 된 것을 보고도 분발해서 따라가겠다는 의욕을 갖지 않는 마을이 있다면, 아무도 그 마을을 부자 마을로 만들어 줄 수는 없을 것입니다.

지금 우리 농촌에서는 새로운 역사가 하나씩 펼쳐져 나가고 있습니다.

이것을 우리는 흔히 새 역사의 창조라고 합니다.

이 자리에 모인 새마을지도자 여러분들은 우리 농촌의 새 역사 창조의 기수들입니다.

여러분들은 드높은 긍지와 사명감과 보람을 가지고 지금 하고 있는 일이 아무리 고되고 힘들더라도 절대로 용기를 잃거나 좌절됨이 없이 분발해서 하루속히 선진 국가의 농촌보다 더 잘 사는 우리 농촌을 만들어 보겠다는 우리의 목표 달성을 위해 계속 매진해 줄 것을 당부합니다.

그리하여 살기 좋은 내 고장을 만들고 부강한 내 조국을 건설해서 사랑하는 우리 후손들에게 떳떳한 유산으로 물려줍시다.

거듭 강조하거니와 새마을운동은 우리 모두가 잘 살자는 운동입니다.

그러나 반드시 우리 당대에 잘 살기 위한 운동만은 아닙니다.

우리들 세대에 목표 달성이 안 되면 우리 다음 세대, 우리들 후손의 대에는 기필코 잘 사는 사회를 물려주겠다는 굳은 신념과 철학이 확립되지 않으면 새마을운동은 오래 지속될 수 없는 것입니다.

우리 후손들에게 떳떳한 유산을, 자랑스러운 조국을 물려주기 위해서 우리는 앞으로도 이 새마을운동에 보다 더 분발합시다.

그동안 새마을운동의 선봉에 서서 애쓰신 새마을지도자 여러분과 이 운동을 측면에서 지도해 주신 관계 공무원, 유관기관 직원 여러분들의 그 동안의 노고에 대해서 다시 한 번 치하의 말씀을 드리면서 새해에도 보다 더 분발해서 훌륭한 성과를 올려주실 것을 당부합니다.

새해에 여러분과 여러분의 가정에 건강과 행복이 있기를 빌어마지 않습니다. 감사합니다.

4
새마을운동은 자주국방 첩경이다

1976.12.10.

······전략(前略)······

오늘 이 자리에 모인 새마을지도자 여러분!

지난 6년 동안 새마을지도자 여러분들이 흘린 땀은 억만금을 주어도 바꿀 수 없는 값있고 보람 있는 땀이었으며, 우리들의 땀의 대가로서 이룩한 새마을운동의 성과와 업적은 참으로 엄청난 결과를 가져왔습니다.

이것을 일일이 설명을 하게 되면 그야말로 천문학적인 수치가 됩니다.

그 중 몇 가지만 예를 들어서 말씀드린다면 지난 6년 동안 우리 농민들이 농촌에 새로 건설한 농로만 하더라도 그 총 연장 길이가 약 4만 3천km나 됩니다.

즉 경부고속도로 길이의 100배가 넘는 농로입니다.

이것도 우리가 좋은 신 장비를 가지고 건설한 것이 아니라, 우리 농민들이 가지고 있는 삽과 괭이와 우리들의 손과 머리로, 등으로 지고 나르고 해서 남녀노소가 힘을 합쳐서 이룩한 농로입니다.

농로라는 것은 우리 농촌에 근대화의 물결이 들어가는 하나의 혈관과 같은 역할을 합니다.

우리 정부는 지금 고속도로 건설과 국토 포장에 크게 역점을 두고 있습니다.

그 목적은 도시와 농촌의 모든 격차를 하루빨리 없애고 농촌에 새로운 근대화의 물결과 문화의 혜택이 침투되어 들어가게 하기 위해서, 즉 농촌의 발전을 촉진하기 위한 것입니다.

또 한 가지 예를 든다면, 교량 가설만 하더라도 지난 6년 동안 여러분들이 건설한 다리는 약 5만 7,500여개가 됩니다.

물론 그 가운데는 조그만 도랑을 건너가는 작은 다리도 있겠지마는 큰 것은 200미터, 300미터를 넘는 장대교도 있는 것입니다,

이 5만 7,500여개의 다리는 과거 우리나라 전국에 있던 다리의 총 수보다도 더 많으리라고 믿습니다.

이것 역시 우리 농민들이 정부에서 겨우 시멘트나 약간의 철근 정도의 지원을 받아가지고 나머지는 우리 농민 스스로의 힘으로, 농민들의 부담으로써 이만한 엄청난 건설을 했습니다.

우리 농어촌의 생활환경도 크게 변모했습니다.

앞으로 1978년에는 우리나라 농촌의 어느 벽지에 가더라도 전기가 들어와 있고 지붕이 개량되어 있고 전화가 들어와 있게 될 것이며 1981년까지에는 모든 부락에 간이 상수도 시설이 다 되어 있는 살기 좋은 마을이 되리라고 우리는 전망하고 있습니다.

그밖에 새마을운동에 있어서 특히 우리가 자랑스럽게 얘기할 수 있

는 것은 우리 농민들의 노력으로 영농방법을 개선하여 식량 증산에 큰 성과를 올렸다는 것입니다.

금년과 같은 한해와 수해를 겪으면서도 우리는 쌀 3,600여만 석을 생산했습니다.

일제 강점기에는 남북을 통틀어서 1년간 쌀의 평년작이 약 1,700만 석 내지 1,800만 석이었습니다.

1961년만 하더라도 그 해 우리나라에 풍년이 들었는데 쌀 생산이 2,000만 석이었습니다.

그런데 금년에는 우리가 한발과 수해를 겪으면서도 한반도의 절반밖에 안 되는 면적에서 3,600만 석을 생산했다는 것은 엄청난 식량 증산의 성과가 아닐 수 없는 것입니다.

몇 가지 예를 들었습니다마는, 이러한 모든 성과를 집약적으로 표시할 수 있는 것이 바로 우리 농어민들의 소득 증대입니다.

지난 6년 동안 우리 농민들의 소득은 크게 늘어났습니다. 얼마나 늘어났느냐 하면 새마을운동을 시작하기 전인 1970년 말 우리 농가 호당 (戶當) 소득은 25만 원을 약간 넘었습니다.

그러나 아직까지 정확한 통계는 나오지 않았습니다마는, 추계에 의하면 금년 말로서 우리 농가 호당 평균 소득은 100만 원을 훨씬 넘으리라고 내다보고 있습니다.

불과 6년 동안에 우리 농가의 소득이 약 4배 이상 증대되었다는 것은 역시 엄청난 성과라고 하지 않을 수 없습니다.

또 한 가지는 과거 우리나라에서는 도시와 농촌의 소득의 격차가 너무 크다, 도·농의 격차가 크다는 얘기를 많이 했습니다.

그러나 새마을운동을 시작하고 난 뒤, 지난 1974년 말로서 도시와 농촌의 소득의 차이는 거꾸로 반전이 되었습니다.

농촌의 소득이 도시 근로자의 소득을 앞지르게 되었습니다.

이것도 우리 농촌에 있어서는 하나의 획기적인 사실이라고 하지 않을 수 없습니다.

1974년에 농촌 소득을 약 140만 원 수준까지 끌어올리자는 것이 우리의 목표였습니다.

그런데 지금까지 나온 추계를 볼 것 같으면 금년 말로서 140만 원 이상의 소득을 올린 마을 수가 약 8,700개 내지 9,000개가 될 것으로 보고 있습니다.

이것은 우리나라 전체 3만 5,000여 개 마을 중 약 25%가 됩니다.

그 나머지 마을들도 81년보다는 4년 내지 3년을 앞당겨서 1978년이나 79년 말까지는 전부 이 수준까지 올라갈 수 있다고 보며, 원래 목표인 1981년까지는 모든 마을의 평균 소득이 200만 원을 훨씬 넘을 것으로 내다보고 있습니다.

또한 지금 우리는 새마을을 그 수준에 따라 기초(基礎)마을, 자조(自助)마을, 자립(自立)마을로 구분하고 있습니다.

추계에 의하면 금년 말로서 자립마을이 전체 마을 중의 45%나 되고 자조(自助)마을이 54%, 기초마을로 남는 것이 겨우 1% 그러니까 35,000여 개 부락 중에서 300여개 마을이 기초마을로 가게 되며 이것도 내년에 가면 전부 없어지게 됩니다.

이러한 모든 성과는 그동안 새마을지도자 여러분들의 헌신적인 노력과 열성적인 지도가 오랜 잠에 젖어 있던 우리 농촌을 잠 깨움으로써 이룩한 결과입니다.

조금 전에 새마을 성공 사례담을 두 지도자가 나와서 했습니다만, 그 두 분뿐만 아니라 이 자리에 모인 모든 지도자들이 거의 그와 대동소이한 고생과 남모르는 여러 가지 어려움을 겪었을 줄 압니다.

그러나 그 동안 여러분들이 흘린 땀이 결코 헛되지 않고 이만큼 훌륭한 성과를 가져온 데 대해서 여러분들은 다시 한 번 보람과 긍지를 가져주기를 바랍니다.

여러분들의 마을이 이와 같이 소득이 늘고 풍요해진다는 것은, 즉 우리나라의 국력이 이만큼 커졌다는 것을 뜻하는 것입니다.

오늘날 세계 각국의 농촌 문제를 연구하는 전문가와 학자들은 한국 농촌에서 일어나고 있는 새마을운동에 대해서 비상한 관심을 가지고 연구하고 있습니다.

특히 개발도상국가의 농촌에 있어서는 한국의 새마을운동을 서로 배우고 본받으려고 연구열이 대단합니다.

오늘날 우리 사회에서 이루어지고 있는 새마을운동은 이제 비단 한국에 있어서의 새마을운동일 뿐만 아니라 세계적인 새마을운동으로 점차 발전되어 가고 있다는 데 대해서 우리는 긍지를 가지고 앞으로 보다 더 분발해야 될 줄 압니다.

지금까지는 농촌 새마을운동을 주로 얘기했습니다만, 다음은 도시 새마을운동에 대해서 몇 가지 언급하겠습니다.

도시 새마을운동은 농촌에 비해서 그 속도가 느리고 성과가 부진한 것이 사실입니다.

물론 도시는 농촌과 여러 가지 여건이나 사정이 다르다는 것을 우리는 잘 알고 있습니다.

농촌 같으면 한 마을에 사는 사람들이 대부분 조상대대로 오래 같이 살던 이웃이어서 서로 잘 알고 직업도 같은 농업이고 해서 서로 협동이 잘 되지만, 도시는 이웃끼리 살면서도 전혀 이름도 모르고 성도 모르는 사람들이 많고 직업도 제각기 다르기 때문에 농촌 사회와 같이 협동이 잘 되기가 어려운 것이 사실입니다.

그러나 도시 주민들도 새마을운동의 의의를 보다 더 올바로 인식하고 이웃끼리 서로 협동심을 발휘해서 이 운동을 추진한다면, 도시에 있어서도 농촌 못지않게 훌륭한 성과를 가져올 것으로 나는 확신합니다.

실제 그 좋은 산 증거로서 도시에서 새마을운동을 잘 해서 성공한 사례를 우리는 얼마든지 찾아볼 수가 있습니다.

오늘 이 자리에도 도시에서 새마을 사업을 성공적으로 이룩한 새마을지도자들이 많이 참석한 것으로 나는 알고 있습니다.

특히, 요즈음 우리나라에서는 농촌이나 도시나 매월 한 번씩 반상회를 가지고 있습니다.

도시 주민들도 이 반상회를 잘 활용해서 이 기회에 이웃끼리 모여서 우리 마을의 공동의 관심사 또는 공동 이익이 되는 사업을 서로 상의하고 검토해서 손쉬운 문제부터 하나하나 추진해 나간다면, 도시 마을도 지금보다는 훨씬 더 밝고 명랑하고 살기 좋은 마을이 되리라고 믿습니다.

다음에는 공장의 직장 새마을운동에 대해서 몇 마디 언급하겠습니다.

공장 또는 직장 새마을운동은 지금 매우 활발하게 빠른 속도로 확산되어 가고 있으며 모범적인 직장이나 공장이 전국 도처에서 나날이 늘어가고 있다는 것은 대단히 기쁜 일이 아닐 수 없습니다.

특히 공장 새마을운동에 있어서는 그동안 여러 가지 성공 사례를 많이 듣고 있습니다만, 이 운동을 추진하는 공장에서는 물자를 절약할 수 있고 생산 원가를 절감할 수 있으며 생산성이 향상되어서 회사의 이익을 그만큼 많이 올릴 수 있게 되는 등 당장에 큰 성과가 나타납니다.

그리고 기업주는 여기에서 나온 이익을 노동자와 종업원들의 처우 개선과 복지를 위해서 쓰게 되니까 노사 협조가 원만하게 잘 이루어지고 있고, 모든 종업원들이 공장을 우리 공장, 내 공장이라는 마음을 가지고 보다 더 일을 충실히 함으로써 공장의 상산성이 더욱 제고(提高)되어 이익이 올라가게 되고, 그 이익은 또다시 종업원들을 위해서 쓰이는 등 훌륭한 성과를 올리고 있는 예를 많이 보고 있습니다.

또 어떤 공장에 있어서는 기업주들이 상급학교에 진학을 희망하지만 가정 형편이 여의치 못한 종업원들을 위해서 학교를 설립하여 그들이 일하는 여가에 공부를 할 수 있는 환경을 마련해 줌으로써 종업원들은 자기 맡은 일에 대해서 보다 더 열의를 가지고 부지런히 일해서 공장도 잘되고 자기 공부도 열심히 하는 흐뭇한 모습을 볼 수 있는데, 이것은 우리 기업의 특수한 현상으로서 아마도 다른 나라에서는 보기 드문 예라고 생각됩니다.

나는 앞으로도 우리나라의 모든 기업체와 공장에서 이와 같은 새마을운동이 더욱 활발하게 전개되기를 바라마지 않습니다.

다음 학교 새마을운동에 있어서도 그동안 훌륭한 성과를 올리고 있습니다.

개중에는 저 멀리 벽지 또는 낙도(落島)에 가 있는 교사들 중에 이 운동에 앞장을 서서 헌신적인 노력으로 그 학교는 물론이요, 학교 주변에 있는 지역사회 발전에도 일대 변혁을 가져온 미담 가화를 우리는 얼마든지 들을 수가 있습니다.

나는 이분들이야말로 우리 사회가 바라는 참다운 훌륭한 교육자요, 겨레의 스승이라고 생각합니다.

그밖에 우리 국군부대에 있어서도 국토 방위의 중책을 수행하면서 새마을운동을 열심히 추진하여 군 자체의 보급 경제에도 크게 기여했을 뿐만 아니라, 특히 정신 전력 증강이라는 면에서 큰 성과를 올리고 있다는 보고를 나는 받고 있습니다.

새마을지도자 여러분!

우리는 지난 수년 동안 새마을운동을 통해서 여러 가지 귀중한 교훈을 많이 얻었습니다.

근면, 자조, 협동하는 가운데 우리 생활주변에서 가난을 추방했고 풍요한 우리 마을을 만들 수가 있었으며 서로 상부상조하고 협동함으로써 마을과 직장이 단결을 하게 되었고 일의 능률이 몇 배나 더 향상되었습니다.

이것은 곧 우리나라의 국력이 그만큼 커졌다는 것을 의미하는 것이며 국력이 이만큼 커졌다는 것은 우리나라의 경제가 그만큼 빨리 성장을 했고 국방도 그만큼 더 튼튼해졌다는 것을 뜻하는 것입니다.

즉 우리는 새마을운동을 통해서 국가 안보를 보다 더 공고히 다질 수가 있었습니다.

그 밖의 가난하고 불우한 이웃이 있을 때에는 동포애를 발휘하여 서로 힘을 보아서 그들을 따뜻하게 보살펴 주고 그들에게 새로운 용기와 자립의욕을 북돋아주며 사회에 대한 소외감을 없애게 함으로써 국민총화에도 크게 이바지하게 되었다는 것을 알게 되었습니다.

이렇게 볼 때 새마을정신과 새마을운동은 우리의 당면 목표인 자립경제와 자주 국방과 총력안보 태세를 달성하는 가장 빠른 첩경인 것입니다.

이제 새마을운동은 확실히 우리 사회 구석구석에 뿌리를 내리고 정착하기 시작했습니다.

그동안 우리들이 땀 흘려 구축한 이 튼튼한 토대 위에 우리가 심은 "새마을"이라는 나무에 열매가 맺도록 이제부터 우리는 한 번 더 분발을 해야 하겠습니다.

앞으로 새마을운동이 훌륭한 결실을 맞이하기 위해서는 전에도 여러 번 강조한 바 있으나 다시 한 번 이 자리에서 여러분들에게 몇 가지 사항을 당부하고자 합니다.

첫째, 마을이나 공장이나 직장에서 하는 모든 새마을운동에 있어 성공의 가장 기본 요건이 되는 것은, 지도자를 중심으로 굳게 단결하는 일입니다.

단결이 되지 않는 마을이나 직장에서 새마을운동이 성공한 예는 없습니다.

둘째, 모두 사업계획을 그 부락 또는 직장의 실정과 능력에 알맞도록 세워야 합니다. 자기 부락의 실정과 능력에 맞지 않는 사업계획을 세워 가지고 사업을 추진할 때는 흔히 실패하기가 쉽습니다.

또 중요한 것은 사업상의 기술문제, 즉 기술성 또는 경제성을 충분히 검토해서 계획을 세워야 하겠다는 것입니다.

그동안 새마을운동에 실패한 마을을 보면, 거의 대부분의 사업계획을 수립할 단계부터 그 마을의 실정과 능력, 또는 기술문제나 경제성 등을 사전에 충분히 검토하거나 고려하지 않고 일에 착수했기 때문에 실패한 예가 많이 있습니다.

셋째, 부락 공동 사업은 주민의 총의를 모아서 결정하라는 것입니다.

만약에 부락의 지도자 몇 사람이 계획을 세워가지고 밀고 나간다면 부락민들의 협력을 얻기가 어려워 그 일이 잘 추진이 안 되는 경우가 많습니다.

어디까지나 부락공동의 사업은 주민의 총의를 모아서 결정을 해야만 성공할 수 있는 것입니다.

내가 새마을운동이 "한국적 민주주의의 실천 도장"임을 강조한 것도 우리가 부락의 사업을 이처럼 민주적 방식으로 하나하나 실천해 나가는 것이 바로 참다운 민주주의 훈련이 되기 때문입니다.

넷째, 부녀회원들이 적극적으로 참여할 수 있는 기회를 만들자는 것입니다.

그동안 성공한 부락을 보면, 부녀회원들이 적극적으로 참여하고 협력했을 때에 반드시 성공했습니다.

새마을운동의 성공에 부녀회원들의 역할이 얼마나 큰지를 다시 한번 인식해야 하겠습니다.

다섯째, 거듭 강조하거니와 우리 마을에 가난한 이웃이 있을 때에는 마을 사람들이 1차적으로 도와주어야 합니다. 물론 마을 사람들의 힘을 가지고 도울 수 없는 것은 앞으로 정부나 국가가 돕겠지마는, 우리 마을에 가난한 사람, 불우한 사람이 있을 때 이들을 도와주는 1차적인 책임은 같은 마을 사람들이어야 한다는 것입니다.

나는 새마을운동은 "잘 살기 운동"이며, 잘 산다는 것은 나 혼자만 잘 사는 것이 아니라 우리 이웃, 우리 마을, 우리 사회, 우리 국가 모두가 다 잘 사는 운동이라고 강조한 바 있습니다.

하물며 조그마한 자기 마을 안에 불우하고 어려운 사람이 있을 때 이를 돕겠다는 생각과 마음이 없으면 이는 새마을정신이 아닙니다.

여섯째, 마을금고를 만들어서 저축하는 습성을 보다 더 많이 길러야 하겠습니다.

근검절약하여 저축을 한다는 것은, 새마을운동 중에서도 가장 중요한 실천종목 중의 하나로서 살림이나 소득이 그만큼 늘어난다는 것도 되겠지만, 내가 특히 강조하고 싶은 것은 저축을 통해서 마을 사람들이 더욱 근면하고 단결할 수 있다는 점입니다.

일곱째, 모든 사업은 궁극적으로 소득 증대에 직결되도록 되어야 하겠습니다.

가령 마을회관 하나 만들더라도 그것이 무슨 소득 증대와 관련이 있느냐고 생각할지 모르나 관련이 있습니다.

마을회관을 건립하여 마을의 공동 사업을 추진할 때 마을 사람들이 모여앉아 회의를 하고 여러 가지 영농기술을 배우고 또 마을의 발전을 위해서 회의를 할 수 있는 장소가 된다면, 이것은 간접적으로 우리 마을의 소득 증대에 도움이 되는 것입니다.

마을회관 하나를 짓더라도 이처럼 소득 증대라는 견지에서 생각하고 활용을 해야 되겠습니다.

여덟째, 모든 사업추진의 주체는 어디까지나 그 마을 사람들이 되어야 한다는 것입니다. 공장의 경우는 그 공장의 종업원들이 주체가 되어야 하겠습니다.

과거에는 공무원들이 앞장서서 추진했습니다마는, 이제는 새마을운동도 이만큼 정착이 되었고 또 여러분들이 경험을 쌓았기 때문에 앞으로는 마을 사람들이 주체가 되어서 추진하고, 우리 공무원들은 2선에서 지도를 하고 지원을 하고 협조를 해 주는 체제로 나가는 것이 바람직한 것입니다.

아홉째, 도시민들이 새마을운동에 대해서 좀 더 깊은 인식을 가지고 방관적인 태도를 취하지 말고 적극적으로 참여를 해 주어야 하겠습니다.

새마을운동은 농촌에서 농민들만이 하는 것이 아니라 범국민적인 운동이요, 역사적인 사업입니다.

역사라는 것은, 여러 사람들의 의지가 한데 모아져서 하나의 같은 목표를 위해서, 땀 흘려 일해 이루어진 결과라고 나는 생각합니다.

그렇기 때문에 새마을운동은 농촌의 농민들만의 운동이 결코 아니며 전 국민이 여기에 적극적으로 참여해야 하는 것입니다.

앞서 두 새마을지도자가 우리 앞에 나와서 눈물겨운 성공 사례를 이야기했습니다.

듣는 사람으로 하여금 모두가 가슴이 뭉클하고 눈물겨운 감동을 느끼게 하는 것이었습니다.

지난 몇 년 동안 그분들이 선두에 서서 부락민들과 같이 해온 일과 그 과정 이것이 바로 새 역사를 창조해나가는 인간의 가장 거룩하고 진지한 모습인 것입니다.

우리는 새마을운동에 대해서 좀 더 뚜렷한 역사의식을 가지고 모두가 적극적으로 참여하겠다는 사명감을 다시 한 번 굳게 인식해야 하겠습니다.

정부는 앞으로도 계속 새마을운동을 위해서 최대한의 지원을 하겠다는 것을 여러분 앞에 약속합니다.

내년부터 시작되는 제4차 경제개발 5개년계획 기간 중에도 농어촌 개발을 위해서 약 1조 5천 5백억 원의 막대한 투자를 할 계획을 세우고 있으며 실천단계에 가서는 이보다도 더 많은 투자가 이루어지리라고 생각합니다.

그리고 정부는 앞으로도 잘 단결되고 의욕이 왕성한 우수한 마을에 대해서 우선적으로 지원하겠다는 방침을 변함없이 밀고 나갈 생각입니다.

……하략(下略)…

5
새마을정신을 민족중흥운동으로 추진하자
1977.12.9.

⋯⋯전략(前略)⋯⋯

금년에도 우리는 안팎으로 여러 가지 도전과 시련을 겪었으나 근면·
자조·협동의 새마을정신으로 이를 훌륭히 극복한 보람찬 한해였다고
나는 회고합니다.

수십 년 만에 닥쳐왔던 극심한 가뭄 속에서도 우리 농민들은 피땀
어린 노력을 다해 작년보다도 550만 석 가량이 더 많은 4,170여 만 석
의 쌀을 생산하여 기록적 대풍작을 거두었고, 우리 모든 기업인과 생산
역군들이 땀 흘려 부지런히 일한 결과 날로 치열해지는 국제 경쟁을 뚫
고 대망의 백억 불 수출을 달성할 수 있게 된 것은 조국 근대화와 민족
중흥의 역사 창조에 특기(特記)할만한 새마을운동의 빛나는 금자탑이
아닐 수 없습니다.

그뿐만 아니라, 지난여름에는 집중 호우로 일부 지방에 많은 피해가
있었고 최근에는 돌발적인 이리역(裡里驛) 참사와 장성탄광(長省炭鑛)
사고가 잇달아 일어나 우리에게 큰 충격을 안겨주었으나, 우리는 기민

하게 사태를 수습했고 일사불란하게 복구 작업에 임하고 있습니다.

이같이 엄청난 불의의 사고를 당해서도 조금도 당황하거나 좌절하지 않고 향토 재건에 전력을 다하는 이리(裡里) 시민들의 의연한 모습이며, 온 국민의 너도나도 이재민(罹災民) 돕기에 앞장서는 훈훈한 인정의 물결을 대할 때, 나는 새삼 우리 민족의 위대한 저력과 문화 국민으로서의 긍지를 느낍니다.

이 자리를 빌려, 다시 한 번 이재민(罹災民)들에게 따뜻한 위로와 격려를 보내면서 국민 여러분의 협조에 감사를 드리는 바입니다.

극심한 가뭄을 이겨내기 위해 남녀노소 할 것 없이 밤중에도 횃불을 밝히고 지하의 물줄기를 찾기에 안간힘을 다한 우리 농민들의 눈물겨운 근면·자조정신과 밤낮을 가리지 않고 농민들의 한해 극복을 지원한 일선 공무원들의 봉사 정신, 또한 홍수가 휩쓸고 간 공장을 하루빨리 재건하기 위해 내 집보다 우리 공장의 복구 작업에 헌신한 종업원들의 애사 정신과 이재(罹災) 종업원들을 내 식구처럼 보살펴 준 기업인들의 따뜻한 사랑, 그리고 이웃의 불행을 내 불행으로 알고 앞장서 돕는 우리 국민의 인보(隣保) 정신과 뜨거운 동포애, 이것이 모두 새마을정신입니다.

우리가 계속 이와 같은 새마을정신을 생활화 해 나간다면, 어떤 재난이나 도전도 결코 두려울 것이 없으며, 알뜰하고 살기 좋은 복지 사회 실현은 시간문제라고 확신합니다.

새마을지도자 여러분!

새마을운동이 우리 농촌에서 불붙기 시작한 지도 7년, 이 불길은 해를 거듭할수록 거세게 타올라 전국 방방곡곡에 번지고 이제 범국민운동으로 뿌리를 내리게 되었습니다.

우리 국민정신에 일대 혁신을 가져온 것은 말할 것도 없고 정치, 경제, 사회 등 모든 면에서 정신 혁명의 세찬 바람을 불러일으켜 오늘날 우리가 보는 바와 같이 급속한 변화와 놀라운 발전의 원동력이 되고 있는 것입니다.

그 중에서도 농촌의 경우, 새마을운동 이전과 오늘을 비교할 때 그야말로 격세지감을 금할 수 없는 것은 우리들만의 소감이 아니라 세계 많은 나라에서도 모두 부러워할 정도입니다.

그러면 지난 7년 동안 새마을운동을 통해 과연 얼마나 많은 일을 해냈고, 또 얼마나 큰 성과를 거두었는가를 잠시 살펴봅니다.

우선, 그 동안 전국의 새마을에서 연인원 5억 8,693만여 명의 주민들이 새마을 사업에 참여하여 마을당 평균 215건, 총 784만 5천 건의 사업을 해냈습니다.

그 사업 내용을 대충 간추려보면, 우리 농민들의 새마을 사업으로 개설한 농로가 4만 3,060km, 즉 경부고속도로 길이의 백배가 넘고, 마을안 길을 새로 내거나 넓힌 길이가 4만 2,220km나 되며, 또 농민의 자력으로 건설한 대소 교량의 수만도 6만 3,927개나 됩니다.

이제는 대형 자동차와 농기계가 농가 앞마당까지 마음대로 드나들 수 있게 되었을 뿐만 아니라, 마을과 마을, 지방도와 국도는 물론, 고속도로에까지 연결됨으로써 농업 자재의 공급과 농산물의 유통이 원활하게 되었습니다.

또한 집집마다 낡은 초가지붕을 없애고 간이 상수도와 하수도를 설치하였는가 하면 모든 농어촌에 전기가 들어가고 통신 시설이 갖추어짐으로써 우리 농민들도 도시인과 다를 바 없는 문화생활을 영위할 수 있게 되었습니다.

앞으로 계속 우리 농민들이 늘어나는 소득에 맞추어, 본격적으로 주택을 개량하고 아울러 취락 구조 개선 사업을 추진해 나간다면 몇 년 안 가서 우리 농촌은 선진국의 농촌 부럽지 않은, 새 모습으로 다시 한 번 크게 탈바꿈하게 될 것입니다.

또한 소유지(小溜池), 보(洑), 도수로(導水路) 등 수리시설을 확충하는 한편 마을 주변의 소하천을 말끔히 정비하여 이제는 한해나 수해 걱정 없이 마음 놓고 농사를 지을 수 있을 만큼 우리의 농업 생산 기반은 다져졌습니다.

우리는 지난 몇 년 동안 극심한 자연재해를 극복하고 연년 세세 대풍(大豐)을 이루어 획기적인 증산 실적을 올릴 수 있었습니다.

특히 금년에는 단보당(段步當) 수확 면에서 평균 484킬로그램의 세계 최고 기록을 세웠습니다.

우리가 남의 원조에 의존하며 매년 많은 외자를 주고 쌀을 수입하던 때가 엊그제 같은데, 그리고 세계적으로 식량난이 가중되고 있는 이때에, 이미 주곡의 자급을 실현하고 이제는 쌀이 남아돌아서 걱정을 하게끔 되었다는 것은 참으로 기쁘고 자랑스러운 일이 아닐 수 없습니다.

그동안 우리는 쌀을 절약하기 위해 떡을 만드는데도 잡곡을 섞고 쌀로 술을 빚지 못하게 하는 등 허리띠를 졸라매고 식성을 달래가며 꾸준히 노력해왔는데 그런지 불과 몇 년 만에 이제는 쌀을 먹고 남을 만큼 되었으니, 이야말로 「하면 된다」 「우리도 잘 살 수 있다」는 새마을운동의 행동 철학을 입증한 것입니다.

그뿐만 아니라, 우리 농민들은 생활환경이 나아졌다고 해서 낭비하지 않고 오히려 근검절약을 생활화함으로써 집집마다 저금통장을 갖게 되었고 마을마다 새마을 금고를 설치하여 알차게 운영하고 있는 것은 우리 농촌의 밝은 내일을 위해 참으로 마음 든든한 일입니다.

이 자리를 빌려, 특히 마을 부녀 지도자 여러분의 노고를 높이 치하하는 바입니다.

이처럼, 그동안 우리 농민들이 새마을정신으로 부지런히 땀 흘려 일하고 근검절약에 힘쓴 결과 해마다 우리 농가의 소득 수준은 획기적으로 증대되었으며, 자립마을의 수가 부쩍 늘어나고 있습니다.

금년 말이면 기초마을은 전부 없어지고 호당 140만 원 이상 소득을 올린 자립마을의 수가 전체 3만5천여 농촌 마을 중 약 65퍼센트, 그 중 2백만 원 이상이 2천8백 개 마을에 이를 것입니다.

새마을운동이 시작될 무렵인 1970년 말, 우리나라 농가의 평균 호당 소득은 25만6천 원으로서 도시 근로자 소득의 67퍼센트에 불과했습니다.

그러던 것이 이미 74년부터는 도시 근로자 소득을 앞지르기 시작했을 뿐만 아니라, 금년 말 평균 농가 소득은 140만 원이 약간 초과될 것으로 추정됩니다. 이는 당초 목표를 4년이나 앞당긴 것이며, 이 추세로 가면 80년대 초에는 그 배가 넘게 될 것으로 전망됩니다.

우리 농촌은 선진국의 농촌을 부러워할 것 없이 오히려 그들보다도 더욱 건전하고 알차며 인정이 넘치는 생활권으로 발전될 수 있다고 나는 믿습니다.

새마을운동이 이룩한 성과 가운데 내가 또 하나 자랑스럽게 생각하는 것은 새마을운동을 추진하는 과정에서 우리 농민들이 민주주의가 무엇이며, 또 어떻게 하는 것이 민주주의를 올바로 실천하는 길인가를 체험을 통해 알게 되었다는 사실입니다.

잘 아시는 바와 같이 새마을운동은 마을 주민들이 자율적으로 합심해서 전개하는 잘 살기 운동이기 때문에 우선 회의장에 모여야 하고 스스로 지도자를 뽑아야 하며, 수많은 토론을 거쳐 사업 계획을 세워야 하고 이를 공동으로 추진해 나가야 합니다.

또한 새마을지도자는 중의(衆議)로 확정된 사업의 추진 현황과 결산을 마을 주민에게 그때그때 보고해야 합니다.

충청남도 대덕군에 있는 어느 자립마을은 지난 7년 동안 전 주민이 참여하여 매달 2회 이상, 총 2백여 회의 회의를 열었고 147건의 사업을 성공적으로 완수한 기록이 있습니다.

이처럼 마을 전체의 공동 이익과 발전을 위해 지도자를 중심으로 온 마을 주민이 하나로 굳게 뭉쳐서 창의와 정성을 다해 다 같이 일해야만 새마을운동은 소기의 성과를 거둘 수 있으며, 이 마을은 번영할 수 있는 것입니다.

이것이 곧 애농(愛農), 애향의 정신이요, 참다운 애국심이며 그 바탕 위에서 우리국민의 민주주의는 무럭무럭 자라고 있습니다.

지금 우리 농민들은 민주주의를 책이나 말로써가 아니라 새마을운동이라는 피나는 실천을 통해 직접 행동으로 배우며 익히고 있는 것입니다.

그렇기 때문에 나는 전국 농촌의 마을회관에 비치되어 있는 수많은 회의록과 장부, 그리고 각종 통계표와 개발 계획 등, 모든 자료는 바로 우리나라 민주주의 발전의 산 증거요, 길이 후손에게 물려줄 역사라고 확신합니다.

다음, 공장 새마을운동에 대해서 몇 가지 강조해 두고자 합니다.

우리는 금년에 대망의 백억 불 수출을 달성함으로써 공업 입국의 의지를 선양하고 바야흐로 고도 산업 국가 건설과 자립경제 실현을 눈앞에 바라보게 되었습니다.

자원이라고는 보잘 것 없는 우리나라가 짧은 기간에, 이처럼 비약적인 발전을 이룩한 데 대해서 세계는 놀라움과 부러움, 그리고 일부에서는 시기의 눈길마저 보내고 있습니다.

나는 오늘의 이 보람찬 성과는 그동안 우리 근로자들과 기업인들이 혼연일체가 되어 증산에 힘쓴 피나는 노력의 결실이라 믿고 여러분의 그간의 노고에 대해 다시 한 번 치하를 보냅니다.

돌이켜보면, 우리는 제3차 경제개발 5개년계획을 추진하는 과정에서, 1973년 석유 파동으로 인한 세계적인 경제 불황 때문에 많은 어려움을 겪었으나 공장 새마을운동으로 이 난국을 슬기롭게 극복하면서 획기적인 수출 증대와 고도 경제 성장을 지속할 수 있었습니다.

공장 새마을운동이란, 한마디로 기업인과 근로자가 서로 믿고 도우며 한 마음으로 일해서 다 함께 잘 살기 위한 운동입니다.

하나의 기업이 발전하는 데에는 여러 가지 조건이 있겠으나 가장 중요한 것은 근로자가 마음으로부터 열심히 일할 수 있는 여건과 분위기를 조성하는 일입니다.

따라서, 기업인들은 근로자들의 처우 개선에 계속 힘쓰고 후생 복지 시설을 확충하는 등 이들로 하여금 인간다운 생활을 할 수 있고 미래에 대한 희망을 가질 수 있도록 따뜻한 배려와 협조를 아끼지 말아야 합니다.

다시 말해서 기업인이 종업원을 가족처럼 아끼고 사랑할 때 그들은 「내 공장」「우리 기업」이라는 마음이 우러나서 더욱 열심히 일하게 되며, 또 여기에서 나온 이익을 다시 종업원의 처우와 복지 향상에 환원할 때 기업인과 종업원 간에 총화가 이루어지고 능률과 생산성이 제고되어 그 기업은 더욱 발전할 수 있게 되는 것입니다.

근래 우리 주변의 많은 공장과 직장에서 새마을운동을 활발하게 전개하여 인정이 흐르는 노사 협조의 바탕 위에 큰 성과를 올린 사례를 많이 볼 수 있게 된 것은 참으로 자랑스럽고 흐뭇한 일이 아닐 수 없습니다.

예를 들면 인천제철의 경우 96개 새마을 분임 토의반이 매주 생산성 제고를 위한 토의를 거듭하며 공장 새마을운동을 전개한 결과, 불과 1년 반 만에 만성 적자 회사를 흑자 기업으로 전환시켰습니다. 또한 지난여름 안양지구의 홍수로 2백여 개 공장이 큰 피해를 입었을 때 모든 종업원과 기업인이 하나로 뭉쳐 불철주야 복구 작업에 힘써서 불과 3개월 만에 공장을 재가동시킨 것은 그 좋은 실례입니다.

나는 매월 경제 동향 보고 회의에서 농촌 새마을운동과 공장 새마을운동의 성공 사례를 듣고 있습니다.

기업인들이 종업원들을 위해 통근버스를 내고 기숙사, 식당, 휴게시설을 갖추는 것은 물론 종업원들이 소원의 상급 학교 공부를 할 수 있도록 중·고등학교까지 세워서 장학금을 지급하고 의료시혜(醫療施惠)를 종업원의 가족들에게까지 확대해 나가고 있습니다.

또 종업원들이 장래에 대한 희망을 가지고 밝은 얼굴로 일하며 공부하는 모습을 볼 때마다 조국의 무궁한 발전을 확신하게 됩니다.

이처럼 공장 새마을운동은 다른 나라에서는 볼 수 없는 우리나라 특유의 노사 협조 운동으로 국력 배양을 가속화하는 원동력이 되고 있는 것입니다.

아무쪼록, 기업인 여러분은 투철한 사명감으로 기업의 사회성을 다시 한 번 깊이 인식하고 새마을운동에 앞장서 헌신해 줄 것을 당부하는 바입니다.

다음, 도시에서도 이제는 점차 새마을운동이 뿌리를 내려가고 있습니다.

흔히 도시는 농촌과 달라서 새마을운동을 하기가 어렵다는 말들을 하는데, 비록 도시의 생활환경과 여건이 농촌과 다르다 해도 새마을정신이나 이 운동을 추진하는 기본 원리에 있어서는 조금도 다를 것이 없다고 나는 생각합니다.

요컨대, 근면·자조·협동의 정신을 어떻게 처지에 알맞게 실천하느냐가 중요한 것이며, 지식층과 부유층이 이 운동에 얼마만큼 솔선수범하고 협조하느냐에 성패가 달려 있는 것입니다.

그동안 수원에 있는 새마을지도자연수원(研修院)을 비롯하여 각종 새마을 교육기관을 거쳐나간 사회 모든 부문의 지도층이 가정과 직장에서 손쉬운 일부터 하나하나 실천하는 가운데 건전한 사회 기풍이 서서히 조성되어 가고 있는 것은 매우 흐뭇한 일입니다.

깨끗하고 질서 있고 명랑한 도시 사회를 만들기 위해 내 집 안팎을 청소하고 공중도덕을 지키며 근검절약하는 습성을 익히는 일로부터 시작해서, 복잡하고 변화의 속도가 빠른 도시 사회에서 자칫 잃어버리기 쉬운 인간성을 보전하기 위해 부모에게 효도하며 어른을 공경하는 전통적 효자 정신을 되살리는 등 도시 특성에 맞는 새마을·새마음운동이 활발하게 전개되고 있습니다.

특히 매월 열리는 반상회를 통해 이웃끼리 대화의 광장을 마련하여 공동 관심사를 논의하며 불우이웃을 돕고 자연보호운동을 함께 벌이는 것은 도시 새마을운동의 좋은 본보기라고 나는 믿습니다.

앞으로도 모든 시민이 반상회 운영에 적극적으로 참여하고 특히 지도층과 지식층이 여기에 앞장서서 도시 새마을운동이 더욱 알찬 성과를 낳게 되기를 당부하는 바입니다.

새마을지도자 여러분!

이처럼 새마을운동은 우리의 정신 혁명 운동으로서, 잘 살기 운동으로서, 그리고 참다운 민주 이념의 실천 도장으로서 농촌과 도시, 가정과 직장, 그리고 학교와 군대에 이르기까지 범국민운동으로 정착되어 가고 있습니다.

또한 우리는 새마을운동이 왜 필요하며 어떤 방법으로 실천해야 성공할 수 있는가를 체험을 통해 터득하였습니다.

그뿐만 아니라, 외국에까지 전파되어 새마을운동이 농촌 근대화와 국가 종합 개발 방법의 새로운 유형으로 크게 각광을 받고 있는 실정입니다.

세계의 많은 학자와 언론인, 정치인, 정부 관리들이 우리의 새마을운동을 직접 와서 보고 지도자들과 얘기를 나누고는 새삼 우리 민족의 근면성과 창의력에 탄복하고 있습니다.

그동안 우리나라에 와서 새마을운동을 시찰, 견학한 외국인의 수만도 70여 국에서 5,300여 명에 달하고 있습니다.

우리는 오늘의 성과에 결코 만족하지 말고 앞으로 더욱 새마을정신을 생활화하고 이 운동을 민족중흥 운동으로 알차게 추진해 나가야 하겠습니다.

나는 기회 있을 때마다 새마을운동은 「잘 살기 운동」이며, 「잘 산다」는 것은 나 혼자만이 잘 사는 것이 아니라, 이웃과 우리 마을이 다 같이 잘 살아야 하고 우리 국민 모두가 잘 살아야 한다고 강조한 바 있습니다. 그런데 우리가 잘 살기 위해서는 물질적인 번영을 이룩하는 것도 중요하지만, 무엇보다도 정신적으로 건강해야 합니다. 근면·자조·협동의 새마을정신은 우리가 억만금을 주고도 살 수 없는 국가 발전의 자원이며, 후손에게 길이 물려줄 가장 값진 유산입니다.

물질적 자원은 개발할 수도 있고 외국에서 사들여 그 부족을 메울 수도 있지만, 정신 자원은 그럴 수가 없는 것입니다.

고금의 역사가 말해 주듯이 민족정신이 병들고 타락한 사회는 한때 물질적 번영을 이룩했다 해도 이를 오래 지탱할 수가 없는 것입니다.

새마을운동을 통해 우리가 민족의 자주정신과 건전한 국민윤리를 확립하고 국가관과 사회 기강을 바로 세워 나가야만, 자립경제와 자주 국방을 위한 피땀 어린 노력도 알찬 결실을 볼 수 있는 것입니다.

······하략(下略)······

6

젊은이 기꺼이 농촌 건설에 투신토록…

1978.12.6.

친애하는 전국의 새마을지도자 여러분!

······중략(中略)······

지난 8년 동안 성공적으로 마무리된 1,000만 건 이상의 새마을 사업을 위하여 정부는 무려 9,700억 원 이상을 투입했으며, 3,600만 우리 국민 모두가 적어도 평균 스물네 번 이상 사업장에 나가서 일한 셈입니다.

이 통계 숫자는 새마을운동이 문자 그대로 요원(遼原)의 불길같이 범국민적으로 추진되어 왔음을 말해주고 있습니다.

오늘의 우리 농촌은 영농의 기계화, 동력화, 생활 문화 정보의 신속한 전파, 도로망과 교통수단의 발달 등으로 근대화의 물결을 타고 도시 못지않게 밝은 생활권으로 변모하고 있습니다.

호당 농가 소득은 80년대 초의 140만 원을 이미 작년에 넘어섰고 금년에는 178만 원 이상이 될 것으로 예상되고 있습니다.

전남 고흥군 봉래면(蓬萊面) 선원마을의 경우는 놀랍게도 이미 작년 호당 소득 1,150만 원을 올렸습니다.

우리가 이토록 귀중한 체험을 통하여 터득한 바와 같이 새마을운동은 정신 개혁 운동이요 잘 살기 운동입니다.

억척스럽게 분발하여 지난날의 가난과 무기력을 청산한 우리들이 「하면 된다」는 신념과 보람으로 일하고 또 일하여 이룩해 낸 오늘의 이 경이적 발전이야말로 새마을정신의 정화(精華)라 할 것입니다.

또한 우리도 노력만 하면 잘 살 수 있다는 자신과 용기, 이웃과 더불어 협동하는 행동양식을 실천과 체험으로 터득하게 되었고 새마을운동을 통하여 우리 스스로 착안하고 실천해 온 한국적 민주주의의 생활 질서 속에서 합리적인 사고력과 능동적인 참여, 그리고 건전한 가치관을 키워왔다는 점에서도 새마을운동 8년의 성과는 크게 평가되어야 할 것입니다.

남녀 새마을지도자 여러분!

그 동안 이룩한 새마을운동의 큰 성과에도 불구하고 우리가 지향하는 밝고 윤택한 복지 농촌 건설에의 길은 아직도 멉니다.

초가십을 헐고 기와집에서 살 만큼 된 것도 좋은 일이지만, 우리에게는 어느 선진국 부럽지 않은 고도의 복지 문화 사회를 기필코 이룩하겠다는 더 크고 웅대한 이상이 있습니다.

또 이 이상을 실현할 수 있는 무궁무진한 슬기와 잠재력도 가지고 있습니다.

이 힘과 슬기를 다하여 우리는 새마을운동을 더욱 힘차게 계속 밀고 나가야 합니다.

우리는 농촌 생활환경의 획기적 개선과 농촌 경제의 자율 성장 기반 구축, 그리고 공장 새마을운동의 대대적의 확산과 도시 새마을운동의 생활화 등에 온 국민이 더욱 힘을 기울여 활기찬 전진을 계속해 나가야 하겠습니다. 앞으로 농촌 새마을 사업은 우리가 적극 추진하고 있는 취락 구조 개선 사업과 영농기계화, 그리고 녹색혁명(綠色革命)의 완수 등이 그 대표적인 것이라 할 수 있습니다.

정부가 시정(施政)면에서 서둘러야 할 분야가 많이 있음에도 불구하고 6,143억 원이라는 막대한 국가 예산으로 81년까지 50만동의 농촌 주택을 개량하고자 우선적으로 지원하고 있는 까닭도, 가난에 찌들었던 구각(舊殼)에서 과감히 벗어나 새 시대의 새 역사를 창조해 나가는 주인답게 우선 자신의 생활환경부터 능률적이고 문화적으로 가꾸어 나가자는 데 그 참뜻이 있는 것입니다.

우리 농촌 경제의 자율적인 성장 기반을 다지기 위해서는 농촌의 지속적(持續的)인 소득 증대가 무엇보다 중요하며, 획기적인 창의와 노력이 요청됩니다.

우리나라 농촌과 도시의 평균 소득 비교에 있어서는 이미 74년을 고비로 농가 소득이 앞지르고 있으며, 작년의 경우만 보더라도 도시 근로자 소득 140만 원에 비하여 농촌이 143만 원으로 앞서는 실정입니다.

새마을 공장의 유치, 부업 단지 조성을 비롯하여 농외 소득원의 개발과 육성에도 더욱 힘을 기울여 농가의 잠재 노동력과 기능을 최대한 활용하는 데 머리를 써야 하겠습니다.

이와 같은 노력을 효과적으로 뒷받침하기 위해서는 새 지식, 새 기술을 습득한 농촌 기술 인력을 확보하고 더 많은 젊은이들이 기꺼이 농촌 건설에 투신할 수 있도록 모든 여건을 개선해 나가야 하겠습니다.

정부는 지역사회 개발을 선도해 나갈 영농 후계자의 양성을 위하여 다각적인 지원책을 마련하고 농촌 진흥에 활력을 불어넣는 시책을 강화해 나갈 것입니다.

다음에는 경제 건설의 제일선에서 분발하고 있는 산업 역군들의 공장 새마을운동에 대해서 언급하고자 합니다.

며칠 전 수출의 날 행사에서 밝혀진 바와 같이 금년에도 우리나라는 수출 목표 125억 불을 초과 달성하는 훌륭한 성과를 거두게 되었습니다.

우리가 세계 시장의 여러 가지 어려운 여건 속에서도 수출의 급신장을 거듭하고 있는 것은, 여러 가지 요인과 많은 사람의 노력이 집대성된 결과라고 보아야 하겠지만, 그 중에서도 특히 내가 지적하고 싶은 것은 우리나라 공장들에서는 다른 나라에서 찾아볼 수 없는 새마을운동이 활발하게 벌어지고 있다는 사실입니다.

공장마다 새마을운동을 활발히 전개하여 종업원은 공장을 내살림처럼 아끼고 돌보며 생산성을 높이기 위해 헌신적으로 일하고, 기업주는 종업원을 자신의 혈육처럼 아끼며 처우와 복지 문제들에 세심한 배려를 기울여 가족적 분위기의 기업 풍토를 꾸준히 확립시켜 나가야 합니다.

슬기와 우애가 넘치는 기업 풍토는 비단 기업주나 종업원 한 사람의 이익을 가져올 뿐만 아니라, 복지 사회 건설과 국가 발전에도 크게 이바지하게 될 것입니다.

우리는 앞으로도 공장 새마을운동을 더욱 활발하게 추진하면서 이 운동이 전국의 모든 중소기업체에까지 확산되어 나가도록 노력해야 하겠습니다.

도시 새마을운동도 이제 농촌이나 공장 새마을운동과 더불어 점차 뿌리를 내리고 성과를 보이기 시작했습니다.

각기 직업이 다르고 다양한 계층의 사람들이 밀집해서 살고 있는 도시 특유의 생리 때문에 농촌에서와 같은 즉각적인 성과는 기대하지 못할지라도 꾸준하고 줄기차게 밀고 나간다면 틀림없이 큰 성과를 거둘 수 있다고 믿습니다.

도시 새마을운동은 매월 열리고 있는 반상회를 뜻있게 활용하고 이 모임을 대화의 광장으로 삼아 이웃끼리 마을의 공동 관심사나 공동 이익이 되는 사업 등을 서로 상의하고 검토해서 하나하나 해결해 나가는 것이 바람직합니다.

또 마을 사람들이 아침에 일찍 일어나 내 집 안팎을 깨끗이 청소하고, 근검절약하고 공중도덕을 북돋아 나가는 일이나, 불우한 이웃을 돕고 자연보호 활동으로 생활환경을 알뜰히 가꾸는 일이야말로 자칫 각박해지기 쉬운 도시 생활을 훈훈하게 녹여주고 인간성을 순화하는 길인 동시에 이것이 곧 나라를 사랑하는 애국심입니다.

······하략(下略)······

<부록 4>

새마을운동 연표(1968-2019)

1968. 4. 28	농어민소득증대지원협의회 규정 제정(4. 28)과 농어민 소득증대특별사업 시행(1968~1971)
1969. 8. 4	경상북도 청도읍 신도리 수해지구 시찰 : 주민들의 자 발적인 복구 사업으로 성공한 사례에 감동 →"자조"에 기초한 농민 운동 구상
1969. 9. 18	'하면 된다!'는 새마을정신을 주창(농어민소득증대특별사 업 전국 경진대회 : 서울 세종문화회관)
1970. 4. 22	한해(旱害)대책 지방장관회의(부산)에서 박정희 대통령 '새마을 가꾸기 운동' 제창
1970. 가을	제1차 새마을운동 개시 : 전국 마을에 시멘트(마을당 약 300여 포대) 배분
1972. 1. 14	농협중앙회 산하 독농가연수원 설치(경기도 고양)
1972. 3. 7	새마을운동중앙협의회 규정(대통령령 제6104호) 제정 -내무부 장관을 위원장으로 각 부 차관(12명)을 위원 으로 하는 새마을운동중앙협의회 설치(매월 1회 회의 개최)
1972. 4. 26	박정희 대통령 공식적인 '새마을운동' 지침서 친필 메 모 제시(새마을소득증대 경진대회, 전남 광주)
1973. 1. 25	상훈법 개정(법률 제2447호) 훈장의 종류에 새마을훈장 을 추가하고 등급을 자립, 자조, 협동, 근면, 노력장으로 규정
1973. 3. 22	새마을금고연합회 창립 (1964. 8. 재건국민운동본부에서

비롯)

1973. 3. 25	새마을지도자증 갱신 교부(내무부 장관, 시·도지사 공동 명의)
1973. 5. 17	새마을금고연합회 설립 허가(재무부 1-1043)
1973. 5. 31	독농가연수원을 새마을지도자연수원으로 개칭, 경기도 고양에서 수원으로 이전
1973. 6. 25	새마을 기 보급(내무부지도 1194-7759, 현상 공모로 선정)
1973. 11. 22	전국새마을지도자대회(전남 광주 : 4,189명)
1974. 12. 18	전국새마을지도자대회(시도 단위 : 41,941명)
1975. 5. 17	새마을 모자(帽子) 제정
1975. 12. 10	전국새마을지도자대회 개최(대구 : 7,450명)
1976. 11. 10	민간단체 새마을운동중앙협의회 창립(민법 제32조)
1976. 12. 10	전국새마을지도자대회 개최(충남 대전 : 7,586명)
1977. 2. 21	공장새마을운동추진본부 설립(상공부)
1977. 3. 27	직장새마을운동추진본부 설립(상공부 공고 1976-63)
1977. 10. 28	자연보호중앙협의회 설립(민법 제32조)
1977. 11. 6	공상새마을부산연수원 개원(부산 영도구 동삼동)
1977. 12. 9	전국새마을지도자대회 개최(전북 전주 : 6,773명)
1978. 12. 6	전국새마을지도자대회 개최(전남 광주 : 4,200명)
1979. 1. 1	상공부 공장새마을연수원 개원 (1974년 한국수출산업공단 공장새마을연수원에서 비롯)
1979. 11. 1	직장새마을운동중앙협의회 법인 설립 허가

(내무부 제12호)

1979. 12. 18   새마을지도자연수원 설치법 제정(법률 제 3171호)

1980. 7. 30   새마을금고중앙교육원 건립

(서울 도봉구 수유 2동 산 81-2)

1980. 9. 11   새마을지도자중앙협의회, 새마을부녀회중앙연합회 창

립

1980. 12. 1   새마을운동중앙본부 창립(민법 제32조)

(서울 종로구 삼청동 25-1)

김준 새마을운동 지도자 연수원 원장, 초대 새마을운

동 중앙본부 회장 취임(겸임)

새마을지도자중앙협의회 새마을운동중앙본부 회원 단

체로 가입

1980. 12. 10   전국새마을지도자대회 개최(서울 : 1만 2,000명)

1980. 12. 13   새마을운동 조직육성법 제정(법률 제3269호)

1980. 12. 19   새마을운동중앙본부 설립인가(사단법인)

1981. 1. 28   직장새마을운동중앙협의회 교육원 개원

(1968. 농민교육원에서 비롯)

1981. 2. 28   민간단체 새마을운동중앙협의회를 직장새마을운동중

앙협의회로 개칭

1981. 3. 2   새마을운동 조직육성법 시행령 공포

(대통령령 제10,226호)

1981. 3. 5   새마을운동중앙본부 이전(강서구 화곡 6동 1093)

1981. 10. 1	시·도지부 설치 승인(1982. 9. 1. 업무 개시)
	마을문고본부 새마을운동중앙본부 회원단체로 가입
1981. 10. 28	새마을청소년회중앙연합회 새마을운동중앙본부 회원단체로 가입
1981. 12. 9	전국새마을지도자대회 개최(대구 : 7,500명)
1982. 2. 11	2대 김준 회장 취임
1982. 12. 10	전국새마을지도자대회 개최(전북 전주 : 5,700명)
1982. 12. 18	새마을운동중앙본부 본부연수원 설립
	(새마을운동중앙본부 내)
1983. 1. 11	마을문고본부를 새마을문고중앙회로 개칭
1983. 4. 23	새마을지도자연수원 성남으로 이전(성남시 분당구 율동)
1983. 4. 26	새마을운동중앙연수원 새마을역사관 개관
1983. 10. 20	시·군·구 지회 설치 승인(1984. 3. 21 업무 개시)
1983. 12. 31	새마을지도자연수원설치법 폐지(법률 제3720호)
	새마을지도자연수원 새마을운동중앙본부로 통합(성남 연수원으로 개칭)
1984. 2. 11	김준 회장 이임(사임)
	새마을금고연합회 새마을운동중앙본부 회원단체로 가입
1984. 2. 12	3대 이철우 회장 취임
1984. 10. 24	전국새마을지도자대회 개최(대전 : 6,800명)
1985. 1. 18	이철우 회장 이임
1985. 2. 27	4대 전경환 회장 취임

1985. 4. 15	새마을운동중앙본부 장성연수원 설립
	(전남 장성군 이복면 오월리)
1985. 10. 25	전국새마을지도자대회 개최(부산 : 1만 2,700명)
1986. 9	제10회 서울아시안게임 관련 봉사활동 전개(~1986.10.)
1986. 10. 30	전국새마을지도자대회 개최(경기 수원 : 6,013명)
1987. 1. 1	새마을운동중앙본부 영종연수원 개원
1987. 2. 27	전경환 회장 이임
1987. 2. 28	5대 김동하 회장 취임
1987. 4. 8	새마을금고연합회 새마을운동중앙본부 경내로 이전
1987. 4. 17	88서울올림픽 관련 올림픽새마을운동 전개(~1988. 10.)
1987. 11. 3	전국새마을지도자대회(서울 : 9,940명)
1988. 2. 26	영종연수원 폐지
1988. 3. 1	새마을운동중앙본부 조직기구 축소 개편
	(1,448명→972명) 회원단체사무국 독립
1988. 3. 31	김동하 회장 이임
1988. 4. 1	6대 김준 회장 취임
1988. 4. 7	새마을조기체육회 해산(1988. 1. 1)으로 회원단체에서
	제외
1988. 11. 1	김준 회장 이임
1988. 12. 19	전국새마을지도자대회 개최(시군구단위 : 13만 7,264명)
1989. 3. 17	본부연수원 폐지
1989. 3. 21	새마을운동중앙본부(1980년 민법에 의해 설립)를 새마

을운동중앙협의회로 명칭 변경

1989. 3. 22	7대 김수학 회장 취임

1989. 4. 1   새마을운동중앙본부 조직 기구 축소 개편
(972명→885명)

1989. 4. 24   새마을운동청소년중앙연합회 회원단체에서 탈퇴
시도지부(16), 시군구지부(269) 운영위원회 신설

1989. 5. 9   새마을운동 발전을 위한 자문위원회 설치(25인)

1989. 5. 23   새마을운동 발전 방향 수립

1989. 6. 1   새마을가족의 행동지침 '우리의 다짐' 제정

1989. 11. 28~12.19   전국새마을지도자대회 개최(시·도 단위 : 6만 5,952명)

1989. 12. 8   도덕성 회복을 위한 선언문 채택

1990. 2. 28   새마을지도자 강령 제정

1990. 3. 20   가정새마을운동 강령 제정(새마을부녀회중앙연합회)

1990. 4. 20   새마을운동 20주년 기념행사(기념우표·담배 발매, 「영광의 얼굴」 책자 발간, 20년 장기근속 지도자 공로패 제작)

1990. 5. 3   새마을운동중앙협의회(72년 대통령령에 의해 설치) 폐지
(대통령령 제12999호)

1990. 6. 15   '한마음 직장가족' 격월간 홍보지 창간(직장새마을중앙협의회)

1990. 7. 25   새마을 대캠페인 팸플릿 '다시 한 번 생각해 봅시다' 제작

1990. 9. 27 ~ 10. 13   과소비 추방 환경 정화를 위한 새마을 대캠페

인 실시

1990. 11. 2	지방화 시대에 새마을운동의 역할에 관한 세미나 개최
1990. 11. 22	새질서·새생활 실천 계몽용 소책자「한국, 한국인이여 다시 한 번 일어나라」발간
1990. 11. 13	"30분 더 일하기" 운동 전개
1991. 10.	새질서·새생활 실천 운동 전개(~1991. 10.)
1997. 3. 29	경제 살리기「300만 새마을가족 3조원 저축운동」(~1997. 9.)
1997. 11.	경제 살리기 범국민운동 추진(IMF 사태 관련)(~1999년)
1998. 10.	민간사회안전망 범국민운동 전개(~2005년)
2000. 4. 19	새마을운동중앙협의회(민법에 의한 조직)⇒새마을운동 중앙회로 명칭 변경
2000. 4. 21	공장새마을운동추진본부를 직·공장새마을운동중앙협의회로 통합
2000. 7.	통일새마을운동(대북지원사업) 전개(~2005년)
2001. 8.	2002 월드컵 새마을운동 전개(~2002.12.)
2001. 11. 30	새마을닷컴 개통(www.saemaul.com)
2002. 7. 23	UN 경제사회이사회 NGO 회원 가입(등록지위)
2009. 7. 9	녹색새마을운동중앙본부 출범
2009. 12. 9	"뉴새마을운동" 선포(전국새마을지도자대회)
2011. 3. 8	「새마을의 날」제정(4월 22일) (새마을운동 조직육성법 개정, 법률 제10438호)

2011. 4. 22	제1회 새마을의 날 기념식 및 기념비 제작
2011. 11. 27	새마을운동 기록물 국가지정기록물 지정(제6호)
2013. 6. 18	새마을운동 기록물 유네스코 세계기록유산 지정
2013. 12. 1	새마을운동연구소 설립
2014. 10. 21	제1회 지구촌새마을지도자대회 개최 : 글로벌 새마을 리더십(GSLF) 포럼 개최
2015. 4. 22	"읍면동공동체운동" 선포
2016. 4. 22	"가정새마을운동" 선포
2016. 10. 19	새마을운동글로벌리그(SGL) 창립(33개국)
2016. 10. 20	"한 자녀 더 갖기 운동" 선포
2019. 2. 19	새마을운동 대전환 선포

새마을운동의 성장기여효과 분석

1
계량분석 결과 요약

그 동안 새마을운동이 한국 경제 발전에 기여했다는 데 대해서는 일부의 부정적인 시각에도 불구하고 국내외적으로 큰 이의가 없어 보인다. 그러나 안타깝게도 그동안 새마을운동의 거시적 경제성장기여효과에 대한 구체적인 연구는 없었다. 이는 필자의 판단으로는 분석을 위한 계량경제학적 기법이 부재했을 뿐만 아니라 분석에 사용할 데이터(data)가 불충분하다는 데 원인이 있었다고 생각된다. 물론 새마을운동이나 박정희 시대를 비하하는 사람들의 경우는 원천적으로 이런 연구의 필요성을 인정하지도 않았을 것이다.

본서는 계량경제학적 분석 모델의 한계와 자료의 미비를 가까스로 극복하여 새마을운동의 성장기여효과를 체계적으로 분석한 결과를 수록하였다. 필자가 과문한 탓일지 모르나 아마도 이 분야의 최초의 체계적 계량분석이 아닌가 생각된다. 그러나 분석 기법이나 자료에 대한 내용이 상당히 전문적이고 기술적(技術的)이기 때문에 이 분야에 익숙하지 않은 일반 독자의 편의를 위해, 여기서 일단 전체 내용을 간략히 요약·정리한 다음에 전체 분석 내용은 다음 절에 수록하였다.

새마을운동의 성장기여효과 분석 결과는 다음과 같다. 우선 새마을운동을 대표하는 변수로 새마을운동 기간(1972-79)만을 1로 하고 나머지 기간을 0으로 하는 소위 더미(Dummy, 假) 변수와, 같은 기간인 1972-79년 기간 중에는 전체 마을 중에서 자조·자립마을의 비중을 쓰고 그 이후 기간은 0으로 하는 새마을정신 대용 변수, 두 가지 변수를 사용하여 분석하였다. 또한 여기서 두 변수 모두 1980-2015년간을 영으로 가정하고 있어 이 결과는 동시에 앞의 제V장에서 제시한 '새마을운동은 박정희 대통령 사후 1980년대 들어서면서 점차 정치화되어 자조자립정신이 훼손되고 그 효과가 소멸되었다'는 가설을 검증하게 된다. 결과는 〈부록 표 4〉에 보고했는데 변수에 따라 결과에 약간의 차이는 있지만 대체로 유사한 결과를 얻었다.

우선 전자의 더미 변수를 이용한 결과는 새마을운동이 1972-79년 8년간 총 9.7%포인트의 1인당 실질 GDP 성장기여효과가 있는 것으로 추정되었는데 이를 복리로 계산한 연간 1인당 실질 GDP 성장기여도는 1.16%포인트로 추정된다. 한편, 자조·자립마을 비중을 새마을 변수로 사용한 경우는 같은 8년간 총 10.5%포인트, 연간으로는 복리로 계산하여 1.26%포인트 1인당 실질 GDP 성장에 기여한 것으로 추정되었다. 더구나 이들 추정치가 99% 유의수준에서 유의하기 때문에, "새마을운동이 1972-79년 중에는 유효하였으나 그 이후에는 그 효과가 점차 유실되었다."는 가설을 기각하기는 어렵다고 할 수 있다.

따라서 이 분석에 의하면 새마을운동은 그 운동이 활성화되었던 1972-79년간은 연평균 대체로 1.16~1.26%정도 한국의 1인당 실질 GDP 성장에 기여한 반면, 그 운동이 변질되기 시작한 그 이후에는 효과가 유실되었을 가능성이 높다고 할 수 있다.

이 결과는 흥미롭게도 박정희 대통령이 서거한 1979년 10월 26일 이후에 전개된 새마을운동 폄하 분위기와도 일치하는 것으로 보인다. 10·26 당시 박정희 대통령을 도와 새마을운동을 추진했던 고병우 전 청와대 경제비서관(추후 김영삼 정부 하에서 건설부 장관 역임)의 증언에 의하면, 1980년도 예산안이 거의 확정된 상태에서 10·26이 발생하였는데 당시에 이미 새마을운동 예산도 마찬가지로 확정된 상태였다고 한다. 그런데 대통령의 국장 직후 개원한 국회는 이미 합의한 새마을운동 예산을 상당한 부분에 걸쳐 여야 합의로 삭감하기로 결정하였다고 한다. 당시 청와대와 정부의 노력으로 아주 기본적인 사업 예산을 재확보하는 데 성공하였지만 이미 새마을운동은 정치에 의해 왜곡되기 시작하였고 그 동력을 잃기 시작했다고 봐도 과언이 아니라 할 것이다. 여기에다 제5공화국 들어 제V장에서 언급한 새마을운동의 소위 공식적 제도화를 통한 정치기구화가 진행되면서 그 원래의 정신과 효과는 점차 유실되었다고 볼 수 있을 것이다. 새마을운동의 창시자인 대통령의 갑작스런 서거로 그 정신도 점차 사라지기 시작했으며, 또한 오늘날 한국 사회를 풍미하는 국민의 반자조적 행태의 만연 현상이 바로 이를 반증하고 있는 것이 아닌가 싶다.

한편 이 결론에 신중을 기하기 위해 추가로 새마을운동이 최소한 제5공화국 중반(1984년)까지는 효과가 있었을 것이라는 가설과 더 나아가 최근까지도 효과가 있을 것이라는 가설을 검증해 보았으나 그 결과는 두 가설이 모두 기각되는 것으로 나타났다. 따라서 새마을운동 효과는 그 창시자인 박정희 대통령 사후 그 효과가 소실되기 시작하였으며, 오늘날에는, "근면, 자조, 협동"의 새마을정신과 그 긍정적 성장기여 효과가 이제 더 이상 우리 한국 국민의 유전자라고 주장하기는 어렵게 되었다고 할 수밖에 없게 되었다.

마지막으로 박정희 대통령 시절의 새마을운동 기간이 유신체제 시기와 겹치기 때문에 여기서 추정된 새마을운동 효과가 유신체제의 효과라고 볼 수 있는 가능성도 검증해 보았다. 일단은 두 효과를 엄밀하게 분리할 계량경제학적 방법론이나 자료가 충분치 못한 상황이라 여전히 보다 엄밀한 검증의 여지가 남아 있기는 하지만 일단은 새마을운동 효과로 보는 것이 더 합리적이라고 판단하였다.

새마을운동의 성장기여효과 분석[50]

이 절에서는 새마을운동의 거시경제 성장에 대한 기여효과를 계량경제학적으로 분석한 결과를 보고하고자 한다. 여기서는 새마을운동과 같은 지역사회 개발 운동의 거시경제적 효과를 분석할 수 있는 보편적 계량경제분석 모형을 구축하고 실제로 한국의 경험을 이용하여 그 효과를 검증해 보고자 하였다.

새마을운동 연구에 있어 부딪치는 문제는 새마을운동이 어떠한 메커니즘을 통해 경제발전에 기여하는지에 대한 이론적인 분석도 여의치가 않지만 새마을운동이 실제 어느 만큼이나 한국의 경제 발전에 기여하였는지를 실증적으로 추정하기가 거의 불가능하였다는 점이다. 그 동안 일부 단편적인 성과 지표들을 통해 새마을운동의 성과를 보여주는 사례들은 있으나 거시적으로 새마을운동의 성과를 체계적으로 추정하기는 거의 불가능하였다.

1) 새마을운동 효과에 대한 실증 분석의 어려움

그 동안 새마을운동 효과에 대한 실증 분석의 어려움은 무엇보다도 분석 모형이 마땅하지 않다는 점이었다. 현재 경제학에서 거시경제성과를 분석하는 거의 유일한 모형인 생산함수접근법의 경우 경제 전체의 자본, 노동, 기술 등의 생산요소를 정확하게 측정하기가 어려워 생산함수 자체의 추정이 어려울 뿐만 아니라, 또한 이 경우 새마을 변수를 추가하여 그 효과를 추정할 경우에도 그 결과를 신뢰하기가 어렵다는 점이다.

앞의 본문에서 논의한 바와 같이, 본서는 새마을운동이 성과에 따른 차별적 지원 정책으로 동기 부여를 통해 농민을 중심으로 시작하여 점차 전국적으로 잘 살아보자는, 그리고 하면 된다는 자조의식 개혁에 성공함으로써 결국 모든 분야에 걸쳐 생산성을 향상시켰고 나아가 전체 경제 발전에 기여하였다고 주장한다. 이 가설에 따르면 새마을운동은 모든 생산요소의 생산성에 영향을 미쳤을 것으로 볼 수 있는데 이 점이 또한 실증적 분석을 어렵게 할 소지를 안고 있다. 왜냐하면 통상의 생산함수 분석은 기술 수준의 측정이 너무 어렵기 때문에 상대적으로 측정이 용이한 요소인 노동과 자본스톡 자료만을 가지고 생산함수를 추정하고, 추정 결과로 얻어지는 추정 오차를 모두 기술의 기여분으로 가정하여 이를 소위 "총요소생산성(Total Factor Productivity, TFP)"이라고 부르고 있다. 기술은 자본과 노동 모두의 생산성에 영향을 미친다고 가정하고 있는 셈이다. 그런데 바로 새마을운동도 개인 농촌 주민들의 생산성은 물론 도시 근로자의 생산성, 더 나아가서 경제 전체에 영향을 미쳤다고 볼 수도 있기 때문에 결국은 기술혁신의 효과라고 보는 총요소생산성이 바로 새마을운동의 효과를 같이 반영한다고 볼 수 있다. 다시 말해 전통적 생산함수를 이용하게 되면 기술혁신의 효과와 새마을운동의 효과를 따로 분리 인식할 수 있는 방법이 없다는 문제가 발생한다.[51] 다소 불완전하더라도 새마을운동을 대변할 수 있는 대리 변수(proxy)들을 추가적인 설명 변수로 사용할 수도 있지만 이 경우 이 변수가 기술 변화의 효과를 잠식 혹은 반영할 가능성이 높기 때문에 새마을운동 효과만을 따로 인식한다고 주장하기가 어렵다는 문제가 남게 된다.

이상의 논의를 추정 모형을 가지고 요약하면 다음과 같다. 우선 생산함수를 다음과 같이 정의할 수 있다.

$$① \; y = F(K, L, T, Saemaul)$$

여기서 총생산 y는 자본(K), 노동(L), 기술(T) 그리고 새마을 변수(Saemaul)의 함수라고 가정한다. 이를 다소 변형하면, 식 ②와 같이 쓸 수 있다.

$$② \; y = A \cdot f(K, L)$$

여기서 A는 소위 총요소생산성(TFP)을 반영한다고 보는데 구체적으로 기술(T)과 Saemaul의 효과를 반영한다고 가정한다. 기술혁신은 물질적으로 바로 자본과 노동의 생산성을 높인다고 보지만, 새마을운동은 국민의 자조정신을 함양함으로써 간접적으로 자본과 노동의 생산성을 높인다고 볼 수 있다. 이를 실제 추정식으로 전환하면 다음의 식 ③

으로 전환할 수 있다.

③ $y = \alpha + \beta K + \gamma L + \varepsilon$

여기서 α, β, γ는 추정계수이다. ε(epsilon)은 통상적으로는 모형이 설명하지 못하는 오차항(error term)이지만, 생산함수 분석에서는 이를 자본과 노동이 설명하지 못하고 남은 기술혁신의 효과, 즉 A를 반영한다고 가정한다. 여기서 추가로 새마을운동 효과가 기술혁신 효과와 성질이 유사하다고 보면 ε는 추가로 새마을운동 효과까지를 반영한다고 할 수 있다. 여기서 만일 새마을 변수를 추가하면 다음 식 ④와 같게 변형할 수 있다.

④ $y = \alpha + \beta K + \gamma L + \delta Saemaul + \epsilon$

여기서 δ는 새마을 변수의 효과를 나타내는 추정계수이다. 아마도 식 ④가 주류경제학의 생산 모형을 따를 경우 생각해 볼 수 있는 새마을운동 성과의 실증 분석 모형이라 할 수 있을 것이다. 이제 식 ③의 오차항(ε)의 일부는 "$\delta Saemaul$"에 의해 설명된다고 볼 수 있기 때문에 식 ③의 오차항(ε)과 식 ④의 오차항(ϵ)은 서로 다르다.

앞에서 지적한 실증 분석의 문제점들은 식 ④를 이용하면 보다 쉽게 이해할 수 있다. 우선 K와 L을 정확하게 측정하기가 용이하지 않다. 물론 이는 생산함수 모형의 일반적 문제점이기도 하다. 여기서 측정 문제는 L이라는 근로자의 수를 측정하는 문제보다 K를 측정하는 문제가 더 어렵다. L도 사실은 단순한 근로자의 숫자보다도 지식을 체화한 인적 자본으로 볼 경우 그 측정은 더 어려워진다. 자본의 경우는 사실상 경제학은 "케임브리지 자본 논쟁(Cambridge capital controversy)"을 통해 이론적으로 자본스톡의 측정이 거의 불가능하다는 데 의견의 일치를 본 적이 있다.[52] 그러나 물론 실증 분석에서는 편의상 각종 방법을 통해 그 대리 변수를 만들어내고 있지만 여전히 이론적인 문제점은 남아 있다. 다음으로 기술혁신의 기여부분과 새마을운동의 기여부분인 "$\delta Saemaul$"을 서로 구분하여 인식하기가 어렵다는 문제는 대부분의 경제발전 과정이 기술혁신을 통한, 그리고 자조의식 변화를 통한 생산성 증가가 공조하는 경우가 많기 때문에 새마을효과라는 부분이 어쩌면 기술혁신의 기여분에 다름 아닐 수 있다는 비판에 속수무책이 될 수 있다.

결국 새마을운동의 성장기여효과를 추정하기 위해서는 상당한 기간에 걸친 시계열 자료를 사용할 수밖에 없는 상황에서 K와 L를 측정하는 문제와 효율성 파라메타인 A를 구성하는 여러 가지 요인들을 분리하여 추정해야 하는 기술적인 문제점들을 감안한다면 새마을운동의 성장기여효과를 전통적인 생산함수를 활용하여 추정하기는 거의 불가능하다고 판단된다.

2) 새로운 계량분석 모형 구축 : 기업생산함수 모형[53]

따라서 본 연구는 기존의 생산함수 모형에 대한 대안으로 "기업생산함수 모형"을 제안한다. 생산요소인 자본과 노동과 기술력의 측정 문제,

그리고 심지어 각종 생산요소와 생산물의 측정 오차나 모형의 오류 등 때문에 생기는 오차를 다 포함하는 회귀 분석 오차항을 일국의 기술력을 반영한다는 어설픈 가정 등을 피할 수 있는 새로운 거시경제분석 모형을 제시하고자 한다. 앞에서 설명한 삼위일체 경제발전 이론은 자본주의 경제를 "기업 경제"라 주장한다. 그러나 주류경제학의 생산 모형인 식 ①은 자본과 노동과 기술을 조합하여 새로운 부가가치를 창출하는 기업은 없이, 자본·노동·기술이 시장에 공급되면 시장이 알아서 생산한다는 암묵적 가정을 하고 있는 셈이다. 즉 식 ①은 일명 "시장생산함수"라 할 수 있다. 기업이 없는 모형인 셈이다. 그러나 현실적으로 자본주의 경제는 이미 앞에서 지적한 바와 같이 주식회사 기업제도가 경제발전의 기관차 역할을 하는 경제이다.

이런 관점에서 본 연구는 좌승희(Jwa, 2017)가 새롭게 창안한, 기업의 생산 기능을 적절히 도입한 기업생산함수 모형을 활용한다. 기업의 생산능력을 어떻게 측정할 것인가가 관건인데 우리는 기업의 총자산(Corporate Asset; CA)이 적절하게 기업의 실제 총생산능력을 대변한다고 주장한다. 기업의 대차대조표상의 총자산은 실제 기업의 자산이라는 회계적 항목에 해당하지만 이는 기업이 보유한 유형 자산과 인적 자본, 기술, 지식 등과 같은 전체 유무형 자산을 활용하여 창출해낸 총자산스톡의 시장가치로서 결국 기업이 보유한 유무형 자산의 총가치라고 볼 수 있다. 이러한 "기업생산함수"는 다음과 같이 유도할 수 있다.

우선 다음과 같이 앞의 ① 식과 유사한 가장 일반적인 형태의 생산함수에서 출발하자.

(a) Y=F(K, L. T, 경제·사회제도적 환경)

이 식은 자본(K), 노동(L), 기술(T) 등 생산요소가 주어지면 시장이 그 사회의 주어진 경제·사회제도적 환경 하에서 이들 생산요소를 통합하여 Y라는 총생산을 만들어 낸다는 숨은 가정을 하고 있다. 이 식은 앞의 식 ①의 보다 일반적 표현이다. 그러나 이들 생산요소를 기업이 최종적으로 통합한다고 보는 기업생산함수 관점에서 보면 식 (a)는 다음과 같이 변형된다.

(b) Y=F(CA, L, 경제·사회제도적 환경)

이 식은 기업자산 CA가 물적자본(K)과 기술 등 무형지식자본(T)의 가치의 합이라는 주장을 담고 있다. 여기서 기업자산은 유·무형 비인적자본의 총합으로 노동을 포함하지 않기 때문에 노동(L)은 여전히 독립 변수로 남는다. 식 (b)가 CA와 L에 대해 일차동차함수(linear homogeneous function)라는 가정을 하면 식 (b)는 다음과 같이 변형될 수 있다.

(c) Y/L=f(CA/L, 경제·사회제도적 환경)=A·g(CA/L)

이 식은 앞의 식 ②의 변형된 형태이다. 1인당 총생산(Y/L)은 1인당 총기업자산(CA/L)의 함수로 표현된다. A는 총요소생산성을 표시하는 효율성 지표로서 식 ②의 경우는 유·무형 기술과 지식수준을 대변하는 기술혁신(T), 그리고 경제·사회제도적 환경 등을 다 포함하지만 여기서는 유·무형기술과 지식을 대변하는 기술혁신(T)은 이미 CA에 포함되기 때문에 경제·사회제도적 환경의 효율성만을 반영한다. 우리의 관심인 새마을운동은 이제 경제·사회제도적 환경변수인 A의 일부로서 기술혁신 변수와 분리되었다. 이제 식 (c)는 회귀분석방정식(regression equation)으로 다음과 같이 변형할 수 있다.

(d) $Y/L = a + b \cdot (CA/L) + c \cdot (Saemaul) + e$

여기서 Y/L은 1인당 총생산, CA/L은 1인당 총기업자산이다. a와 b와 c는 추정계수이고 e는 오차항이다. a는 일국의 경제가 기업 부문이 전무한, 다시 말해 농경사회로 회귀했다고 가정할 경우 그 사회의 1인당 소득을 측정한다. CA/L의 계수 b는 기업 전체의 한계생산성으로 국가 전체의 생산성, 즉 국가 경쟁력을 측정한다고 볼 수 있다. c는 Saemaul(새마을 변수) 효과를 추정하는 계수이다. 여기서 새마을운동을 통한 의식 개혁의 효과를 기술혁신(T) 효과와는 분리하였지만 새마을운동이 아닌 다른 제도 개혁의 효과와 완벽하게 분리하는 데는 여전히 어려움이 있다.[54] 그럼에도 이제 기업생산함수는 기업의 총자산에 대한 시계열 자료만 있다면, 기존의 시상생산함수가 부딪치는 여러 가지 한계점을 극복함으로써 완벽하지는 않지만 새마을운동과 같은 의식개혁이나 제도개혁 효과를 추정할 수 있는 새로운 대안적 생산함수를 제시하고 있다.

한편 기업생산함수 개념의 이론적 근거는 새로운 자본주의 경제발전관(Jwa, 2017)에 기초하고 있지만 식 (d)로 표현되는 선형식은 보다 직관적인 투자균형식의 의미를 담고 있다. 이 식은 1인당 소득(Y/L)은 국민 경제의 총 생산적 자산스톡(stock)인 CA/L로 부터 매년 일정한 비율인 b 만큼씩 창출되는 소득 플로(flow)와 같다는 의미를 담고 있다. 다시 말해 소득 창출의 원천인 자산스톡의 가치(CA/L)는 이로부터 영구적으로 매년 창출되는 연금형태의 소득 플로(Y/L)를 일정한 할인율(b)로 할인한 현재가치의 총합과 같아야 투자 활동이 균형을 이룰 수 있기 때문에, CA/L=(Y/L)/b가 성립하며[55] 이 식의 좌우변을 바꾸면 식(d)를 얻을 수 있다. 결국 식 (d)는 국민 경제가 CA/L만큼의 생산자원에 투자를 해서 매년 이자율 b에 해당하는 만큼의 소득(b·CA/L=Y/L)을 얻는다는 의미를 담고 있다. 여기서 추정계수 b는 일국 경제의 한계생산성을 측정한다고 볼 수 있다.

이런 관점에서 보면 기업생산함수는 일국 경제의 거시경제성과를 분석하는 모델로서 기존의 생산함수 모형에 대한 대안 혹은 보완적 모형으로서 의미가 크다고 할 수 있다. 단지 현재로서는 설명 변수인 기업자산 스톡 자료가 장기간의 시계열 자료로 확보된 경제가 많지 않아 이 모델을 쉽게 사용하기가 어렵다는 단점이 있다. 향후 국제적 협업을 통해 국제적인 데이터베이스를 충분히 확보한다면 이 모델을 유용하게 활용할 수 있으리라 생각한다.

3) 데이터 설명

(1) 한국의 총 기업자산[56]

본 연구에 사용된 기업자산 데이터는 한국은행이 발간하는 "기업 경영분석"(한국은행, 1968-2015)에 보고된 1968년부터 2015년까지 우리나라 제조업·광업·전기업·건설업·도소매업·숙박업·운수업 등 7개 산업 분야별 기업자산 조사자료를 기초로 하여 조성하였다. 이 자료를 사용함에 있어서, 특정 기간별로 기업자산 조사방법이 상이했던 관계로 데이터 시계열 단층(불연속성)이 목격된 바, 이는 아래와 같이 수정하여 연속적인(continuous) 데이터를 구성하였다.

"기업 경영분석"을 보면, 1962년부터 1977년까지는 각 산업분야별 기업자산 자료를 단순유의추출조사 방법에 의해 수집하였고, 1978년부터 2005년까지는 층화임의추출조사[57]에 의해, 2006년부터 2008년까지는 전국조사, 그리고 2009년 이후부터는 전수조사에 의해 자료가 수집되었기 때문에 이들 자료들 간에는 연속성이 없다. 그런데 다행히 1968년부터 모든 자료가 각 산업분야별 총자산 증가율 데이터를 같이 보고하고 있다. 따라서 전수조사를 했던 2009년 자료로부터 각 분야별 총자산 증가율을 역산(逆算)하여 1968년까지의 연속적인 데이터를 구성할 수 있었다.

이러한 방법으로 기업자산 데이터를 획보한 후 가 연도별 총인구수로 나누어 1인당 기업자산(per capita corporate asset) 변수를 생성하였다. 아래 〈부록 그림 1〉과 〈부록 그림 2〉는 각각 1968년부터 2015년까지의 우리나라 1인당 명목기업자산 추이와 1인당 실질기업자산 증가율 추이를 보여주고 있다.

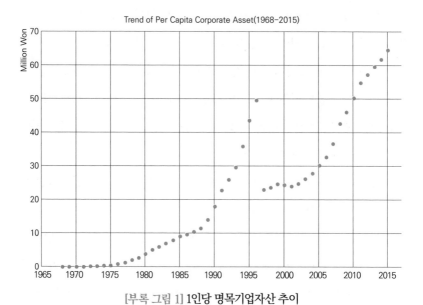

Trend of Per Capita Corporate Asset(1968-2015)

[부록 그림 1] 1인당 명목기업자산 추이

원자료 출처 : 한국은행, 기업 경영분석(1968~2015).

[부록 그림 2] 1인당 실질기업자산 증가율의 장기추세

주 : 점선은 실제 증가율, 그리고 실선은 장기추세선.

(2) 새마을운동 변수

새마을운동 변수로는 두 가지를 사용하였다. 우선은 가장 단순한 것으로 새마을운동 기간을 1로 하고 나머지 기간을 0으로 하는 새마을 더미 변수를 사용했고, 두 번째는 새마을운동 기간 중 기초마을에서 자조·자립마을로 승격된 마을들의 연도별 비중을 사용하였다.

자조·자립마을 비중 변수는 내무부(1980), 새마을운동 10년사 자료 편에서 데이터를 수집하였다. 해당 자료집에는 아래 표와 같이 새마을 운동 시행 당시 각 마을 수준별 수와 그 승급기준을 수치화하여 정리해 놓은 바, 그것을 바탕으로 자조·자립마을 비중을 계산하여 새마을 변수로 사용하였다.

[부록 표 1] 연도별 마을 현황

	총 마을 수 (A)	자립마을 수	자조마을 수	자조·자립 마을 합계(B)	기초마을 수	자조·자립마을 비중(C=B/A)
1972년 말	34,665	2,307	13,943	16,250	18,415	0.469
1973년 말	34,665	4,246	19,763	24,009	10,656	0.693
1974년 말	34,665	7,000	21,500	28,500	6,165	0.822
1975년 말	35,031	10,049	20,936	30,985	4,046	0.855
1976년 말	35,031	15,680	19,049	34,729	302	0.991
1977년 말	35,031	23,322	11,709	35,031	0	1.000
1978년 말	34,815	28,701	6,114	34,815	0	1.000
1979년 말	34,871	33,895	976	34,871	0	1.000

자료 : 내무부(1980).

〈부록 표 1〉은 내무부(1980)(새마을운동 10년사) 자료에서 그대로 인용한 연도별 마을 현황이다. 새마을운동이 시작된 후 각 연도 말에 전국의 총 마을 중에서 각 마을이 어느 단계에 있는지를 엄격한 승격기준(다음의 〈부록 표 2〉 참조)에 따라 분류해 놓았다. 또한 이 표에서는 자조·자립마을 수의 합계까지 보여주고 있다. 여기서 특기할 사항은 1978년에 총 마을 수가 이전년도에 비해 줄어들었다는 점이다(35,031→34,815). 이는 당시 소단위 마을의 통·폐합이 있었기 때문인데 그 이유로 자조·자립마을의 합계 자체가 오히려 감소하고 있음을 알 수 있다(35,031→34,815). 그러나 그 비율로 보면 이미 1977년부터 전체 마을에서 자조·자립마을의 비율이 100%를 달성하고 있기 때문에 여기서 자조·자립마을 비중을 새마을 변수로 사용할 경우 전체마을수의 변동에 따른 영향을 회피할 수 있다. 그래서 〈부록 표 1〉의 자조·자립마을 수(B)를 총 마을 수(A)로 나눈 마지막 칼럼에 표시한 자조·자립마을 비중을 새마을운동 변수로 사용하였다. 그리고 다음의 〈부록 표 2〉에는 참고로 자조마을과 자립마을 승격기준을 정리하였다. 그리고 〈부록 표 3〉에는 실증 분석에서 사용할 변수들을 요약 정리하였다.

[부록 표 2] 마을수준별 승급기준

	자립마을	자조마을
주거환경	• 지붕개량 80% 이상	• 지붕개량 70% 이상
영농기반	• 농경지 수리율 85% 이상	• 농경지 수리율 70% 이상
협동생활	• 마을 기금 100만 원 이상	• 마을 기금 50만 원 이상
소사업	• 가구당 소득 140만 원 이상	• 가구당 소득 80만 원 이상

자료 : 내무부(1980).

[부록 표 3] 변수 설명

변수명	변수의 정의
1인당 실질 GDP	한국의 1인당 실질 GDP 로그 값
1인당 실질기업자산	1968년부터 2015년까지 한국의 1인당 실질 총기업자산 로그 값
새마을더미 (72~79)	1972년부터 1979년까지는 1로, 그이외의 기간은 0으로 하는 더미 변수
새마을더미 (72~84)	1972년부터 1984년까지는 1로, 그이외의 기간은 0으로 하는 더미 변수
새마을더미 (72~2015)	1972년부터 2015년까지는 1로, 그이외의 기간은 0으로 하는 더미 변수
자조·자립마을 비중 (72~79)	1972년부터 1979년까지 자조·자립마을 비중, 그 이외의 기간은 0으로 가정
자조·자립마을 비중 (72~84)	1972년부터 1984년까지 자조·자립마을 비중, 그 이외의 기간은 0으로 가정(1979 이후 1984년까지 자조·자립마을 비중을 100%로 가정)
자조·자립마을 비중 (72~2015)	1972년부터 2015년까지 자조·자립마을 비중, 그 이외의 기간은 0으로 가정(1979 이후 2015년까지 자조·자립마을 비중을 100%로 가정)
3저더미 (86~88)	1986~88년간의 3저효과를 반영하기 위한, 1986년부터 88년까지는 1이고 그 외에는 0으로 하는 더미 변수

4) 계량 경제 분석 결과[58]

(1) 기본 가설과 보조 가설에 대한 설명

계량적 실증 분석은 식 (d)를 이용한 회귀 분석을 통해 수행했다. 식 (d)를 추정함에 있어서는 두 가지의 중요한 사항을 고려할 필요가 있다. 우선 첫째는 식 (d)가 우리나라의 거시생산함수로서 모형적합도가 높아야 한다는 점이다. 즉 식 (d)가 50여년 기간에 걸친 한국경제 성장 과

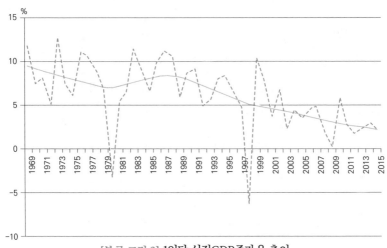

[부록 그림 3] 1인당 실질GDP증가율 추이

주 : 점선은 실제 증가율, 그리고 실선은 장기추세선.

정을 제대로 설명하는 모형이어야 한다는 의미이다. 이는 사실상 전통적인 생산함수 모형의 경우에도 충족되기 어려운 일인데 우리의 경우는 기업생산함수라는 새로운 시도를 하는 상황이기 때문에 더욱 중요한 고려사항이다. 우리나라 경제는 과거 50년간 두 번의 큰 변화를 경험하였다. 그 하나는 1980년대 말, 특히 1988년 이후 정치 민주화와 더불어 경제 평등주의 정책들이 봇물을 이루면서 장기 성장 추세가 60년대부터 시작된 고성장 구조에서 저성장 구조로 구조적 전환을 하였다. 그리고 1997년에 발생한 외환위기는 이런 저성장 구조를 고착화하는 작용을 하였다.[59] 앞의 〈부록 그림 2〉에 보인 1인당 실질기업자산의 증가율 추세나 〈부록 그림 3〉에 보인 1인당 실질GDP증가율 추세가 이를 잘 보여주고 있다. 따라서 이런 거시경제 구조 변화를 감안하여 식 (d) 의 실제 추정 모형을 설정하였다.

다음으로 본 연구의 직접적인 목적인 새마을운동의 거시경제적 성장기여효과를 추정하기 위해서는 적절한 가설을 설정할 필요가 있다. 이 연구는 앞에서 논의한 바와 같이 근면·자조·협동의 새마을정신이, 1980년대 들어와서 새마을운동이 정치화되기 시작하면서 희석되기 시작하였고 그 이후, 특히 정치 민주화 이후 지속적으로 약화 소멸되었다고 주장하였다. 특히 정치 민주화 이후 경제 평등주의 정책이 보편화되고 경제적 차별화 정책 원리가 소멸되면서 이제 국민들은 자조정신보다도 자기 실패를 남 탓, 사회 탓이라 하는 반자조적 정신에 빠져 있다고 진단하였다.[60]

본 연구는 이런 관점을 반영하여 새마을운동 효과는 새마을운동이 본격적으로 시행되었던 1972-1979년 기간에만 가시적으로 나타났다고 가설화하였다. 그래서 새마을더미 변수는 1972-79년 기간만을 1로 하고 그 외의 기간은 0으로 하였으며, 마찬가지로 자조·자립마을 비중 변수도 1972-79년 이외의 기간에 대해서는 0으로 가정하였다. 따라서 이들 변수의 계수가 통계적으로 유의하다면 이는 새마을운동이 1972-79년 기간에만 유의하게 일인당 실질소득 증가에 기여했다고 해석할 수 있다. 이는 또한 박정희 대통령 사후 정치화된 새마을운동 추진 방식이 새마을정신을 유지하는 데 크게 성공하지 못 하였음을 시사하는 것으로 볼 수 있다.

한편 이 기본 가설을 재확인 검증하기 위해 적어도 새마을운동이 본격적으로 정치화되기 이전인 1984년까지 즉 1972-1984년간 그 효과가 지속되었다는 가설[61]과 나아가 새마을운동이 현재까지도, 즉 1972-2015년간 그 효과가 지속되고 있다는 보조 가설들을 추가적으로 검증하였다. 이들 가설 검증을 위한 대안적 새마을 변수들은 앞의 〈부록 표 3〉과 그리고 각각의 회귀 분석 결과표의 주석에 상세히 설명하였다.

(2) 기본 가설 검증 결과

기본 가설을 검증한 식 (d)의 회귀 분석 결과는 〈부록 표 4〉에 정리하였다. 우선 기업생산함수 모형은 지난 50년 한국경제 성장을 잘 설명하는 것으로 나타났다. 전체 1인당 실질기업자산 규모가 1% 성장하면 1인당 실질소득은 0.56% 성장하는 것으로 추정되었는데 0.56이란 계수는 한국 경제에 있어 기업 부문의 거시적 한계생산성으로 해석할 수 있다. 기업 부문의 성장의 56%가 소득 성장으로 이어진다는 의미로서 기업 성장이 절대적인 경제성장의 열쇠임을 시사하고 있다. 한국 경제가 50년간 기업 주도의 성장을 했을 뿐만 아니라 일반화한다면 자본주의 경제를 기업 경제라 불러도 이상할 것이 없음을 시사하고 있다. 역으로 기업 활동을 규제하는 정책은 그 명분이 어떠하든 결과적으로 소득 성장에 장애가 된다는 사실을 잘 보여주고 있다.

한편 두 번에 걸친 거시경제에 대한 쇼크의 의미도 흥미롭게 해석된다. 우선 박정희 시대에서 1987년까지의 경제적 차별화 정책에서 1988년부터의 정치 민주화에 따른 평등주의 정책으로의 경제정책 패러다임 전환의 기업 성장과 기업 생산성에 대한 효과는 '1인당 실질기업자산

(88~)' 변수가 반영하고 있다. 이 변수는 1988년 이전은 0이고 이후는 원래의 1인당 실질기업자산과 동일한 변수로서 이 변수의 계수는 1988년 이후의 기업 생산성의 추가적인 변화를 측정한다.

한편 '1인당 실질기업자산(97~)' 변수는 1997년의 외환위기 이후의 소위 기업구조 개혁에 따른 기업 생산성 변화를 감안하기 위한 변수로서 97년 이전은 0이고 그 이후는 원래의 1인당 실질기업자산과 동일하다.

이 두 변수의 계수는 해당년도 이후의 정책변화에 따른 추가적인 기업 생산성 변화를 측정한다. 〈부록 표 4〉의 결과에 의하면 전자의 평등주의 정책 패러다임 효과는 0.017%, 한편 외환위기 후 구조조정 효과는 0.043%로 아주 미세한 생산성 증가 효과가 있는 것으로 관찰된다. 그러나 1988년 이후 그리고 특히 1997년 이후의 한국의 기업 부문은 심각한 성장의 위축을 경험하고 있으며(〈부록 그림 1〉과 〈부록 그림 2〉 참조), 이에 따라 경제 성장 또한 침체를 벗어나지 못하고 있다. 주지하는 바와 같이 제5공화국 정부가 재벌의 경제력 집중 억제를 제일 중요한 정책기조로 내세운 이래 지금까지 대기업의 성장을 억제하는 정책이 지속 강화되었으며, 특히 외환위기 이후에는 많은 대기업들이 부도를 당하였을 뿐만 아니라 재벌이 위기의 주범이라는 포퓰리즘적 반 대기업 정서 속에 기업의 성장 유인을 심각하게 제약하는 다수의 제도적 장치가 기업 경영의 글로벌 스탠더드(global standard)라는 이름으로 도입되었다. 이러한 반기업 정서와 규제 속에서도 기업들이 대외경쟁에서 살아남기 위한 자구노력으로 미세하게나마 생산성의 증가를 시현했음에도 불구하고, 외환위기 이후 대폭락한 기업 부문의 성장세가 아직도 충분히 회복되지 못하면서(《부록 그림 2》 참조) 일인당 실질 경제성장률 추세도 1980년대 말의 8%에서 최근 2%대로 크게 저하되고 있다(《부록 그림 3》 참조).

한편 한국경제는 1980년대 말에 소위 3저 호황(저금리, 저유가, 저 원화가치)이라는 국제경제 환경의 호기를 맞아 고성장을 경험하였다. 1986~88년을 1로 하는 더미 변수인 3저더미(86~88) 변수를 사용하여 그 효과를 추정하였는데, 모형에 따라 미세하게 다르지만, 3년간 약 10.7~10.8%포인트(복리계산으로 각각 연간 3.4~3.5%포인트)의 1인당 실질 소득의 추가성장에 기여한 것으로 추정된다.

마지막으로 본 연구의 최종 목적인 새마을운동의 성장기여효과를 살펴보자. 새마을더미 변수를 이용한 결과는 새마을운동이 1972-79년 8년간 총 9.7%포인트의 실질 성장기여효과가 있는 것으로 추정되는데 이를 복리로 계산한 연간성장기여도는 1.16%포인트로 추정된다. 한편, 자조·자립마을 비중(72~79)을 변수로 사용한 경우는 같은 8년간 총 10.5%포인트, 연간으로는 복리로 계산하여 1.26%포인트 실질 GDP 성장에 기여한 것으로 추정되었다. 더구나 이들 추정치가 99% 유의수준에서 유의하기 때문에, "새마을운동이 1972-79년 중에는 유효하였으나 그 이후에는 그 효과가 유실되었다."는 가설을 기각하기는 어렵다고 할 수 있다.

(3) 보조 가설 검증 결과

한편 이 결과를 재확인하기 위해 새마을운동 효과가 70년대 새마을운동 기간 이후에도 지속되었다는 보조 가설을 검증한 결과를 〈부록 표 5〉에 보고하였는데 이 가설들은 모두 기각되었다. 첫째 보조 대안가설은 새마을운동이 1984년까지 지속되었다는 가설이다. 이는 새마을운동의 효과가 제5공화국 이후 특히 1985년 전경환 씨가 새마을운동 중앙회 회장에 취임하기 이전까지는 유효하였지만 그 이후 유실되었다는 가설이다. 이 가설을 반영한 새마을더미 변수나 자조·자립마을 비중 변수 모두 유의성을 확인하지 못하였다. 두 번째 보조 가설은 새마을운동의 효과가 제5공화국 이후는 물론 지금까지도 유효하다는 가설이다. 이 경우도 새마을더미 변수나 자조·자립마을 비중 변수가 모두 유의하지 못하였다. 모든 보조 가설은 기각되고 있다.

따라서 새마을운동의 거시경제적 효과에 대한 분석 결과를 종합 요약하면 1972-79년간 연평균 1%포인트 이상씩 1인당 실질 GDP 성장에 기여했던 새마을운동은 1980년대 이후 그 효과가 점차 소실되었으며 지금은 전혀 그 효과를 감지할 수 없게 되었다고 결론지을 수 있을 것이다.

[부록 표 4] 식 (d)의 회귀 분석 결과(기본 가설 검증)

변수	(1) 1인당 실질 GDP	(2) 1인당 실질 GDP	(3) 1인당 실질 GDP
1인당 실질기업자산	0.551*** (0.0288)	0.565*** (0.0250)	0.560*** (0.0251)
1인당 실질기업자산 (88~)	0.016*** (0.0034)	0.017*** (0.0032)	0.017*** (0.0033)
1인당 실질기업자산 (97~)	0.043*** (0.0026)	0.043*** (0.0026)	0.043*** (0.0026)
3저더미 (86~88)	0.086** (0.0356)	0.107*** (0.0341)	0.108*** (0.0348)
새마을더미 (72~79)		0.097*** (0.0265)	
자조·자립마을 비중 (72~79)			0.105*** (0.0305)
상수	6.210*** (0.4588)	5.949*** (0.3963)	6.029*** (0.3946)
Durbin-Watson	0.631	0.758	0.725
표본수(1968~2015)	48	48	48
R-squared	0.993	0.994	0.994

주 : 1) 통계치 : ( ) 속에는 Robust standard errors; *** $p<0.01$, ** $p<0.05$, and * $p<0.1$
2) 변수 설명 : 1인당 GDP는 1인당 실질 GDP의 로그 값; 1인당 실질기업자산은 1인당
실질기업자산의 로그 값; 1인당 실질기업자산(88~)은 1988~2015 기간에는 1인당 실질
기업자산과 동일하며 그 외에는 0; 1인당 실질기업자산(97~)은 1997~2015 기간에는
일인당 실질기업자산과 같고 그 외에는 0; 3저더미(86~88)는 1986-88 기간에는 1이고
그 외에는 0; 새마을더미(72~79)는 1972-79 기간에는 1이고 그 외에는 0; 자조·자립마
을 비중(72~79)은 1972~79 기간에는 실제 자조자립마을 비중이며 그 외에는 0.

변수	(4) 1인당 실질 GDP	(5) 1인당 실질 GDP	(6) 1인당 실질 GDP	(7) 1인당 실질 GDP
1인당 실질기업자산	0.550*** (0.0317)	0.552*** (0.0335)	0.533*** (0.0409)	0.532*** (0.0546)
1인당 실질기업자산 (88~)	0.016*** (0.0043)	0.016*** (0.0044)	0.017*** (0.0039)	0.017*** (0.0042)
1인당 실질기업자산 (97~)	0.043*** (0.0026)	0.043*** (0.0026)	0.043*** (0.0027)	0.043*** (0.0027)
3저더미 (86~88)	0.093** (0.0415)	0.084** (0.0419)	0.088** (0.0380)	0.087** (0.0381)
새마을더미 (72~ 84)	0.011 (0.0487)			
새마을더미 (72~2015)			0.060 (0.0556)	
자조·자립마을 비중(72~84)		-0.003 (0.0574)		
자조·자립마을 비중(72~2015)				0.052 (0.0891)
상수	6.230*** (0.4935)	6.201*** (0.5226)	6.464*** (0.6178)	6.477*** (0.8217)
Durbin-Watson	0.651	0.020	0.699	0.672
표본수 (1968~2015)	48	48	48	48
R-squared	0.993	0.993	0.993	0.993

주 : 1) 새마을 변수를 달리한 것을 빼고는 〈부록 표 4〉의 모든 주 내용과 동일.

2) 기간을 달리한 새로운 새마을 변수와 관련 가설 검증 설명 : 새마을기간 변수를 달리한 가설의 경우 모두 기각됨.

① 결과 (4)는 새마을운동 효과가 1972~84년 기간에만 유효했다는 가설 검증 : 새마을더미(72~84)는 1972-84 기간에는 1이고 그 외에는 0.

② 결과 (5)는 새마을운동 효과가 1972~84 기간에만 유효했다는 가설 검증 : 자조·자립마을 비중(72~84)은 1972~84 기간에는 실제 자조·자립마을 비중(80~84년간은

모두 자조 · 자립마을이라 가정)이며 그 외에는 0.

③ 결과 (6)은 새마을운동 효과가 1972~2015년간 유효했다는 가설 검증 : 새마을더미 (72~2015)는 1972~2015 기간에는 1이고 그 외에는 0.

④ 결과 (7)은 새마을운동 효과가 1972~2015 기간에만 유효했다는 가설 검증 : 자조 · 자립마을 비중(72~2015)은 1972~2015 기간에는 실제 자조자립마을 비중 (80~2015년간은 모두 자조 · 자립마을이라 가정)이며 그 외에는 0.

3
새마을운동 효과냐 유신체제의 영향이냐?
: 미완의 과제

그런데 이상의 새마을운동 효과 검증 결과는 또 다른 흥미로운 해석상의 문제를 제기하고 있다. 본서는 새마을운동이 그 앞의 농특사업 등 농공병진 정책을 위한 선행 사업들의 연장선상에 있었음을 강조하였다. 그리고 내무부가 주관한 새마을 사업은 1970년 후반 농한기에 처음 시작되었고, 정부도 1970년 4월 22일을 새마을의 날로 정하여 기념하고 있다. 그러나 2차년도부터 시작된 차별적 지원 정책이 본격적으로 새마을사업 경쟁을 촉발하기 시작하였기 때문에 본서는 이를 감안하여 1972년부터 그 효과가 본격적으로 나타났을 것으로 가정하였다. 그리고 그때부터 정부도 기초, 자조, 자립마을 분류 통계 등 새마을운동 관련 자료들을 체계적으로 정리하기 시작한 것으로 보인다. 이런 측면을 고려하면 자료가 가능한 1972년부터 새마을운동 효과가 본격적으로 나타나기 시작했을 것으로 가정하는 것에 큰 문제는 없을 것으로 판단하였다.

그런데 공교롭게도 1972년 새마을운동이 본격적으로 불이 붙기 시작한 시기는 유신체제가 시작된 해이고, 그리고 1979년 새마을운동 효과가 사라지기 시작한 해는 유신체제가 소멸된 해로서 두 사건의 시작과 끝이 모두 일치하고 있는데 이는 새마을운동 효과의 검증 결과를 해석함에 있어 또 다른 과제를 제시하고 있다. 즉 1972~1979간의 연평균 1%가 훨씬 넘는 추가적인 1인당 실질소득 성장이 새마을운동 때문인지 혹은 유신체제의 긍정적 영향 때문인지에 대한 추가적인 판단이 필요한 셈이다. 흥미롭지만 통계적으로 쉽게 결론짓기 어려운 과제이다.

그러나 본서는 여기서 추정한 1970년대의 추가성장기여효과는 유신체제의 영향이라기보다는 새마을운동의 효과로 해석하는 것이 더 합리적이라고 판단한다. 그 이유는 다음과 같다. 첫째로, 추정 모형인 '기업생산함수'는 모든 정치, 경제, 사회적 사건이 경제에 미치는 영향은 바로 '기업'의 생산 활동에 대한 영향을 통해 반영된다고 가정하고 있다. 따라서 유신체제하에서 본격 추진된 중화학공업화 정책이나 관련된 방위산업 육성과 이에 따른 수출 산업구조의 고도화 등에 따른 경제적 효과는 자연스럽게 기업의 생산능력의 증대 여부를 나타내는 전체 기업부문의 자산규모의 변화를 통해 반영된다고 볼 수 있다. 이와 관련해서 앞의 〈부록 그림 2〉에 보인 바와 같이 1970년대가 그 이후 어느 시대보다도 기업의 자산규모증가율이 높았던 것으로 나타나는데 이것이 결국 유신체제의 경제적 기여효과가 반영된 결과라고 간주할 수 있다. 따라서 유신체제의 경제적 효과는 이와 같이 이미 기업자산 변수를 통해 반영되었다고 볼 수 있다.

둘째로 새마을운동이 전국적인 운동으로 진행되어 농촌에서 도시로, 공장으로 전파되었지만 실제 그 가시적 효과는 주로 농촌의 생산성 증대와 소득 증대를 통해 나타났기 때문에 새마을운동이 기업의 자산 증가와 직접적으로 연결되었다고 보기는 어렵고, 따라서 제대로 새마을운동의 강도를 반영하는 변수가 가용한 경우 이 변수의 효과를 유신체제 효과로 간주하기는 어렵다. 본서의 분석은 새마을운동 변수로 실제 자조·자립마을 비중과 더미 변수를 선택적으로 사용하였는데 자조·자립마을 비중은 새마을운동하고만 관련된 변수이기 때문에 새마을운동 효과라고 해석하는 데 논란의 여지는 없을 것이다.

셋째로, 따라서 논란은 더미 변수의 효과와 관련해서 생길 수 있겠는데, 더미 변수의 경우는 이게 당시 70년대의 기업 활동이나 새마을운동과 직접적으로 관련이 없는 어떤 다른 사건의 효과를 반영하는 것일 수도 있다고 주장할 수 있다. 그러나 새마을운동과 유신체제라는 사건을 빼고는 70년대 중 10여년에 걸쳐 진행된 사건으로 기업 부문의 활동과 직접 관련이 적으면서 경제에 지대한 영향을 미친 사건을 찾기가 어렵다는 점에서, 그리고 이미 유신체제의 효과는 기업자산 변수를 통해 반영되었기 때문에, 더미 변수의 효과도 결국 새마을운동 효과를 반영한다고 주장할 수 있다고 생각한다. 더구나 흥미롭게도 두 변수의 경우 모두 그 효과의 크기가 비슷하게 추정되는데 이 결과도 이런 주장을 뒷받침하는 것으로 볼 수 있다.

그러나 혹자는 그럼에도 불구하고 유신이라는 국가 운영 체제 변화의 경제적 효과가 기업 부문만의 성장을 통해 나타난다고 가정하는 것이 너무 그 영향을 왜소화하는 것이라고 주장할 수도 있을 것이다. 또한 새마을운동의 현장인 농촌도 당시 유신체제의 영향력 하에 있었고 새마을운동 또한 그 체제 속의 운동으로 그 영향을 받았음을 부정하기 어렵다고 주장할 수도 있다. 이런 입장에서 보면 어떤 방법으로 추정했든 본서가 추정한 10년간 연간 1%가 넘는 1인당 실질소득 추가 성장 효과는 궁극적으로 새마을운동은 물론 유신체제의 긍정적 경제 성장 효과를 반영하는 것이며, 특히 더미 변수를 통한 추정 결과는 더욱 그러하다고 주장할 수도 있다. 단지 여기서 문제는 주어진 자료와 분석 방법의 한계로 이 두 가지 대립적인 주장의 타당성 여부를 명쾌하게 규명하기가 쉽지 않다는 점이다.

이 문제와 관련해서 한 가지 새로운 검증을 시도하였다. 우선 자조·자립마을 비중 변수가 새마을운동의 효과를 반영한다는 데 큰 이의가 없다고 하면, 그럼 1970년대의 경제 성장 중에 기업자산과 새마을운동 (자조·자립마을 비중 변수)의 효과를 다 차감한 후 더미 변수에 의해 설명되는 추가적인 성장효과가 남아 있을 것인가 하는 질문을 던질 수 있다. 왜냐하면 이때 추가적으로 더미 변수의 효과가 유의하게 관찰된다면 이는 기업자산 변수를 통한 성장기여효과와 새마을운동의 효과에 더한 추가적인 성장기여효과이기 때문에 이를 유신체제의 추가 효과라고 주장할 수도 있을 것이기 때문이다. 이런 가설을 담은 새로운 모형의 추정 결과는 〈부록 표 6〉에 보고하였다. 이 결과에 의하면 자조·자립마을 비중 변수와 더미 변수 모두가 유의성을 상실하고 있다. 이는 통계적으로 두 변수의 상관관계가 0.975로 아주 높아 다중공선성 (multicollinearity) 문제를 초래하고 있기 때문인 것으로 보인다. 따라서 이들 변수를 가지고는 추가적인 유신체제 효과라 할 만한 추가적인 성

[부록 표 6] 식 (d)의 회귀 분석 결과 (유신체제효과검증)
(새마을더미와 자조·자립마을 비중 동시 사용)

변수	(8) 1인당 실질 GDP
1인당 실질기업자산	0.564*** (0.0267)
1인당 실질기업자산 (88~)	0.017*** (0.0033)
1인당 실질기업자산 (97~)	0.043*** (0.0026)
3저더미(86~88)	0.108*** (0.0347)
새마을더미(72~79)	0.080 (0.0795)
자조·자립마을 비중(72~79)	0.0195 (0.0900)
상수	5.961*** (0.4233)
Durbin-Watson	0.752
표본 수(1068~2015)	48
R-squared	0.994

주 : 1) 통계치 : ( ) 속에는 Robust standard errors; *** p〈0.01, ** p〈0.05, and * p〈0.1

2) 변수 설명 : 〈부록 표 4〉의 주석과 동일.

3) 결과에 대한 설명 : 새마을더미(72-79) 변수와 자조·자립마을 비중(72-79) 변수의 계수가 앞의 〈부록 표 4〉의 결과 (2)와 (3)과 같이 각각을 따로 사용했을 경우에는 모두 통계적으로 유의하지만, 여기서처럼 동시에 사용할 경우 모두 통계적으로 유의하지 않게 나오는 이유는 두 변수 간의 높은 상관관계(상관계수가 0.975로 극히 높음) 때문에 생기는 두 변수 간의 다중공선성(multicollinearity) 문제 때문인 것으로 보인다. 따라서 이들 변수를 가지고는 〈표 4〉의 결과 (2)에서 얻어진 새마을더미 변수의 계수가 추가적인 유신체제의 효과일 수 있다는 가설을 계량경제학적으로 검증하기는 어렵다.

장효과의 존재 여부를 통계적으로 확인하기가 쉽지 않다고 할 수 있다.

결론적으로 본서의 입장에서는 계량경제학적으로 추정된 70년대의 추가 성장 효과를 새마을운동 효과라고 해석하지만, 한편으로 특히 더미 변수를 이용한 추정 결과에 대해서는 유신체제의 경제적 효과일 수도 있다는 해석에 대해서도 그 가능성을 열어 놓고자 한다. 다만, 필자는 지금 이 문제에 대한 명확한 답을 제시하지는 못하지만 적어도 앞으로 한국의 현대 경제 발전사를 연구함에 있어서, 새마을운동처럼 마치 정치적 사건인 것처럼 치부하거나 유신체제처럼 정치적인 사건이라고 하여 외면하기 쉬운 중요한 역사적 사건들의 경제적 영향을 체계적으로 분석할 필요성을 제기함과 동시에 그 일에 조그만 초석이라도 놓을 수 있었음을 다행스럽게 생각한다.

미주

1) 이 절의 많은 내용은 고병우(2020)에서 관련 내용을 일부 발췌, 원용하였음을 밝힌다. 이를 허용해 주신 저자께 감사를 드린다. 한편 김정렴(1990)에서도 일부 유사 내용들을 확인할 수 있다.

2) 김정렴 실장의 자제인 전 KDI 원장 김준경 박사의 전언이다.

3) 당시 전국의 성공 농어민 중에서 최고로 뽑힌 분으로 충북 청원군 강외면 중복리에서 아주 어려운 환경을 극복하고 비닐하우스 농업으로 성공을 한 농민이었다.

4) 후술하는 바와 같이 박정희 대통령을 포함 새마을운동 증언자들에 따라 마을과 시멘트 포대 숫자가 달라 혼선이 없지 않은데 이하에서는 전체 마을수를 34,000여 마을, 시멘트 포대 숫자를 300~350여개로 개략화하여 설명하고자 한다. 이는 최초 이 연구의 시작이 된 후술하는 김정렴(1990)의 기록에 따른 것이다. 물론 숫자의 정확성을 중시해야겠지만 이 숫자 자체의 정확성이 이 글이 주장하는 논지를 전개하는 데 필수적이지는 않다.

5) 경제 제도의 의미와 경제의 제도적 구성과 경제이론과의 관계에 대한 상세 논의에 대해서는 다음의 〈그림 2〉와 관련된 설명을 참조.

6) 기회 평등을 보장한다는 말은 결과의 평등을 보장한다는 말과 크게 다르지 않다. 왜냐하면 기회란 그냥 배분할 수 있는 공공재 혹은 사유재기 아니다. 기회란 항상 돈과 노력과 시간을 투입해서 쟁취해야 하는 값비싼 경제재이기 때문이다. 열심히 노력하는 자에게만 주어지는 것이 기회이지 그냥 정부가 나누어줄 수 있는 혹은 보장할 수 있는 재화가 아니다. 결국 기회가 보장되면 결과도 보장되기 마련이다. 사회주의적 결과의 평등을 피하려는 기회의 평등 또한 사회주의적이다. 올바른 정책은 법 앞의 기회의 평등 혹은 법 앞의 평등 보장이어야 한다.

7) 이 이론의 보다 상세한 내용에 대해서는 좌승희(2006, 2008, 2012)와 Jwa(2017, 2017a))를 참고. 이하에서는 "경제발전의 일반이론", "일반이론", "삼위일체 경제 발전의 일반이론", "삼위일체 경제발전 이론" 등을 문맥상의 필요에 따라 병용(倂用)하였다.

8) 이에 대한 반작용으로, 정보 인지능력의 한계로 인해 인간은 덜 합리적이라는 소위 '제한된 합리성 가설'이 나왔다. 그러나 이 또한 "합리성"이라는 개념에 대해 환경에 따라 바뀔 수 있는 상대적 개념이 아니라 여전히 절대적 개념으로 접근하고 있다.

9) 물론 이것이 북한의 국가 사회주의 체제 때문이라는 것은 두말할 나위 없는 사실이다.

10) 신제도 학파는 구제도 학파와 구별되며 동시에 신고전파와도 구별된다. 구제도 학파는 단지 제도의 역사적 변천이나 경제체제 간의 제도적 특성, 차이 등 현상을 역사적으로 기술하는 데 그침으로써 경제 이론을 소홀히 취급했다. 반면, 신제도 학파는 제도와 경제 행태, 성과 간의 관계를 체계적으로 설명하고 제도를 통해 인간의 행위를 설명하는 이론 체계를 구축함으로써, 제도가 없는 현실과 괴리된 진공 속의 완전경쟁시장 모델을 바탕으로 하는 신고전파 주류경제학의 현실 적합성을 높이기 위해, 현실 시장의 거래 비용을 낮춰 시장을 보다 완전하게 바꾸기 위한 제도적 장치를 찾는 작업에 열중하고 있다. 그러나 본서의 일반이론이 주장하는, 원천적으로 불완전한 시장 하에서 어떻게 경제발전을 이룰 것인가 하는 현실 세상의 문제에 대한 관심은 약하다. 신제도경제학은 이제 모두 고인이 된 사이먼(Herbert Simon), 코스(Ronald Coase), 노스(Douglass North), 알치안(Armen Alchian), 카너먼(Daniel Kahneman), 뎀세츠(Harrold Demsetz), 윌리엄슨(Oliver Williamson) 등이 이끌었다.

11) 이에 대해서는 North(1990, 1992, 1992a와 1993)를 참조.

12) 상세 내용은 좌승희(2015)와 Jwa(2017, 2017a) 참조.

13) 이런 관점은 최근 새롭게 등장한 복잡성 과학(complexity science)을 원용하여 경제를 복잡계 현상으로 파악하는 복잡성경제학(complexity economics) (Beinhocker, 2006)과 시장경제를 인센티브 장치로 보는 신제도경제학(new institutional economics) (North, 1990, 1992, 1992a와 1993)의 접근 방법을 함께 융합·활용하고 있다.

14) 가설검증이나 정책검증에 있어 무작위 실험을 중시하는 행동경제학분파

15) The World Bank, *GDP per capita(constant 2010 US$)*. (https ://data. worldbank.org/indicator/NY.GDP.PCAP.KD?view=map&year=2019&year_high_desc=true) 참조.

16) 기존의 주류경제학은 뉴턴(Newton) 이래 물리 현상의 제1법칙인 "에너지 보존의 법칙"을 수용하여 모든 경제는 균형 상태에 있어야 한다고 본다. 그래서 경제

는 불균형 상태에서 항상 균형 상태로 회귀한다고 가정한다. 그러나 복잡성경제학은 열역학 제2법칙인 "엔트로피(entropy) 증가의 법칙"을 적극 수용하며 모든 닫힌계는 엔트로피의 극대화로 소멸하게 된다고 본다. 따라서 역으로 열린 복잡경제만이 외부와의 상호작용을 통해 시너지를 공유함으로써 엔트로피의 증가를 막아 창발할 수 있다고 본다. 물론 이 창발 혹은 경제발전 과정은 항상 변하는 불균형 상태에 있다고 본다.

17) 여기서 에너지원은 일종의 질서(order)의 공급이고, 배설물은 무질서(disorder)의 배출이라고 볼 수 있다.

18) "사람들이 가치를 두는 대상을 찾으면 그의 행동에 영향을 미치고 변화를 유도하는 유용한 정책을 고안해 낼 수 있다."[그니즈와 리스트(2014), p. 42] "사람들에게 무언가를 시키려면 동기를 유발하는 요인을 알아야 한다. 사람들이 무엇에 가치를 두는지 깨달으면 인센티브를 사용하여 예측 가능한 반응을 이끌어낼 수 있고, 자신이 원하는 방식으로 자신을 포함하여 사람들을 행동하게 만들 수 있다."[그니즈와 리스트(2014), p. 74].

19) 그니즈와 리스트(2014), p. 49.

20) 그니즈와 리스트(2014), p. 159.

21) "choices involving gains are often risk averse and choices involving losses are often risk taking."(획득과 관련된 선택은 종종 위험 회피적이고 손실과 관련된 선택은 종종 위험 선호적이다.) Tversky and Kahneman(1981) 참조.

22) "The value function is normally concave for gains, commonly convex for losses, and is generally steeper for losses than for gains."(가치함수는 획득에 대해서는 통상적으로 오목하고, 손실에 대해서는 보통 볼록하며, 일반적으로 획득보다 손실에 대해 기울기가 더 가파르다.) Kahneman and Tversky(1979) 참

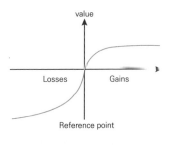

조. 이 명제의 의미는 가치함수의 기울기가 더 가파를수록 손익에 대한 주어진 영향에 대해 그 만큼 더 강하게 반응한다는 것을 의미한다. 이들은 가치함수가 위의 그림처럼 손실의 경우가 획득의 경우보다 기울기가 더 가파르기 때문에, 손실을 당했을 경우가 이익을 획득하는 경우보다 그 영향을 더 강하게 느끼게 된다고 주장하는 것이다.

23) 김유신(2005) 참조.

24) 박 대통령이 그의 유년시절에 구미에 조그만 교회가 생겨 교회를 다녔으며, 대통령이 된 다음에 교회에 금일봉을 헌금하여 재건축을 도왔다는 일화가 있다. 따라서 유년시절에 성경에 접할 기회가 있었을 것으로 판단되지만 이것이 인연이 되었는지 확인할 길은 없다.

25) 이하 정책들에 대한 상세한 논의는 좌승희(2006, 2015)와 Jwa(2017a)를 참조

26) 윤한채(2010), pp 277-278. 이 인용은 면담 일자 등 출처에 대한 정보가 명확하지 않지만 고인이 된 필자가 당시 국방부 정보 분석관으로서 청와대 면담 등에 대한 정보를 접할 수 있었던 신분이었기 때문에 신뢰할 만하다고 생각한다. 더구나 허만 칸 박사가 1973년 11월 13일, 1975년 2월 10일, 그리고 1978년 10월 10일, 총 세 번에 걸쳐 방한, 대통령을 면담한 후 발간한 저서(Kahn, 1979; Chapter 6)에서, 면담 내용을 직접 언급하지는 않았지만, 한국의 경제발전 같은 경우 기업의 역할이 두드러졌음을 강조하고 있으므로 인용의 신빙성이 뒷받침된다고 할 수 있다.

27) 박정희 대통령 시대 한국의 경제성장이 세계 최고의 동반성장 경험이라는 사실은 세계은행(World Bank, 1993)에 의해 공인되었다. 이에 대한 논의는 좌승희(2018)를 참조.

28) 이하 이 절의 논의는 많은 부분을 좌승희(2006, pp 272-275)에서 전재 혹은 인용하였음.

29) 김정렴(1997), p. 257에서 재인용.

30) 이상의 1, 2차년도 지원 내용은 김정렴(1990), pp. 189-190에서 인용.

31) 이 문단의 내용은 필자가 김정렴 전 비서실장과의 개인적 대담에서 확인한것으로 정보제공에 대해 감사드린다.

32) 이상의 2차년도 실적 자료는 김정렴(1990), pp. 189~190에서 인용.

33) 〈부록 2〉의 "5. 1972년 지방 초도순시 후 경북도청 유시(2월 7일) : 근면한 마을과 나태한 마을은 구별해야"에서 인용. 이 지시문 중 전국 3만 2,000개 마을은 3만 4,000개 마을의 잘못된 인용이 아닌가 싶다.

34) 당시 상공부 새마을 공장 지원과 과장(전 경총 부회장, 조남홍 씨)의 증언에 의하면, 청와대에는 새마을비서관, 고건, 그리고 김종호, 이진설 씨 등이 근무했으며, 청와대가 차별화 정책을 주도하였음. 이에 대해 조남홍 씨는 성과 나쁜 70%도 조금만 지원하면 좋은 성과를 낼 수 있을 것이라고 항변하였으나 결국 조 과장은 다른 자리로 좌천되고 차별화 정책은 그대로 시행되었다고 함.

35) 산주와 산림계의 수익 배분 비율은 1973년 이전에는 2 :8로 하다 '73년 산림청 이 내무부로 이관되면서 식목하는 산림계원들에게 보다 유리하게 1 :9로 개편하 였다.

36) 이상의 산림녹화사업에 대한 정보는 이경준(2015)을 참조하였다. 당시 치산녹화 사업은 김현옥 내무부 장관과 손수익 산림청장이 박 대통령의 지시 하에 주도 적으로 이끌었으며, 교차 검목제도는 김현옥 장관의 아이디어였다고 한다. 한국 은 2차 세계대전 이후 경제 성장·발전과 함께 산림녹화에 성공한 유일한 나라 이다. 그 과정에 대한 구체적인 역사적 기술은 이경준의 전게서를 참조.

37) 이 내용에 대해서는 앞의 제II장-1-9의 에피소드를 참조하기 바람.

38) 이상의 증언은 고병우 전 비서관이 직접 정리하여 제공해 주었음.

39) 새마을 교육의 내용과 과정 등에 대한 실감 있는 상세한 논의는 박진환(2005) 참조.

40) 초대 중앙회 회장은 김신 씨가 맡았고 1985년께 4대 회장에는 당시 전두환 대 통령의 동생인 전경환 씨가 취임하였다.

41) 이 점은 다음의 제VIII장에서 설명하게 될 새마을운동의 경제 성장기여효과에 대한 계량경제학적 분석 결과를 통해 실증적으로도 확인할 수 있었다.

42) (사)한국농업경제학회(2011)에서 인용.

43) (사)한국농업경제학회 전게서와 이태호 외(2011) 참조.

44) 이태호외의 전게 논문 P.12에서 인용

45) 보다 상세한 차별화 경제발전 원리에 따른 새로운 산업정책론에 대해서는 Jwa(2017, 2017a)나 Jwa and Lee(2019, 2019a) 참조.

46) 이장의 논의는 좌승희(2019)에서 대폭 수정 전재하였음.

47) 이들의 수상 업적에 대한 상세 논의와 무작위통제실험(RCT)과 관련된 이론과 정책 관련 연구 동향 및 그 활용 현황에 대한 개관은 The Committee for the Prize in Economic Sciences in Memory of Alfred Nobel(2019)과 Banerjee, Duflo and Kremer(2016)를 참조하기 바람.

48) 박정희 산업 정책에 대한 새로운 해석은 좌승희(2006, 2008, 2012), Jwa(2017a, b), Jwa and Lee(2019, 2019a)를 참조하기 바람.

49) 이 변수는 마을들의 새마을 자조정신 체화 과정을 측정하는 변수로 활용하였는 데, 80년대 들어 모두 자립마을이 되었지만, 새마을운동의 자조정신이 점차 소 멸되었다는 가설에 맞춰, 80년 이후는 0으로 처리한 것이다. 이 변수가 통계적 으로 유의하면 80년대 이후엔 새마을운동 효과가 소실되었다는 가설을 수용할

수 있는 근거가 된다고 볼 수 있다.

50) 이 절의 계량분석 내용은 좌승희와 이병욱(2016)에서 시작하여, 현재 형태로 개선된 내용은 영문으로 발표된 바 있다. 이에 대해서는 Jwa(2018)를 참조.

51) Lee(2015)는 전통적인 코브-더글러스(Cobb-Douglas) 생산함수를 바탕으로 성장 회계(Growth Accounting) 기법을 사용하여 새마을운동의 생산성 측면의 효과를 분석하였다. 이 분석에서도 솔로우 잔차라 불리는 TFP를 새마을정신이 뒷받침된 사람들의 생산성 또는 능력으로 가정하였다. 새마을운동 시행 이전과 이후를 비교한 결과, 1970년대 새마을운동이 시행되고 나서 TFP가 유의미하게 증가하는 양상을 보였는데, 이 분석에서 한계점으로 지적되는 것이 바로 일반적인 기술혁신의 효과와 새마을운동의 효과를 분리 인식할 수 없다는 데 있었다. 이 논문의 pp. 57-58 참조.

52) 좌승희(1975) 참조.

53) 이 모형은 원래 Jwa(2017)가 구상하고 발표하였다.

54) 물론 여기서 새마을운동도 제도개혁의 하나이기 때문에 적절한 새마을운동 변수만 있다면 두 효과의 분리 문제는 이슈가 되지 않는다.

55) 이 식은 다음과 같이 얻어진다.

$$CA/L=(Y/L) \cdot \{1/(1+b)\}+(Y/L) \cdot \{1/(1+b)\}^2+(Y/L) \cdot \{1/(1+b)\}^3+(Y/L) \cdot \{1/(1+b)\}^4+\cdots +(Y/L) \cdot \{1/(1+b)\}\infty=(Y/L)/b$$

56) 계량분석을 위한 한국의 기업자산 자료를 구축하는 데 큰 도움을 준 조성종 전 한국은행 통계국장께 감사를 드린다.

57) 모집단을 중복되지 않도록 층으로 나눈 후 각 층에서 표본을 추출하는 방법.

58) 실증분석 결과는 필자가 영문 논문(Jwa 2018)에서 분석한 결과를 활용하였고, 추가로 몇 가지 대안 가설들에 대한 새로운 분석 결과들을 종합하여 보고하였다.

59) 한국 경제의 이러한 장기 구조 변화에 대한 상세한 논의와 분석은 좌승희(2006, 2008, 2012)와 Jwa(2017a, 2020)를 참조.

60) 이러한 진단은 필자가 오래 전부터 제시해온 것으로 이에 대한 이론적 실증적 근거들에 대해서는 좌승희와 Jwa의 전게서들을 참조.

61) 이 가설은 1985년 전경환 새마을중앙회 회장 취임 이후부터 새마을운동의 정치화가 본격화되었다고 가정하고 있다.

참고문헌

고병우(2020), 새마을운동 이렇게 시작됐다, 기파랑.

그니즈, 유리와 존 리스트(2014), 무엇이 행동하게 하는가?, (안기순 역), 영사.

김유신(2006), 새뮤얼 스마일스의 자조론, 21세기북스[Smiles, Samuel (1866), Self help : with Illustration of Conducts and Perseverance, transcribed by David Price, 초판 1985년의 개정판 번역서].

김정렴(1990), 한국 경제정책 30년사 : 김정렴회고록, 중앙일보사.

_____(1997), 아 박정희, 김정렴 정치회고록, 중앙 M&B.

내무부(1980), 새마을운동 10년사, 자료편.

리처드 세일러와 캐스 선스타인(2009), 넛지 : 똑똑한 선택을 이끄는 힘, 안진환 옮김, ㈜웅진씽크빅, (Thaler, Richard H. and Cass R. Sunstein. Nudge : Improving Decisions about Health, Wealth, and Happiness. Penguin Books, February, 2008. Science, USA).

박진환(2005), 박정희 대통령의 한국경제 근대화와 새마을운동, (사)박정희 대통령 기념사업회.

윤만재(2010), 다시 조명해본 박정희 대통령, 과학사랑.

이경준(2015), 한국의 산림녹화, 어떻게 성공했나?, 도서출판 기파랑.

이태호외(2011), "농림수산식품분야 재정운용 평가 및 정책방향" 2011~2015년 국가재정운용계획(농림수산식품분야), 국가재정운용계획 농림수산식품분야 작업반 공개토론회(2011.6.28., 화) 발표자료

좌승희(1975), 한계주의 분배론에 대한 비판적 고찰, 서울대학교 경제학석사학위논문, 9월.

_____(2006), 신 국부론 : 차별화와 발전의 경제학, 굿인포메이션.

_____(2008), 발전경제학의 새 패러다임 : 진화를 넘어 차별화로, 율곡.

_____(2012), 경제발전의 철학적 기초, 서울대 출판문화원.

_____(2012a), "세계 경제위기의 진실, 자본주의의 문제인가?", 시대정신 , 57호,

2012 겨울.

_____(2014), "박정희 대통령의 성공 원리는 정치의 경제화", *회보 박정희*, 40호, 2014. 6.

_____(2014a), "새마을운동의 성공 원리와 발전경제학적 함의", *새마을운동과 지역사회 개발연구* 10권, 경운대 새마을아카데미.

_____(2014b), "'신제도경제학'이 현실과 괴리된 진공 속의 경제학을 살린다!", *제도와 경제*, 제8권 제2호, 2014. 8.

_____(2015), *박정희, 살아있는 경제학*, 백년동안.

_____(2015a), *새마을운동의 성공 원리와 그 의의*, 지암포럼발표자료(9월).

_____(2018), *박정희, 동반 성장의 경제학*, 기파랑.

_____(2019), 빈곤 퇴치정책으로서 새마을운동과 2019년 노벨경제학상 유감, *제도와 경제*, 제13권 제4호, 2019년 11월, 15-32, (사)한국제도·경제학회.

_____와 이병욱(2016), "새마을운동의 경제발전 이론화와 실증적 효과분석", 영남대학교 국제개발협력원의 2016년 새마을 국제개발 기획연구(미발표논문).

_____와 이태규(2019), "*한강의 기적을 세계로 대동강으로*", 기파랑.

(사)한국농업경제학회(2011), 현 정부 농정의 중간평가와 개선과제 연구, 농림수산식품부의 "현 정부 농정의 중간 평가와 개선과제 연구" 용역 최종보고서(발간등록번호 11-1541000-000860-01).

한국은행, *경제통계연보* 1962~2010.

_____, *기업경영분석* 1962~2010.

Banerje, Abhijit Vinayak, Esther Duflo and Michael Kremer(2016), *The Influence of Randomized Controlled Trials on Development Economics Research and on Development Policy*, Paper prepared for "The State of Economics, The State of the World" Conference proceedings volume.

Beinhocker, Eric., 2006. *The Origin of Wealth : Evolution, Complexity, and the Radical Remaking of Economics*, Boston, MA : Harvard Business School Press.

Gneezy, Uri and John List(2013), *The Why Axis : Hidden Motives and the Undiscovered Economics of Everyday Life* (Kindle Edition), Public Affair.

Jwa, Sung Hee(2017), *A General Theory of Economic Development :*

Towards a Capitalist Manifesto, Cheltenham, UK : Edward Elgar Publishing.

_____(2017a), *The Rise and Fall of Korea's Economic Development : Lessons for Developing and Developed Economies*, Cham, Switzerland : Palgrave Macmillan.

_____(2018), "Understanding Korea's Saemaul Undong : Theory, Evidence, and Implication", *Seoul Journal of Economics*, Vol. 31, No. 2, 195-236.

_____ and Y. Yoon(2004), "Political Institutions and Economic Development : A Study in Economic Discrimination and Political Philosophy", *Seoul Journal of Economics*, 17(3) Fall : 275-307.

_____ and Sung-Kyu Lee(2019), "The Heavy-Chemical Industrialization Policy Reevaluation in Korea from the Perspective of the 'General Theory of Economic Development'", *Journal of Business & Economic Policy*, Vol. 7, No. 2, June.

_____(2019a), "Resurrecting the Industrial Policy as Development Policy based on Korean Experiences : Towards a Pro-market Industrial Policy", *World Economics*, Vol. 20, No. 4, October-December.

_____(2020), "Theory and Empirics of the Institutional Evolution of Economic Development : An Application to Korean Economy", *Seoul Journal of Economics*, 2020, Vol. 33, No. 2.

Kahn, Herman(1979), *World Economic Development : 1979 and Beyond*, Boulder, Colorado, USA : Westview Press.

Kahneman, Daniel and Amos Tversky(1979), "Prospect Theory : An Analysis of Decision under Risk", *Econometrica*, Vol. 47, No. 2, March, pp. 263-292.

Kretzmann, J. and McKnight, J.(1993). *Building Communities from the Inside Out : A Path toward Finding and Mobilizing a Community's Assets*. Chicago, Illinois : ACTA Publications.

Lee, Byungwook(2015), *An Investigation into Saemaul Movement : Economic Growth Perspectives*, SNU Ph. D. Thesis.

Mitchell, S. et al.(2018). *The Millennium Villages Project : a retrospective*, *observational, endline evaluation*. www.thelancet.com/lancetgh, Vol 6, May, file :///G :/showPdf(evaluation%20on%20MVP).pdf.

North, Douglass C.(1990). *Institutions, Institutional Change and Economic Performance*, Cambridge : Cambridge University Press.

_____(1992). "Institutions, Ideology, and Economic Performance", *Cato Journal*, Vol. 11, No.3, Winter.

_____(1992a). *Transaction costs, Institutions, and Economic Performance*, Occasional Papers/International Center for Economic Growth; No.30, An International Center for Economic Growth Publication, San Francisco, California.

_____(1993). *The New Institutional Economics and Development*, Economic History 9309002, University Library of Munich, Germany.

Park, Chung Hee(1979). *Saemaul : Korea's New Community Movement*. The Secretariat for the President, the Republic of Korea, Seoul : Korea Textbook Co., Ltd., June.

Park, Jin-Hwan(2005). *President Park Chung Hee's Korean Economic Modernization and Saemaul Undong*. President Park Chung Hee Memorial Association.

Sachs, J.(2018). *Comment; Lessons from the Millennium Villages Project : a personal perspective*. www.thelancet.com/lancetgh, Vol 6, May. file :///G :/showPdf(evaluation%20on%20MVP).pdf.

Sachs, Jeffrey D and Shira Mitchell(2018), "The Millennium Villages Project : Authors'reply", *Correspondence*, www.thelancet.com/lancetgh, Vol 6, July

Simon, Herbert A.(1991), "Organization and Market", *Journal of Economic Perspective*, 5(2), 25-44.

Stoltenberg Bruursema, C.(2015). "Asset-Based Community Development : A Path toward Authentic Community Development Practice.". *SPNHA Review* 11(No. 1) : 84-112.

The Earth Institute. *Millenium Village Projects : About Millennium Village Projects*. https ://www.un.org/esa/coordination/Alliance/Earth%20

Institute%20-%20The%20Millennium%20Villages%20Project.htm

The Committee for the Prize in Economic Sciences in Memory of Alfred Nobel(2019), *Understanding Development and Poverty Alleviation*, October 14.

Tversky, Amos and Daniel Kahneman(1981), "The Framing of Decisions and the Psychology of Choice", *Science*, New Series, Vol. 211, No. 4481. Jan., pp. 453-458.

UN-HABITAT(2008). *An Asset-based Approach to Community Development and Capacity Building*. Nairobi : United Nations Human Settlements Programme(UN-HABITAT).

World Bank(1993) : *The East Asian Miracle : Economic Growth and Public Policy*, New York, Oxford University Press.

찾아보기

저자 **좌승희**

학력

1971 서울대학교 경제학학사
1975 서울대학교대학원 경제학석사
1983 미 UCLA대학원 경제학박사

경력

2016~현재   박정희대통령기념재단 이사장
2015~2018   영남대학교, 박정희새마을대학원 석좌교수
2013~2014   KDI 국제정책대학원 초빙교수
2009~2012   서울대학교 경제학부 겸임교수
2006~2011   경기개발연구원 원장
2005~2008   서울대학교 국제대학원 초빙교수
1997~2005   한국경제연구원 원장
1985~1997   KDI 연구위원, 선임연구위원
1983~1985   미국 연방준비은행 경제연구관(Federal Reserve Bank, Minneapolis; Economist)
1973~1977   한국은행 조사1부 금융재정과 행원

저서

『국제화시대의 한국경제운영』(1994)
『내생적 금융제도론』(1995)
『진화론적 재벌론』(1998)
『명령으로 안 되는 경제』(1999)
『신 국부론』(2006)
『발전경제학의 새패러다임 : 진화를 넘어 차별화로』(율곡, 2008)
『경제발전의 철학적 기초』(서울대 출판문화원, 2012)
『박정희 살아있는 경제학』(백년동안, 2015)
『박정희, 동반성장의 경제학』(기파랑, 2018)
『한강의 기적을 세계로 대동강으로』(기파랑, 2019, 공저)

영문저서

The Rise and Fall of Korea's Economic Development : Lessons for Developing and Developed
    Economies, Palgrave-Macmillan, Cham, Switzerland : 2017
A General Theory of Economic Development : Towards a Capitalist Manifesto, Edward Elgar
    Publishing Ltd. Cheltenham, UK/ Northampton, MA, USA, 2017

상훈

제26회 매경 이코노미스트상
제16회/제25회 정진기언론문화상
제50회 정보통신의 날 산업포장

Korea's Saemaul Undong : Worthy of the Nobel Prize

새마을운동 왜 노벨상 감인가

2020년 12월 2일 초판인쇄
2020년 12월 5일 초판발행

저 자 좌승희
펴낸이 신동설

펴낸곳 도서출판 청미디어
신고번호 제2020-000017호
신고연월일 2001년 8월 1일

주 소 경기 하남시 조정대로 150, 508호 (덕풍동, 아이테코)
전 화 (031)792-6404, 6605
팩 스 (031)790-0775
E-mail sds1557@hanmail.net

편 집 고명석
삽 화 김판국 화백
디자인 박정미
표 지 정순이
교 정 계영애
지 원 신재은, 박홍배
마케팅 박경인

정가 18,000원
ISBN 979-11-87861-44-7 (03320)